행복한 사람의
정체의식

곽선희 지음

계몽문화사

곽선희 목사

장로회 신학대학 졸업
프린스턴 신학석사
풀러신학 선교신학박사
인천제일교회 목사
장로회 신학대학 교수 역임
숭의여자전문대학 학장 역임
서울장로회신학교 교장 역임
소망교회 목사

곽선희 목사 설교집 26권

행복한 사람의 정체의식

인쇄	•	2000년 11월 1일
발행	•	2000년 11월 10일
지은이	•	곽선희
펴낸이	•	김종호
펴낸곳	•	계몽문화사
등록일	•	1993년 10월 11일
등록번호	•	제16-765호
전화	•	(02) 917-0656
정가	•	17,000원
총판	•	비전북/(031) 907-3927

ISBN 89-950560-4-5 03230

* 잘못 만들어진 책은 바꾸어드립니다.

머리말

　21세기를 지향하면서 다음 세기가 가장 필요로 하는 사람이 어떤 사람일까 하는 질문은 끝없이 우리 마음을 재촉하고 있습니다. 지식인, 기술자, 그리고 훌륭한 경영자 등의 수없는, 현대사회가 필요로 하는 인간형이 있겠으나 이제 분명한 것은 그것이 창의적인 인간형임이 확실하다는 것입니다. 과거와 현재에 예속한 정보만으로는 부족합니다. 언제나 미래를 지향하는, 창의적 구상과 창조적 능력의 사람만이 새 세대를 이끌어가게 되리라는 것은 불을 보듯 확실합니다.

　문제는 그 창조적 인간상이란 어디에서 비롯되느냐입니다. 단적으로 창조적 인간은 곧 '행복'에서 온다고 봅니다. 행복한 사람, 행복을 아는 사람, 항상 행복을 누리는 사람만이 그에게 주어진 지식, 기술, 능력, 경험의 효력을 십분 발휘할 수 있기 때문입니다.

　모든 사람이 행복을 원합니다. 그러나 행복이 무엇인지조차 모르고 막연하게 행복을 추구합니다. 동물적 만족과 인간적 행복은 전혀 다른 것입니다. 지극히 인간적인 행복이란 무엇인지 이것부터 규명되어야 하고 그리고 나서 행복의 길을 찾아야 하겠습니다. 여기서 성경은 행복 그 자체와 또한 행복한 사람에 대하여 분명하게 가르쳐주고 있습니다. 다시말해서 복을 거저 주시는 것이 아니고 복된 사람을 만들어주신다는 말씀입니다. 복의 문제는 곧 복된 사람의 문제가 된다는 것입니다.

　예수님께서는 '복'에 대하여 가르치시며 동시에 복된 길로 가셨고 또 복된 사람으로 사셨으며 그리고 복을 주셨습니다. 문제는 그 예수 그리스도를 통하여, 또 예수님의 생애와 교훈 안에서 '참 행복'이 무엇인지를 배우며 동시에 복을 경험하고 행복을 누려야 한다는 것입니다. 여기에 그 행복과 그 행복한 자의 정체를 예수 그리스도께서 친히 하신 말씀을 통하여 배우며 그 '행복'에 동참하게 되기를 소원하면서 이 책을 드립니다.

　이 책을 읽는 모든 성도에게 그 행복과 축복 드리고 복된 자 되게 하시는 크신 역사가 함께하시기를 기원하면서 삼가 작은 책을 드립니다.

2000. 11. 5.
곽선희

차례

행복한 사람의 정체의식 I
1. 복있는 사람(마 5 : 1~12) ———— 8
2. 가난한 자의 복(마 5 : 1~12) ———— 19
3. 애통하는 자의 복(마 5 : 1~12) ———— 30
4. 그를 기다리는 자의 복(사 30 : 18~22) ———— 41
5. 온유한 자의 복(마 5 : 1~12) ———— 53
6. 의에 목마른 자의 복(마 5 : 1~12) ———— 64
7. 긍휼히 여기는 자의 복(마 5 : 1~12) ———— 76
8. 마음이 청결한 자의 복(마 5 : 1~12) ———— 88
9. 화평케 하는 자의 복(마 5 : 1~12) ———— 100
10. 의를 위하여 핍박받는 자(마 5 : 1~12) ———— 111
11. 성실한 자의 복(잠 28 : 10~20) ———— 124

행복한 사람의 정체의식 II
1. 가까이하여 듣는 사람(전 5 : 1~7) ———— 138
2. 일을 마치려는 사람(행 20 : 17~25) ———— 151
3. 그날이 가까움을 보는 사람(히 10 : 19~25) ———— 163

4. 말씀에 매료된 사람(시 19 : 7~14) ──────── 175
5. 이러한 기쁨에 충만한 사람(요 3 : 22~30) ──────── 187
6. 은혜의 사람(고후 12 : 5~10) ──────── 200
7. 믿음의 사람(민 13 : 25~33) ──────── 212
8. 소망의 사람(벧전 1 : 3~9) ──────── 223
9. 가장 온유한 사람(민 12 : 1~8) ──────── 234
10. 온전한 인내의 사람(약 1 : 2~8) ──────── 246
11. 담대한 사람(단 1 : 8~17) ──────── 256
12. 영원한 자유인(요 8 : 31~38) ──────── 267
13. 사랑 안에 거하는 사람(요일 4 : 12~21) ──────── 278
14. 온전히 충성된 사람(고전 4 : 1~5) ──────── 288
15. 최후승리의 사람(행 7 : 54~60) ──────── 300
16. 하나님의 얼굴을 본 사람(창 33 : 1~12) ──────── 310
17. 사로잡힌 것을 보는 사람(롬 7 : 14~25) ──────── 321
18. 성령충만한 사람(행 4 : 5~12) ──────── 331

행복한 사람의 정체의식 I

복있는 사람
가난한 자의 복
애통하는 자의 복
그를 기다리는 자의 복
온유한 자의 복
의에 목마른 자의 복
긍휼히 여기는 자의 복
마음이 청결한 자의 복
화평케 하는 자의 복
의를 위하여 핍박받는 자
성실한 자의 복

복있는 사람

예수께서 무리를 보시고 산에 올라가 앉으시니 제자들이 나아온지라 입을 열어 가르쳐 가라사대 심령이 가난한 자는 복이 있나니 천국이 저희 것임이요 애통하는 자는 복이 있나니 저희가 위로를 받을 것임이요 온유한 자는 복이 있나니 저희가 땅을 기업으로 받을 것임이요 의에 주리고 목마른 자는 복이 있나니 저희가 배부를 것임이요 긍휼히 여기는 자는 복이 있나니 저희가 긍휼히 여김을 받을 것임이요 마음이 청결한 자는 복이 있나니 저희가 하나님을 볼 것임이요 화평케 하는 자는 복이 있나니 저희가 하나님의 아들이라 일컬음을 받을 것임이요 의를 위하여 핍박을 받는 자는 복이 있나니 천국이 저희 것임이라 나를 인하여 너희를 욕하고 핍박하고 거짓으로 너희를 거스려 모든 악한 말을 할 때에는 너희에게 복이 있나니 기뻐하고 즐거워하라 하늘에서 너희의 상이 큼이라 너희 전에 있던 선지자들을 이같이 핍박하였느니라
(마태복음 5 : 1~12)

복있는 사람

　영국에 'London School of Economics and Political Science' 라고 하는 대학이 있습니다. 약해서 'LSE 대학' 이라고도 하는데 이 대학의 로버트 우스퍼 박사가 지난달에 세계 54개국을 상대로 국민들이 느끼는 행복도를 조사해서 국가별로 그 순위를 매겨 발표한 바가 있어서 사람들을 놀라게 하였습니다. 보면 한 나라의 경제와 그 나라 국민의 행복도는 비례하는 것이 아닙니다. 우리의 건강도 그렇습니다. 호적이 말하는 여러분의 연령이 있습니다. 몇 살이다, 라고 하는 그 연령이 있고, 소위 종합진단을 해서 아는 건강연령이라고 하는 연령이 있습니다. 이 두 가지 연령은 같은 것이 아닙니다. 나이 예순 넘은 사람도 사십대일 수 있고 서른 나이의 사람도 벌써 예순 넘은 것 같은 허약한, 벌써 다 늙어버린, 그러한 사람도 있다는 이야기입니다. 호적상의 나이하고 건강연령은 같을 수가 없다는 것입니다. 마찬가지로 국가경제니 정치적 안정이니 하는 것과 그 국민이 가지는 행복지수는 별개의 문제입니다. 보십시오. 놀랍게도 로버트 박사의 연구 결과는 이렇습니다. 이 세상에서 가장 행복지수가 높은, 행복도가 높은 국민이 어느 국민인고하니 저 방글라데시입니다. 방글라데시는 세계가 다 걱정하는 나라입니다. 온세계가 구제의 손길을 펴고 있는 나라의 하나입니다. 칠 년 넘도록 가뭄이 들어 아주 많은 사람이 굶어죽는, 비참하기 그지없는 곳인데 그 국민이 느끼는 행복도가 세계 제1위입니다. 칠 년째 호황을 누리는 곳, 대학생들이 졸업과 함께 벌써 취직이 되는 곳, 세계에서 유일하게 경제적으로 넉넉하게 산다는 곳인 미국이라는 나라는 놀랍게도 46위입니다. 아시아의 경제대국 일본은 44위입니다. 참고로, 2위는 아제르바이잔이라고 하는 조그마한 나라요, 3위가 나이지리아요, 4위가 필리핀이요, 가장 못사는 것으로 여기는 인도가 5위입니다. 경제강국들은 전부 40위 밖으로 밀려났습니다. 이러한 결과가 무엇을 말하는 것입니까. 상식과는 정반대의 결과가 나타난 것입니다. 돈과 행복은 오히려 반비례하고 있다는 것입니다. 경제와 행복지수는 전혀 별개일 뿐만 아니라 반비례한다는 말씀입니다.

개인적으로도 그렇습니다. 당신은 얼마나 스스로 행복하다고 생각하는지 모르지만 당신이 가지는 집, 당신의 경제수준과 행복도는 관계가 없습니다. 가만히 생각해보면 셋방살이로 이리저리 쫓겨다닐 때가 행복하였습니다. 그저 내집만 가졌으면 좋겠다, 이러이러한 만큼만 좀 살게 되었으면 좋겠다고 하면서 몸부림쳐 왔지마는 그렇게 되는 것이 여러분을 행복하게 해주는 것이 아니었다는 것입니다. 사람은 이것을 빨리 깨달아야 됩니다. 여기 재미있는 전설이 하나 있습니다. 어디까지나 이것은 전설입니다. 신이 사람에게 행복을 주실 때, 바로 주시지 아니하고 천사에게 맡기시어 '너희가 갖다주어라' 하셨다고 합니다. 명을 받은 천사들이 사람들 너무 행복해질 것이 마음에 좀 떨떠름해서, 시샘이 나서 신에게서 위임받은 그 행복을 숨겨두기로 하였습니다. 한 천사가 "바다 깊은 곳에다 숨겨둘까?" 했더니 다른 천사가 말하기를 "그건 안되지. 사람들은 재주가 많아서 거기 숨겨두면 이내 찾아낼 것이야" 합니다. "그럼 아주 높은 산 꼭대기에 갖다 감춰놓을까?" "그것도 안돼. 사람들은 모험심이 많아서 거기까지 뒤져서 행복을 다 찾아낼 것이야." 그래서 어떤 천사가 결론을 내립니다. "사람이란 제 머리만 믿고, 제 재주만 믿고 자만하기 쉽다. 그러니 자신들과 가장 가까운 가슴에다 행복을 숨겨 두면 못찾을 것이다." 그랬더니 정말 사람들은 제 머리만 믿고 자만하면서 가장 가까운 가슴에 행복이 있다는 것을 모르고 살더라―대충 이런 이야기입니다. 일리가 있지요? 여러분, 환경과 행복은 무관하다는 사실만 깨닫고 살아도 사람은 행복할 수 있을 것입니다. 그러나 아직도 우리는 환경 속에 행복이 있는 줄로 믿고 있습니다. 환경의 변화를 기대합니다. 더 나은, 좀더 좋은 환경만 꿈꾸고, 몸부림치고, 싸우고, 시기하고, 질투하고 있기 때문에 영영 행복할 수가 없다, 하는 말씀입니다. 원래 행복이라는 것에 대해서는 몇 가지로 구분해서 생각하게 됩니다.

하나는 환경적 행복입니다. circumstantial happiness라고 부릅니다. 물질의 부라든가 권세를 누리는 것이라든가 내가 가진 소유, 혹은 자연여건으로 비롯되는 것, 이런 것들이 다 환경적으로 오는 행복입니다. 그러나 그것은 그 자체로 그칠 뿐입니다. 또하나는 존재론적 행복입니다. 이것은 인간자신이 가진 것입니다. 이미 사람은 이것을 누리고 있습니다. 인간은 근본적으로 행복하도록 창조되어 있습니다. 그 리얼리티(reality)에서 생각하여야 합니다. 이것은 존재론적인 것입니다. 셋째는 상태적인 행복입니다. 환경과 존재 사이에서 인간이 어떤 태도로 임하느냐, 환경으로부터 혹은 그 존재로부터 얼마만큼 행복을 알고 깨닫고 느끼고 누리게 되느냐 하는 것입니다. 좋은 환경에서도 행복을 못누리는 사람이 있고, 처절한 환경 속에서도 남다른 행복을 스스로 누리며 살아가는 사람이 있습니다. 이 존재론적 행복이 극대화하여나갈 때 사람은 항상 행복할 수 있다, 하는 말씀이 됩니다.

중세의 대표적 스콜라철학자 토마스 아퀴나스는 이렇게 말합니다. '행복에, 복에 두 가지가 있다. 하나는 주관적인 복이고, 하나는 객관적인 복이다.' 주관적인 복이란 인간 스스로가 '이것이 복이다'라고 생각하여 그 복을 위해서 노력함으로 잠깐 얻는 듯하는, 그런 것을 말합니다. 자, 돈을 법니다. 돈에서 오는 행복을 좀 느낍니다. 공부해서, 깨달아서 조금 느낍니다. 또 지위와 권세를 누리면서 '행복하다' 하고 축하를 받을 때가 있습니다. 이런 것이 다 주관적 행복이지마는 유감스럽게도 결국은 불행으로 떨어지고마는 것입니다. 왜 그런고하니 근본적으로 죄인이기 때문입니다. 죄인으로 가지는바의 욕망, 죄인으로 추구하는 것인만큼 그가 생각하는 모든 수고는 결국 허망하게 불행으로 끝나게 되는 것입니다. 곧 주관적인 행복일 뿐입니다. 그와는 달리, 객관적인 행복이란 은총적으로 주어지는 행복입니다. 우리 인간의 수고나 노력이나 생각과는 관계없이 위로부터 주시는, 은총으로 주시는 그런 행복이 있고, 이것은 절대적인 것입니다. 이것이 객관적인 행복입니다. 그런데 이 객관적 행복을 은혜로 받아들일 때, 은혜를 은혜로 받아들이는 그만큼만 사람은 행복할 수 있는 것입니다. 아퀴나스는 이러한 철학적 이론을 펴고 있습니다.

오늘 본문에 보는 것은 우리가 흔히 '산상수훈(山上垂訓)'이라고 이르는 것입니다. 여덟 가지의 복을 말씀하십니다. 앞으로 제가 이 여덟 가지 복을 하나하나, 한 주일에 하나씩 건너가면서 설명하고자 합니다. 3절부터 11절까지를 헬라어원문대로 보면 매 절마다 첫 말씀이 '마카리오이'입니다. "마카리오이"하고 시작합니다. 그러니까 복된 자—마카리오스, 하고서 복된 자는 어떠하다—이렇게 말씀해나가시는 것입니다. 번역상으로는 조금 어려움이 있습니다.

이런 사람은 복되다, 함이 아니고 복된 사람은 이렇다, 라고 말씀하십니다. '마카리오이'라고 하는 단어가 3절로 11절까지에 아홉 번 있습니다. 여기서 우리가 깊이 생각하여야 될 것은 '복된 자'를 말씀하고 계시다는 것입니다. 이것은 존재의 문제입니다. 우리가 '팔복(八福)'이라 말하고 예수님께서 설명하신 복이라고 말하지마는, 이들 복 가운데는 잘사는 이야기, 부자로 사는 이야기, 출세하는 이야기, 소유나 정치, 경제 이야기는 전혀 없습니다. 아무리 보아도 없습니다. 복된 자는 이렇다, 하시는데 그 내용이 환경과는 관계가 없습니다. 그것이 특징입니다. 복된 자라는 것이 무엇이냐 할 때 여기 보면 환경과 소유와 지위와는 무관할 뿐만 아니라 그네들이 소중히 여겼던 율법적인 복과도 관계가 없습니다. 율법주의적인 축복과도 무관합니다. 기복적인 복과도 관계없습니다. 여기서 말씀하시는바 '복된 사람'이란 한마디로 nonmaterialistic입니다. 우선 물질적인 것이 아닙니다. 물질적인 것이 하나도 없습니다. 이것을 잊지 말아야 합니다. 가시적이거나 물질적이거나 업적에 관계된 이야기가 아닙니다. 어디까지나 내면적인 세계, 심령적인 것을 말씀하고 계십니다. 마음의 문제, 심령적 자세, 이것을 말씀하고 계십니다. 복된 사람은 이런 마음의 사람이다, 복된 사람의 생각은 이러하다, 복된 사람이 중요하게 생각하는 것은 이런 것들이다—이렇게 계속 가르치고 계십니다. 그래서 이제 보십시오.

복된 사람은 마음이 가난하다, 복된 사람은 애통하는 사람이다…… 이렇게 말씀해나가실 때 계속 중점적으로 말씀하시는 것은 바로 하나님과의 관계입니다. 하나님께서 그에게 천국을 주시기 때문이다, 하나님께서 그에게 위로를 주시기 때문이다, 온유한 자가 복된 것은 하나님께서 그에게 땅을 차지하는 권세를 주시기 때문이다, 의에 주리고 목마른 자는 하나님께서 의에 배부르도록 해주실 것이다, 긍휼히 여기는 자가 복이 있는 것은 하나님께서 그를 긍휼히 여기시기 때문이다, 마음이 청결한 자가 하나님을 볼 것이다, 마음이 청결한 자는 복되다, 복된 사람은 마음이 청결하다, 하나님께서 그에게 당신자신을 보여주시기 때문이다—얼마나 귀한 말씀입니까. 또 화평케 하는 자는 복이 있다, 하나님의 아들로 불림받게 될 것이다, (특별히) 핍박받는 자 복이 있다, 천국이 저희 것이기 때문이다, 하십니다. 어느날 미국 시카고의 큰 호텔에 한 노신사가 들어오더니 카운터의 접수보는 아가씨보고 이렇게 말합니다. "이 호텔에서 제일 값싼 방을 하나 주십시오." 그 말을 듣고 아가씨가 이 사람을 쳐다보았습니다. 세상에, 호텔에 들어와서 제일 싸구려방 달라는 사람은 없거든요. 그래서 쳐다보았는데 그 사람은 바로 존 록펠러가 아니겠습니까. 세계적으로 유명한 재벌인 그 록펠러영감님이 와서 가장 싼 방을 달라고 하는 것입니다. "어째서 싼 방을 달라고 하십니까?" "싼 방이 나에게는 제일 좋으니까요." 아가씨는 한마디 더 했습니다. "아드님은 이 호텔에 올 때마다 늘 제일 좋은 방을 달라고 해서 언제나 최고급 방에서 쉬고 가는데 그 아버지께서는 어째서 제일 싼 것을 원하십니까?" 이때 록펠러는 참으로 유명한 대답을 하였습니다. "내 아들에게는 부자 아버지가 있지마는 나에게는 그같은 아버지가 없거든요." 부자 아버지를 둔 덕에 아들은 돈 쓰고 다니는 것입니다. 여러분, 하나님께서 부자십니다. 그 부자가 우리 아버지십니다. 이 사실로 만족할 수 없겠습니까? 내가 너를 위로하고, 내가 너를 만나주고, 내가 너에게 천국을 약속해주고, 내가 너에게 모든것을 더해줄 것이다, 복된 자이니까, 이제 그 복된 자로 살아갈 수 없겠느냐—주께서는 오늘 이렇게 말씀하고 계십니다.

지난 주간에 제가 여행을 하면서 장장시간 비행기를 타고 오다보니 비행기 안에서 영화를 보여줍디다. 참 좋은 영화였습니다. 「약속」이라고 하는 제목의 영화인데 여러분 가운데도 보신 분이 많을 것입니다. 문제작이었습니다. 평소에 보고 싶었었는데 시간이 없어서 못본 영화입니다. 내용은 깡패에 대한 이야기입니다. 어떤 여자가 깡패청년을 사랑하는, 뭐 그런 이야기인데 아주 잘된 영화더라고요. 그런데 거기 나오는 한마디, 내 마음을 감동시키는 대목이 있습니다. 이 여자가 저 남자를 사랑했는데 그 남자가 여러 가지 일로 고민을 합니다. 그런 중에 만나서 여자가 던지는 한마디 대사가 참으로 아름다웠습니다. "나는 당신을 사랑합니다. 당신이 나를 버리고 딴여자를 만나는 것도 배신이지마는 내가 당신 사랑한다는 것을 알면서도 당신이 슬퍼하는 것 또한 배신입니다"—아, 거 참! 이 대목만으로도 '본전' 찾은 것입니다. 여러분, 하나님께서 나를 사랑하신다는 것, 이 사실을 알면서 내가 슬퍼하거나 걱정에 빠진다면 그것은 하나님께 대한 배신이라는 것을 알아야 합니다. 그 사랑에 대한 배신인 것입니다. 사랑하는 자, 사랑을 받는 자는 절대로 슬퍼할 권리가 없습니다. 오늘 성경은 그래서 말씀하시는 것입니다. 하나님과 나와의 관계에서 내가 하나님의 자녀입니다. 하나님의 사랑을 받는 그런 존재로 살아가고 있습니다. 그런고로 복되고 그런고로 이러하다—하십니다. 특별히 오늘 본문에서 가장 강조되는 말씀은 '천국'이라는 말씀입니다. 여러분, 깊이 생각하여야 합니다. 보아하면 '천국'이라는 말씀을 두고 심리학적으로 풀이하려드는 잔재주꾼들이 더러 있습니다. "천국이란 그저 마음의 문이 아니겠느냐, 마음이 평안하면…" 우리는 그따위 천국을 바라는 것이 아닙니다. 그것은 리얼리티가 없는 것입니다. 분명합니다. 오늘 성경은 명확하게 말씀합니다. 마음이 가난한 자는 복이 있나니 천국이 저희 것임이요, 핍박당하는 자는 복이 있나니…… 여러분, 핍박이 어떤 것입니까. 재산 빼앗기고, 이산가족 되고, 화형에 처해지고, 순교하는 것입니다. 이런 어려운 핍박을 당하는데 그것이 어떻게 복되다는 말씀입니까. 그러나 그는 복된 자이기 때문에 순교를 주저하지 않습니다. 그것이 복된 자의 특징입니다. 저 앞에 천국이 있기 때문입니다. 이것이 본문의 내용입니다. 그런고로 천국은 절대로 관념주의적으로, 심리학적으로 설명될 문제가 아닙니다. 어디까지나 내세지향적입니다. 영원한 하늘나라를 말씀하고 있는 것입니다. 여러분, 이 세상에서 잘 살면 어떻고 못살면 어떻습니까. 좀더 냉정히 생각해봅시다.

제가 이번에 미국 갔을 때 어떤 대학 교수님 한 분을 만나게 되었습니다. 그분에게는 좌우간 지금 큰 걱정이 생겼습니다. 그의 어머니가 98세로 신앙이 참 좋은 분인데 요새와서 약간 노망기가 생기거든요. 어머니가 이러다가 잘못되어 신앙을 부인하기라도 하면 어떡하나—너무 걱정이 되어서 그 아들은 지금 그 어머니를 위해서 기도를 하는데 "하나님, 우리 어머니 빨리 데려가주세요"라고 합니다. 심지어는 교수회의 하는 데서까지 "우리 어머니 빨리 데려가게 해주십시오. 같이 기도하십시다"하고 청할 정도였습니다. 여러분, 오래 사는 것만 복이 아닙니다. 많이 가지면 어떻고 못가지면 어떻습니까. 공부를 많이 하면 어떻다는 말입니까. 어차피 치매 걸리면 멍청해지기는 일반입니다. 다 부질없는 것입니다. 문제는 하나님의 나라입니다. 하나님의 나라를 소유하면 복된 자입니다. 이것 놓치면 아무것도 소용없는 것입니다. 다 소용없는 것입니다. 그것을 알아야 합니다. 어떤 부인이 좌우간 20년을 같이 살면서 남편에게 교회 나가자고 끈질기게 권하는데도 남편은 교회 안나옵니다. 남편은 술을 많이 마시는 사람이었습니다. 어느날 밤중에 남편은 술친구를 하나 대동하고 집에 왔습니다. 이미 취해서 들어온 그들은 소위 2차로 술상을 벌였습니다. 부인은 아주 정성껏 대접을 했습니다. 따라온 남편의 그 친구가 신기했던지 "아주머니, 여기에 좀 앉으세요. 우리집에 내가 이렇게 술친구를 데리고 들어갔다면 벼락이 떨어지는데, 아주머니는 어떻게 이렇듯 저를 친절하게 대접해주시는 겁니까?" 하고 묻습니다. "그냥 잡수세요, 다 뜻이 있어서 이러는 것입니다." "아, 그러지 말고 말씀 좀 하세요." 남편 역시 영문도 모르는 채 아내 설명을 듣고 싶어합니다. "그럼 이야기하지요. 나는 예수를 믿습니다. 그런고로 이 사람이 뭐 어떻게 나를 핍박하든 뭘 하든 나는 천당갈 것입니다. 이십 년을 두고 예수믿으라 하는데도 예수 안믿는 이 사람은 틀림없이 지옥갈 것입니다. 그래서 세상에 사는 동안이라도 이 사람 잘살라고 그냥그냥 대접하는 것입니다"—부인의 이 대답을 듣고보니 두 사람, 도대체 자신들이 형편이 없는 것입니다. 정신이 번쩍 났습니다. 그 뒤로 두 사람 다 예수를 믿게 되었다고 합니다. 여러분, 아무리 고생을 한다해도 하늘나라에 가는 사람은 복된 사람이고, 세상에서 아무리 부귀영화를 누린다고해도 하늘나라의 약속을 얻지 못하면 이 사람은 근본적으로 불행한 사람입니다. 그런고로 하늘나라의 약속을 받고 오늘을 사는 것입니다. 이것을 잊지 말아야 합니다. 오늘을 사는 그 복을 느끼며, 그 복을 매일같이 확증하고 살아간다면 그 사는 생은 전혀 다른 것입니다. 하늘의 상이 큼이라, 하십니다. 참된 복을 바라보며, 참으로 복된 자로서 오늘을 살아가야 합니다. 그에게는 원수가 없습니다. 그에게는 미운 사람이 없습니다. 이 사람은 오늘 낙심할 것도 없고 좌절할 것도 없습니다. 여기에 삶의 창조적 용기가 있는 것입니다.

로마제국이 기독교를 박해할 때 순교했던 그 많은 사람 중에 이런 시를 마지막으로 읊고 간, 이런 유시(遺詩)를 남기고 간 믿음의 선배가 있습니다.

나를 저주하십시오.
당신들이 나를 저주하면 할수록
나는 당신들을 사랑하게 될 것입니다.
나에게 침을 뱉어보십시오.
그러면 나는 사랑의 숨결을 뿜어낼 것입니다.
나를 구타하십시오.
나는 신음하는 소리로 사랑을 고백할 것입니다.
나를 찌르십시오.
나는 당신을 사랑한다고 절규할 것입니다.
나를 짐승의 먹이로 던지십시오.
나는 사랑의 제물이 될 것입니다.
나를 불태우십시오.
그러면 나는 사랑의 열기로 당신의 증오의 가슴을 녹일 것입니다.
—이것이 행복입니다.

가난한 자의 복

예수께서 무리를 보시고 산에 올라가 앉으시니 제자들이 나아온지라 입을 열어 가르쳐 가라사대 심령이 가난한 자는 복이 있나니 천국이 저희 것임이요 애통하는 자는 복이 있나니 저희가 위로를 받을 것임이요 온유한 자는 복이 있나니 저희가 땅을 기업으로 받을 것임이요 의에 주리고 목마른 자는 복이 있나니 저희가 배부를 것임이요 긍휼히 여기는 자는 복이 있나니 저희가 긍휼히 여김을 받을 것임이요 마음이 청결한 자는 복이 있나니 저희가 하나님을 볼 것임이요 화평케 하는 자는 복이 있나니 저희가 하나님의 아들이라 일컬음을 받을 것임이요 의를 위하여 핍박을 받는 자는 복이 있나니 천국이 저희 것임이라 나를 인하여 너희를 욕하고 핍박하고 거짓으로 너희를 거스려 모든 악한 말을 할 때에는 너희에게 복이 있나니 기뻐하고 즐거워하라 하늘에서 너희의 상이 큼이라 너희 전에 있던 선지자들을 이같이 핍박하였느니라
(마태복음 5 : 1~12)

가난한 자의 복

성도 여러분, 여러분은 가난을 어느 정도로 경험해보았습니까? 배고픈 경험을 어디까지 해보았습니까? 사람은 배가 고프면 배가 아픈 것이 아니라 마음이 슬퍼집니다. 배고픈 자는 코가 예민합니다. 배고플 때 길거리를 지나가면, 음식점에서, 멀리서 풍기는 음식냄새까지도 그렇게 사람을 못견디게 합니다. 속된 말로 미칠 지경이 되게 합니다. 배고픈데 음식냄새까지 나면 배가 더 고파집니다. 아주 절박합니다. 배고픈 자의 생각은 단순합니다. 보는 것도 전부 먹는 것으로밖에 보이지 않습니다. 전부가 먹을것으로 보입니다. 생각도 먹고 싶은 생각 외에 아무 생각이 없습니다. 절박합니다. 그래서 예수님께서 광야에서 시험받으실 때의 이야기를 읽어보아도 "사십 일을 밤낮으로 금식하신 후에 주리신지라(마 4:2)" 합니다. 주리셨다 합니다. 배고프셨습니다. 그때에 마귀가 예수께 와서 시험하는 시험을 받으셨다고 성경은 말씀하고 있습니다마는 그저 한번 심리적으로 생각해보면 충분히 시험이 되었을 것입니다. 마귀가 시험을 해서가 아니라 예수님께서는 배고픈 것으로 인하여 시험을 당하십니다. 지극히 실제적이고 인간적입니다. 광야에 놓여 있는 돌덩이, 여기저기 굴러다니는 돌들을 보고 저 돌이 떡이었으면 좋겠다는 생각이 듭니다. 돌이 떡으로 보이더란 말씀입니다. 돌덩이가 떡덩이로 보인다는 말씀입니다. 미칠 지경입니다. 그리고 속에서 끓어오릅니다. 하나님의 능력을 나타내어서 저 돌을 떡으로 만들어볼까, 그래서 배고픔을 면할까─이런 절박한 시험이 예수님께 있었다는 이야기입니다.

여러분, 성경을 읽어보면 누가복음 15장에 저 유명한 '탕자비유'가 있습니다. 이것을 모르는 사람은 없습니다. 예수믿는 사람이건 안믿는 사람이건, 심지어는 어린아이들까지도 탕자비유는 다 압니다. 그래 설교학에는 탕자비유로 설교하지 말라고 하는 말이 있습니다. 너무 많이들 아니까요. 너무 많은 사람이 이 이야기를 해왔으니까요. 그러나 저는 오늘 다시한번 이야기하겠습니다. 자세히 보십시오. 탕자가 집으로 돌아온 이유가 무엇입니까. 집으로 돌아온 동기가 어디에 있었습니까. 우리는 이것을 모르고 있습니다. 왜요? 내 경험이 아니니까 그렇습니다. 내가 그같은 경험을 하지 않았기 때문에 그냥 넘어갑니다. 그러나 성경은 이렇게 말씀합니다. "나는 여기서 주려 죽는구나(눅 15:17)." 배고파 죽겠다고 합니다. 굶어 죽을 지경이 되니까 정신이 없습니다. 그 본문을 다시한번 읽어봅시다. 누가복음 15장 14절로 보면 이렇게 묘사되어 있습니다. "다 없이한 후 그 나라에 크게 흉년이 들어 저가 비로소 궁핍한지라 가서 그 나라 백성 중 하나에게 붙여 사니 그가 저를 들로 보내어 돼지를 치게 하였는데 저가 돼지 먹는 쥐엄열매로 배를 채우고자 하되 주는 자가 없는지라 이에 스스로 돌이켜 가로되 내 아버지에게는 양식이 풍족한 품군이 얼마나 많은고 나는 여기서 주려 죽는구나." 나는 배고파 죽는구나―이때 정신을 차린 것입니다. 비로소 정신이 맑아집니다. 이제는 체면이고 명예고 자존심이고, 그까짓 것들은 문제가 되지를 않습니다. 아버지가 나를 어떻게 대할꼬, 내가 어떻게 지내왔는고― 아무것도 생각이 나지 않습니다. 조금만이라도 그가 성공했더라면 집으로 안돌아옵니다. 굶어 죽을 지경만 안되었더라도 아버지집으로 안돌아옵니다. 꼭 죽게되었기 때문에 돌아온 것입니다. 기생들과 술집에서 지내던 것, 다 쓸데없는 짓이었고 그동안에 헛된 친구들 사귀었던 것도 다 소용없습니다. 생각나는 것이라고는 오로지 밥 한 그릇입니다. 그래서 그는 '나는 죽는구나' 하고 아버지에게로 돌아왔습니다. 아버지를 생각하게 된 것은 배고팠기 때문입니다. 아버지에게 돌아올 수 있었던 것은 절박한 가난 때문이었습니다. 이것을 잊지 말아야 합니다. 성경 2천 년사를 연구해보면 어디를 보든지 가난과 질병을 통하지 않고 복음이 효과적으로 전해진 역사가 없습니다. 개인이건 민족이건 나라건 다 그렇습니다. 저런 어려움이 나타나지 아니하고는 복음이 전파된 바가 없습니다. 여러분도 똑같습니다. 오늘도 이 자리에 나온 사람들, 다 그런 경험이 있을 것입니다. 안나온 사람들, 배불러서 안나옵니다. 이것을 알아야 합니다. 가난이라는 것은 사람을 단순하게 만듭니다.

언젠가 한 교우가 나에게 「청빈의 사상」이라고 하는, 일본사람 나가노 고지(中野孝次)가 쓴 책 한 권을 보내주어서 오랜만에 잊어버렸던 일본말을 생각해나가면서 읽어보았습니다. 그 책에 이런 말이 있습니다. '소득에 대한 욕망으로부터 자유할 수 있을 때 그 사람은 행복할 수 있다. 청빈을 자기철학으로 삼을 수 있을 때, 청빈의 철학을 터득할 때 그는 비로소 행복할 수 있다.' 돈이 있다고 돈에 미치는 노예 되지 말고, 돈이 없다고 비굴해지지도 말고 청빈낙도(淸貧樂道), 툭툭털고나니 마음이 편안하더라, 있으나 없는 듯, 없으나 있는 듯이 물질적 욕망과 관계를 끊은 그 사람들만이 자유와 행복을 누렸더라 하는, 그런 자본주의에 대한 경고의 글이었습니다. 여러분, 가난한 자에게는 필요한 것이 많습니다. 그 모든 필요한 것의 뿌리는 돈입니다. 오직 그것 하나입니다. 가난하고보면 눌린 자의 의식을 가지게 됩니다. 신분도 낮아집니다. 양반이 소용 있습니까. 배고픈 양반, 아무 소용 없습니다. 가난한 지성인이 무슨 의미가 있습니까. 그는 말발이 서지 않습니다. 스스로도 아닙니다. 스스로 천한 자로 느낄 수밖에 없습니다. 천대받는다는 것을 절박하게 느낍니다. 이런 느낌을 소외감이라고 합니다. 정말로 가난한 사람에게는 잘살고 못살고 명예가 있고 없고 지위가 어떻고 하는 것 다 배부른 흥정입니다. 흔히들 말하는바 예술이니 예술성이니 하는 것들이 다 배부른 소리입니다. 우리나라에도 화가들이 있습니다. 아주 유능한 화가들이 있습니다. 며칠전에도 고 이중섭화백의 그림전시회에 갔었습니다. 그런데 가만히 보니 화가들에게 공통점이 하나 있습니다. 한때는 다 부자였다는 것입니다. 배부르니까 예술이니 뭐니 했지 배고픈 자가, 처음부터 배고픈 자가 그림을 그린 일은 없더라고요. 그도그럴것 아니겠습니까. 배고픈 자의 관심은 오직 사느냐죽느냐입니다. 무슨 예술감각이다 뭐다 하는 이야기는 다 배부른 사람들의 이야기입니다. 그렇지 않습니까. 먹고살기 위해서 무엇이든지 다 바칩니다. 북한에 있는 내 조카들에게 텔레비전을 하나씩 사주었었습니다. 나중에 들어보니 그거 다 팔아먹었다고 합니다. 텔레비전은 봐서 뭘 합니까. 먹는 것이 중요한데, 먹는 것…… 그만큼 먹는다는 것은 절박한 것입니다. 심지어는 창조주께서 나에게 주신 소중한 자유, 양심의 자유까지도 반납하고 밥 한 그릇 얻어먹는 것입니다. 노예면 어떻고 굴욕이면 어떻습니까. 먹고볼 일입니다. 그것이 바로 가난이라고 하는 것입니다. 배고픔이라고 하는 절대필요의 조건입니다.

또한 가난은 사람을 아주 겸손하게 만듭니다. 지식을 포기하게 만듭니다. 자기 의도 포기하게 합니다. 왜요? 가난한 자의 지식 인정하지 않습니다. 안다고 하는데, 제 밥벌이도 못하면서 무슨…… 그 말입니다. 나는 외롭다―그것도 밥 먹고 하는 얘기입니다. 가난하고 배고픈 자의 의를 누가 인정을 합니까. "그 주제에……" 그러면 끝나는 것입니다. 가난이란 이렇게 절박한 것입니다. 그리고 가난한 자는 사실로 먹는 것, 빵 하나로 만족합니다. 더 바랄 것이 없습니다. 정말로 배고팠던 사람은 한 끼의 밥으로 다 만족합니다. 여러분, 그런 경험 해보셨습니까? 한 끼의 밥을 놓고 "아, 참 기가 막히다" 해 보셨습니까? 그 행복과 만족감이란…… 저는 피란시절에 혈혈단신, 혼자 나와가지고 이리저리―참 힘들었습니다. 남에게 신세지는 것도 어쩌다가지 그 어떻게 피난민들이 가진 것을 얹혀서 얻어 먹겠습니까, 이 젊은사람이. 그래 뭐, 어떻게 할 길이 없었습니다. 그러던 중에, 몇끼나 굶었는지는 모르겠습니다마는 고구마 구워서 파는 데가 눈에 띄었습니다. 그 앞을 지나가는데 그 냄새가 기가막힙니다. 그 앞에 서서 제가 가지고 있던 시계를 풀어주었습니다. 시계라는 것이 그 당시에는 한 동네에 하나 있을까말까 할 정도로 귀한 것이었습니다. 지금처럼 시계가 흔한 것이 아니었습니다. 나도 웬만큼의 부잣집아들이라서 그 시계가 있었지 보통으로 있는 것이 아니었습니다. 그 시계 딱 풀어주고 고구마 다섯 개를 얻었습니다. 그 따끈따끈한 군고구마를 손에 들고 서서 하나님 앞에 감사기도를 드립니다. "하나님 감사합니다." 그때에 눈물이 뚝뚝뚝뚝 떨어지는데 그 감사, 이 감격과 이 행복은 말로 다 못합니다. 지금 내가 아무리 좋은 음식을 만나도 그때같은 맛은 모릅니다. 참으로 가난한 자의 행복이라는 것은 가난한 자만이 가지는 것입니다. 또한 가난한 자는 빵 하나를 얻기 위해서, 먹고살기 위해서 모든 노력을 기울입니다. 과거의 것들 다 버립니다. 때로는 미래에 대한 소망까지도 기대감까지도 몽땅

털어버리고 오직 한 끼의 밥을 생각합니다. 그만큼 배고픈 자는 절박한 것입니다. 깊이 생각하여야 합니다. 거지는 먹어도 먹어도 배가 고픕니다. 제가 인천에서 목회할 때인 그 옛날 60년대 초반에는 거지가 많았습니다. 늘 집에 와서 얻어먹는 사람들이 있었습니다. 그래 얻어먹는 사람들보고 늘 이야기를 했습니다. "정월 초하루, 팔월 추석…… 이런 날은 남의 집 문간에 들어서는 것을 사람들이 별로 좋아하지 않는다. 그럴 때는 우리집으로 오너라." 그래서 추석이나 정월 초하루 같은 날은 우리집에서 거지잔치를 했었습니다. 상을 죽 차려놓고 아이들과 같이 먹습니다. 흘리면서 먹는 사람도 있고 몸이 좀 뒤틀린 사람도 있습니다. 아무튼 같이 먹는데 좌우간 얼마나 먹어대는지 모릅니다. 주어도주어도 또 먹고 또 먹습니다. '어허! 내가 좋은 일 하고 사람 죽이는 것은 아닌가? 저렇게 먹고도 다 소화가 되는 것인가?' 걱정을 할 정도였습니다. 그러나 여러분, 거지는 소화불량 없습니다. 아무리 먹어도 소화가 되는 것입니다. 부잣집사람들이 죽 먹어놓고도 끄윽끄윽하는 것입니다. 생각해보십시오. 누가 더 행복하겠습니까. 거지는 소화불량 없습니다. 먹어도먹어도 마냥 배만 고픈 것입니다. 맛이 있는 것입니다. 그저 음식이 입에 단 것입니다.

마음이 가난한 자는 복이 있다고 예수님께서 말씀하십니다. 마음이 가난하다―헬라어원문대로는 '오이 프토코이 토 프뉴마티'입니다. '프뉴마'는 '영적'이라는 말입니다. 영적인 것이란 신령한 것, 영원한 것, 하나님의 말씀, 진리, 이런 것입니다. 영적인 그쪽으로 가난한 사람, 그쪽으로 가난을 느끼는 사람, 그 사람이 복이 있다, 하시는 말씀입니다. 가만히 보면 물질적으로는 가난하면서도 영적으로는 교만한 사람이 있습니다. 배부른 사람이 있습니다. 이 사람들이 하나님을 받아들일 수가 없고, 말씀을 받아 영접하지 못합니다. 어떤 사람은 물질로는 부하지마는 영적으로는 아주 가난합니다. 이렇게 가난한 사람들이 교회 열심히 나오는 것 아닙니까. 영적으로 가난하기 때문에 낮에도 나오고, 저녁에도 나오고, 새벽에도 나오고…… 안믿는 사람은 이런 사람 보면 "저 사람이 저거 좀 돌았나. 예수를 믿어도 이상하게 믿누만. 뭐, 저렇게 자꾸만 나가냐"하겠지만, 그 사람은 먹어도먹어도 배고프거든요. 영적으로 건강하기 때문입니다. 말씀을 사모하는 마음이 간절하기 때문에 얼마든지 배고픈 것입니다. 얼마든지 심령 가난한 것입니다. 이 점을 깊이 생각하여야 합니다. '밭에 감추인 보화 비유'를 여러분이 압니다. 한 사람이 남의 밭을 갈다가 감춰진 보화를 발견했다, 집에 있는 것을 다 팔아서 그 밭을 샀다―바로 이것이 가난입니다. 저것을 얻기 위해서라면 무엇이든지 다 바치겠다, 이것입니다. 그런 마음입니다. 이런 사람이 심령 가난한 사람입니다. 그 사람에게 복이 있습니다. 또한 지식에 대하여 가난한 사람도 있습니다. 신통치 않은 사람은 아는 것도 없으면서 다 잘 안다고 뽐내고, 참으로 유식한 사람은 자기가 모른다는 것을 알기 때문에 공부하고 또 공부하고 또 탐구하는 것이 아닙니까. 지식에 대한 가난이 있기 때문입니다. 그러면 생각해봅시다. 인격적으로 교만한 사람, 배부른 사람은 구제불능입니다. 그래서 한평생 성경을 가르치던 칼뱅이 이런 말을 하였습니다. "교만한 자에게 진리를 가르치는 것은 당나귀한테 음악을 가르치는 것보다 어렵다." 교만한 자에게 진리를―못할 일입니다. 바리새인들, 다 안다고 떠드는 사두개인들, 다 안다고 자처하는 서기관들―예수님께서도 저들을 가르치실 도리가 없었습니다. 그래서 말씀하십니다. "가난한 자에게 복음이 전파된다 하라." 마태복음 11장에 보면 세례 요한이 예수님께 사람을 보내어 여쭙니다. "오실 그이가 당신이오니이까 우리가 다른 이를 기다리오리이까"—결정적인 시간입니다. 내가 누구냐—정체를 말씀하시는데 딱 한마디로 "소경이 보며 앉은뱅이가 걸으며 문둥이가 깨끗함을 받으며 귀머거리가 들으며 죽은 자가 살아나며 가난한 자에게 복음이 전파된다 하라"하시고 끝입니다. 복음은 만방에 전해지고 있지마는 오로지 가난한 자만이 복음을 받아들이더라, 그런 줄 알아라—이것이 정체요, 이것이 진리요, 이것이 내가 가는 길이라고 말씀하십니다. 그런고로 예수님께서 마음이 가난한 자는 복이 있다, 너희는 가난하여 여기에 있는 것이다, 앞으로도 마음이 더 가난한 자 되기를…… 그 사람 자체가 복이다, 라고 말씀하실 수밖에요.

샘 토프라고 하는 랍비가 제자의 질문을 받습니다. "선생님, 진리는 아무데나 있다면서요?" "그렇지. 진리는 어디에나 있는 것이지." "선생님, 그러면 진리는 저 길바닥에 굴러다니는 자갈돌처럼 있는 것입니까?" "아무렴. 자갈돌처럼 널린 것이 진리다." "그러면 사람들은 왜 진리를 터득하지 못합니까?" "아, 그 이유는 간단하지. 허리를 굽히기 싫어서다. 조금만 허리를 굽히면 진리를 주울 수가 있는데, 그렇지 못하기 때문에, 가난해질 수 없기 때문에 사람들은 진리를 영접할 수 없는 것이란다." 마음 가난한 자가 복이 있습니다. 하나님께서 그에게 벌써 역사하시기 시작하였습니다. 그리고 하나님의 말씀을 받아들일 수 있는 가난한 마음을 주셨습니다. 이것은 은사입니다. 하나님께서 주시는 선물입니다. 저는 사십 년째 목회합니다마는 아무리 전도하고 아무리 설명을 해도 그것 가지고 안됩니다. 기도하고 하나님말씀을 가르쳐도 안됩니다. 언제이건 주께서 직접 역사하셔야 됩니다. 쉬운 말로 말하면 손을 좀 봐주셔야 됩니다. 하나님께서 손을 좀 봐주셔야 그때가서 가난해지고, 가난해져야 그때가서 말씀을 영접하더라고요. 우리 교회 장로님 한 분이 미국 시애틀에 있는 자기 친구, 돈도 많은 젊은 과학자인데 그 사람이 예수 믿으면 참 좋은 일을 하겠다 싶어서 제 설교 카세트테이프를 매주일 정성껏 기도하며 삼 년 동안이나 보냈습니다. 그런데 그 사람은 그것들을 받아놓기만 하고, 친구가 보내는 것이니 받아놓기만 하고 듣지는 않았습니다. 그러던 중 어느 순간에 사업이 꽝하고 무너지면서 자살 직전으로 갔습니다. 큰일났구나—마음이 너무 괴롭고 울적하더랍니다. 그렇게 마음이 가난해지면서 '친구가 보내준 저것을 좀 들어보면 어떨까?' 하는 생각이 들었습니다. 그래서 듣기 시작했습니다. 며칠 사이에 다 들었습니다. 그래 새 사람이 되어서 큰일을 하는데 일부러 제 사무실에 들어와서 그 이야기를 죽 해주었습니다. 함께 큰 은혜를 받았습니다. 사람이 가난해질 때까지는, 마음이 가난해질 때까지는 복음이 복음될 수가 없습니다. 진리가 진리될 수도 없습니다. 그리스도가 그리스도되지도 못합니다. 마음이 가난한 자 복이 있다, 하십니다. 마음이 가난한 자에게 소중한 겸손의 복을 주시고, 믿음의 복을 주시고, 순종의 복을 주시고, 그리고 하나님의 말씀을 영접하는 복을 주십니다. 마음이 가난한 자, 그 사람이 바로 복이 있다, 천국이 저희 것이기 때문이다, 하십니다.

† 기 도

　하나님 아버지, 교만하고 미련한 저희들이지마는 이만큼 가난한 마음을 주셔서 주 앞에 나오게 하시고 또 주의 말씀을 사모하게 하시고 겸손한 마음으로 주의 말씀을 영접케 하시니 감사합니다. 마음이 가난한 자에게 복이 있다고 말씀하신 그 깊은 뜻을 잘 헤아려서 우리 모두 나의 마음을 가난케 하시는 주님의 은혜에 감사할 수 있으며 또 감사하는 마음으로 주님의 말씀을 영접하면서 내 마음에, 현실 속에, 그리고 장차 우리에게 주실 하나님의 나라에 들어가는 축복이 있게 하여주시옵소서. 예수님의 이름으로 기도하옵나이다, 아멘.

애통하는 자의 복

　예수께서 무리를 보시고 산에 올라가 앉으시니 제자들이 나아온지라 입을 열어 가르쳐 가라사대 심령이 가난한 자는 복이 있나니 천국이 저희 것임이요 애통하는 자는 복이 있나니 저희가 위로를 받을 것임이요 온유한 자는 복이 있나니 저희가 땅을 기업으로 받을 것임이요 의에 주리고 목마른 자는 복이 있나니 저희가 배부를 것임이요 긍휼히 여기는 자는 복이 있나니 저희가 긍휼히 여김을 받을 것임이요 마음이 청결한 자는 복이 있나니 저희가 하나님을 볼 것임이요 화평케 하는 자는 복이 있나니 저희가 하나님의 아들이라 일컬음을 받을 것임이요 의를 위하여 핍박을 받는 자는 복이 있나니 천국이 저희 것임이라 나를 인하여 너희를 욕하고 핍박하고 거짓으로 너희를 거스려 모든 악한 말을 할 때에는 너희에게 복이 있나니 기뻐하고 즐거워하라 하늘에서 너희의 상이 큼이라 너희 전에 있던 선지자들을 이같이 핍박하였느니라
(마태복음 5 : 1~12)

애통하는 자의 복

　소설「별들의 고향」을 쓴 작가 최인호씨의 또다른 작품에「사랑아 나는 통곡한다」라고 하는 소설이 있습니다. 그 소설책의 서문에 나오는 이야기를 소개하려고 합니다. '나는 통곡하며 살고 싶다. 나는 대충대충, 생활도 대충대충, 만남도 대충대충, 일도 대충대충, 그렇게 살고 싶지 않다. 나는 모든 일에 통곡하는 그런 열정을 지니고 살고 싶다. 어찌 사랑뿐이겠는가…… 나는 친구도 통곡하고 사귀고 싶다. 꽃 한 송이를 보아도 통곡하며 보고 싶다. 내 아들딸들의 통곡하는 아버지이고 싶다. 아내와도 늙어 죽을 때까지 통곡하며 살고 싶다. 하나님도 통곡하며 믿고 싶다.'
　여러분, 어떻게 생각하십니까? 인간과 사물에 대한 깊은 애정과 정열과 감격이 있는 생을 살아야 그것이 사람이 아니겠습니까. 통곡이 없고 눈물이 없는 것, 눈물이 말라버린 사람, 그것이 어찌 사람이겠습니까. 감동과 정열이 없기에 진실도 없는 것입니다. 물론 위로도 없는 것입니다. '비인간적' 이라는 말이 무슨 말입니까. 눈물이 없고 감격과 감동이 없다는 말입니다. 그것은 사람같지 못한 것이지요. 요새 보면 사람들이 IQ는 높은데 EQ가 제로입니다. 감성지수가 너무 한심합니다. 감지능력이 없습니다. 어떤 것에 대한 진실한 반응도 없습니다. 또한 감정적 격동에 대한 자제능력도 없습니다. 울지도 못한다는 말이 있습니다. 울 힘도 없습니다. 울 마음도 없습니다. 북한의 어린이들이 '꽃제비' 라는 이름으로 거리에 나도는 그 비참한 모습을 TV에서 본 사람들이 저를 만날 때 여러 가지로 말씀합니다. "저거 어떡하지요?"하고 그 본 일을 생각하면서 우는 사람이 있는가하면, 어떤 사람은 빤히 쳐다보고 "목사님, 저거 사실인가요?"합니다. "사실이라면 어쩔 거요?"하고 저는 반문합니다. 어떻게 그렇게 생각하느냐고, 왜 저들을 끌어안고 한번 울 수 있는 그런 마음이 없느냐고 말합니다. 눈물 말라버린 지 오래되었습니다. 그것은 그만큼 사람됨에서부터 멀어졌다는 것을 의미하는 것입니다. 운다는 것이 무엇입니까. 예수님 말씀하십니다. "애통하는 자가 복이 있나니 저희가 위로를 받을 것임이요"—너무나도 귀한 말씀입니다. 애통하면서부터 인간이니까요. 애통하는 것은 바로 의식이 있다는 뜻입니다. 의식이 없는 자는 애통이 없습니다. 의식을 잃어버린 남편을 위해서 몸을 다해서, 정성을 다해서 돌보는 부인이 있습니다. 그녀는 그저 "여보! 여보!" 남편을 부르고 싶고, 그 얼굴을 비비고 손을 만지고 정성을 다하지만 남편은 아무 감각이 없습니다. 어느날 그녀는 이렇게 말합니다. "제가 얼굴을 비비며 '여보!' 라고 할 때 그의 눈에서 눈물이 나는 걸 보았어요. 눈물 한 방울이 뚝 떨어지는 걸 보았어요. 그가 내 소리를 듣는가보아요"하고 기뻐하는 모습을 보았습니다. 한 방울의 눈물이 떨어질 때 사랑이 교감되면서 이렇게 기뻐합니다. 이것이 눈물입니다. 내면적 세계에서 오는 의식을 말합니다. 의식이 없는 사람, 식물인간은 웃지도 못하고 울지도 못합니다. 그래서 인간이라고 부르기 어려운 것입니다. 그 사람은 살았다고 할 수가 없는 것입니다.

오늘 우리는 깊이 생각하여야 합니다. 애통하는 것, 그것은 바로 자기성찰이 시작됨을 말하는 것입니다. 내가 누구입니까? 죄인된 내 모습, 내 존재 된 나 자신을 생각합니다. 자기를 상실한 사람은 울 줄을 모릅니다. 나 자신을 찾을 때, 나 자신의 나됨을 찾을 때 거기서 눈물이 터져나오는 것입니다. 또한 자기의 미래와 자기의 운명에 대해서 관심을 가질 때 눈물이 있는 것입니다. 이대로 좋습니까, 이대로 가면 어디로 가는 것입니까, 내 앞에는 어떤 운명이 전제되어 있는 것입니까, 이대로 주님 앞에 담대하게 설 수 있는 것입니까?―비로소 내 운명에 대하여, 영원한 미래에 대해서 생각하게 될 때 거기에 눈물이 있는 것입니다. 또한 영(靈)의 눈이 열리면서 하나님의 심판을 봅니다. 심은대로 거둔다는 이야기는 수없이 들었지마는 오늘와서 새삼 생각합니다. 나는 내가 심은대로 거두고 있다, 아니, 아직도 거두기 시작하는 것이다―내가 과거에 심은대로 거둔다면 앞으로는 엄청난 일이 이루어질 것입니다. 불행하다 행복하다, 하는 이야기도 할 것 없습니다. 심은대로 거두어갈 때 내 앞은 이제 얼마나 더 비참해져야 되는가―심은대로 거둔다고 하시는 그 하나님의 엄위(嚴威)한 경륜 앞에서 우리는 눈물을 흘릴 수밖에 없습니다. 아무 할말이 없습니다. 나 자신에 대한 책임을 통감하게 될 때 비로소 눈물이 나오게 됩니다. 내 책임 남에게 돌릴 때는 눈물이 없습니다. 다른 사람의 불행도 나 때문이라고 생각할 때, 주변에 있는 사람들의 모든 비참함이 바로 나 자신 때문이라고 생각할 때 거기에 진실한 눈물이 있는 것입니다. 책임을 남에게 전가하는 사람이라면 그에게는 증오뿐입니다.

성경에 보면 어떤 관원이 모처럼 예수님께 나와서 '어떻게 하면 구원을 얻을까요?' 하고 여쭙니다. 예수님께서 이 말씀 저 말씀을 하신 다음에 '네게 있는 것을 다 팔아 가난한 자에게 주라. 그리하고 나를 좇으라' 하실 때 그는 영생을 포기하고 무거운 마음으로 발길을 돌립니다(눅 18:18-23). 여러분, 이 사람의 마음 속에 애통함이 없었습니다. 애통함이 없는 사람은 하나님께서도 위로할 수가 없습니다. 예수님 앞에까지 나왔다가 그대로 돌아가는 그 뒷모습을 한번 보십시오. 이 사람에게 눈물이 없었습니다. 바리새인과 세리가 주님 앞에 나아와 기도합니다(눅 18:10-14). 바리새인은 도덕적으로는 확실히 세리하고 비교할 수 없는 의인입니다. 그러나 그는 교만했고 눈물이 없었습니다. 세리는 저멀리서 무릎을 꿇고 하늘을 쳐다보지도 못하는 채 '나는 죄인입니다' 하고 통곡합니다. 그가 위로를 받았고 의롭다 하심을 얻었다, 은혜를 입고 돌아갔다, 라고 예수님께서는 설명하고 계십니다. 자기부정이 없을 때 통곡할 수 없고 통곡이 없는 사람은 자기자신의 정체를 바로 찾을 수가 없습니다. 애통하는 마음, 그것은 축복입니다. 애통하는 그 마음 자체가 축복입니다. 이를 가능케 하는 것은 성령의 역사입니다. 심판받은 자는 눈물이 없습니다.

 이름을 대면 혹 몇 분은 알만한 아주 유명한 분이 있습니다. 소위 유명인사입니다. 그의 부인이 저를 찾아와서 통곡을 하다 간 일이 있습니다. 그는 사회적으로도 명성이 있고 많은 사람으로부터 존경을 받는 분입니다. 특별히 아들딸 삼남매가 있는데 그들이 저희 아버지를 세상에서 최고로 위대한 분으로 존경하고 있다는 것입니다. 부인 자신도 그렇게 생각해왔었다고 합니다. 그런데 이제서 알고보니 칠 년 전부터 그에게 다른 여자가 있었고 거기에 어린아이까지 있는 것이었습니다. 그 아이가 이제 학교에 가게 됨으로 그런 사실이 드러난 것입니다. 그 사실을 알게될 때 이 부인은 너무도 기가 막혔습니다. 자녀들이 실망할까봐 그들에게 내색할 수도 없습니다. 주변에서 높이 보는 그 이름에 먹칠을 할까봐, 그에 대한 그들의 존경심이 깨질까봐 말도 못하고 그녀는 이렇게 말하며 울었습니다. "나는 마음대로 울지도 못합니다. 나는 마음대로 통곡을 할 수도 없습니다. 마음대로 회개를 할 수도 없습니다. 내가 회개하게될 때 너무 많은 사람에게 실망을 주니까 말이에요." 여러분, 마음껏 울 수 있다고 하는 것, 그것은 하나님의 큰 축복이요 용기요 하나님께서 주신 기회가 아닐 수 없습니다.

회개가 없습니다. 회개가 없는 자에게는 위로도 없습니다. 왜 통곡이 없느냐고요? 이미 심판을 받아서, 너무 바빠서, 뛰면서 생각하느라, 정신이 없었습니다. 벌써 애통할 수 있는 마음을 잃었습니다. 너무 타성화하고 무의식화하고, 무감각화해버렸습니다. 그것이 체질이 되어버렸습니다. 이제 뭐, 눈물 나올 겨를이 없지요. 어떤 때는 지나친 욕심에 끌린 탓에, 끝없는, 채울 수 없는 많은 욕심의 노예가 된 탓에 긍휼히 여기는 눈물도 없고, 자기자신을 성찰하는 눈물도 없고, 하나님을 바라보면서 진실을 다시한번 묻는, 그런 눈물도 없는 상태입니다. 작은 일에 성공했다고 교만해져 있습니다. 제가 인천에서 목회할 때 있었던 일입니다. 초등학교 선생님인데 하도 생활이 어려워서 판자집에서 살았습니다. 연탄을 갈아넣으면서 참 고생하는 그런 언덕 위의 집에서 살았습니다. 그는 소위 일류대학교 법과대학을 나왔습니다. 그리고 사법고시를 여러 번 보았지마는 보는 족족 낙방을 했습니다. 나중에는 어찌어찌 길을 열어서 초등학교 선생님이 되었습니다. 이제 아들딸 둘이 초등학교 1학년, 3학년인데 이 아이들을 바로 키워보겠다고 해서인지 공부 잘하라고 닦달하는데, 좌우간 99점만 맞아 와도 때리는 것입니다. 꼭 100점 맞아야 됩니다. "그것도 모르느냐?"하면서 아이들에게 매질을 합니다. 아이들이 파랗게 질려서, 벌벌 떨면서 빕니다. "공부 잘할께요 아버지, 꼭 100점 맞을께요, 100점 맞을께요"하면서 매를 맞는 것입니다. 어느 날 아침이었습니다. 아이들이 또 매를 맞고 있습니다. 멀리서 지켜 보면서 부인은 부엌에서 설겆이를 하고 있었습니다. 그런데 남편은 이날 아이들을 때리면서 이렇게까지 말하고 있습니다. "나는 초등학교 다닐 때 100점만 맞았다. 초등학교, 중학교, 고등학교, 대학교를 줄곧 1등만 했다. 그런데 너는 그게 뭐냐! 네 어머니라는 게 이화대학 나왔다고 하더마는 성적표를 보니까 엉터리더라. 그래서 너같은 것이 나왔다." 그러면서 때리는 것입니다. 이 부인이 이 소리를 듣는 순간 그만 실성을 했습니다. 확 돌아가지고 방문을 확 열었습니다. "야, 너!" 남편한테 이러고 나왔습니다. "그래 100점 맞고 1등 해서 고작 이 신세냐? 도대체 네가 한 게 뭐냐!" 한바탕 호통을 쳤습니다. 평소 남편 앞에서 설설 기던 아내가 이렇게 나오니까 그만 남편은 기절할 지경이었습니다. 이윽고 땅을 치며 우는데, 내리 몇시간을 울더라고 합니다. 통곡을 하더랍니다. 그러고나더니 그 교만한 인간이 깨어졌습니다. 이후로 아이들에게 얼마나 자상한 아버지가 되었는지 모릅니다. 아이들은 이제 살았다고, 우리 엄마가 구세주라고 하면서 기뻐했습니다. 여러분, 되지못하게 교만한 것, 작은 성공이 미래를 망칩니다. 이것 깨어지기 전에는, 통곡하는 눈물이 나기 전에는 사람되지 못합니다. 사람구실을 못합니다. 어디 갖다놓아도 마찬가지입니다. 그 많은 세월 예수를 믿어도 마찬가지입니다. 소용없습니다. 통곡하는 역사가 있고야 비로소 새 생명이 태어나는 것입니다. 인간이 되는 것입니다.

또한 남을 원망하는 사람 회개하지 못합니다. 원망하고 발악하는 사람 회개하지 못합니다. 참으로 애통함이 있고야 새롭게 인간의 모습으로 태어납니다. 그래서 예수님 말씀하십니다. 슬퍼하는 자가 복이 있다, 애통하는 자가 복이 있다, 저가 위로를 받을 것이니라— 여기서 애통한다는 말은 헬라어로 '펜순테스'인데 이 말은 보통으로 운다는 말이 아니라고 합니다. 'strong word for the mourning'이라고 되어 있습니다. 이렇게 번역을 합니다. 이것은 아주 강한, 슬픔에 대한 아주 강한 표현입니다. 사랑하는 사람이 죽었을 때 가슴을 찢는, 그런 모습을 가리킵니다. 예컨대 창세기 37장에 보면 야곱이라는 아버지가 있는데 그는 그 아들 요셉이 죽었다고 생각을 합니다. 특별히 짐승한테 물려가 찢겨 죽은 것으로 알게될 때 그는 통곡을 합니다. "내 아들 야곱아"하면서 통곡을 합니다. 그 통곡! 바로 그런 마음이 애통하는 마음입니다. 애통하게될 때 겸손해집니다. 겸손하게 될 때 진실을 찾습니다. 그리고 거기서 하나님을 만납니다.

오스트리아의 수도 비엔나에 '임페리얼 뮤지엄'이라고 하는 박물관이 있습니다. 여기에 소장된 그림 한 폭에 대해서 소개합니다. 너무나 유명한 이야기를 묘사한 그림입니다. 황제가 성당에 들어가려고 하는데 주교가 문간에 나와 떡 버티고 서서 "못들어갑니다!"하는 장면을 그린 그림입니다. 그것은 역사적인 일입니다. 주후 390년에 데살로니가에서 로마의 통제를 반대하는 운동이 있었는데, 이것을 막기 위해서 1500명을 무참하게 학살해버렸습니다. 그 뒤에 테오도시우스 황제가 밀라노를 방문했고, 주일날 예배를 드리러 그곳 성당에 들어가려고 할 때 당시의 교부인 성 암브로시우스가 서슬푸르게 문을 막고 서서 "못들어갑니다!"라고 황제에게 말합니다. "왜 못들어가오?" "당신은 죄인입니다." 그러자 황제는 말합니다. "다윗

왕도 죄인인데……" 암브로시우스는 여기서 유명한 대답을 합니다. "다윗 왕을 모방하십니까? 그러면 다윗처럼 회개를 하셔야지요. 다윗 왕은 회개를 하였습니다. 당신은 회개가 없기 때문에 못들어갑니다." 딱 막았습니다. 유명한 그림이요 이 이야기는 참으로 유명한 이야기입니다. 회개하지 않는 죄인, 회개하지 않는 교만한 사람, 하나님의 집에 못들어갑니다. 위로를 받을 수가 없습니다.

자기자신을 위해서 울어야 합니다. 동시에 남을 위해서도 울 수 있는 사람이 되어야 합니다. 느헤미야는 예루살렘 성이 훼파되었다는 말을 듣고 옷을 찢고 눈물을 흘립니다. 예레미야는 그 민족의 장래를 걱정하고 너무 울어서, 창자가 끊어지는 아픔을 느끼면서 울었기에 흔히 말하기를 '눈물의 선지자'라고 부릅니다. 에스겔은 훼파된 예루살렘 성을 멀리 바라보면서 울었습니다. 로마서 9장에 보면 사도 바울은 한평생 복음을 전할지라도 늘 그 마음에 무거운 근심이 있었습니다. 민족을 향한 눈물이 있었습니다. 여러분, 내가 나를 위하여 울 뿐만 아니라 멸망해가는 세상을 향하여, 이웃을 향하여 울 수 있는 바로 애통하는 마음, 그러한 인격, 그가 복이 있는 것입니다. 후회하는 것과 회개하는 것은 다릅니다. 사울 왕은 잘못한 일에 대해서 많이 후회하였습니다. 그러나 회개가 없었습니다. 어쩌면 다윗은 더 큰 죄인이지마는 그는 회개가 있었습니다. 침상이 썩도록 회개하였습니다. 그래서 하나님의 사랑을 받고 위로를 받은 것입니다. 전설에 이런 이야기가 있습니다. 어느날 하나님께서 천사들에게 좋은 그릇 하나씩을 주시고 세상에 나가서 가장 귀한 것을 담아 가지고 오라 하셨습니다. 해서 천사들이 세상에 나가보니 사람들이 금을 귀히 여깁니다. 그래서 금을 모아보았으나 생각해보니 금은 사람들이 좋아하는 것이지 하나님 앞에는 아무 의미가 없는 것이라 쏟아 버렸습니다. 사람들이 좋아하는 보석도 하늘나라에는 얼마든지 많은 것입니다. "아, 이런 것 다 소용없다." 그래 다 버리고 가장 귀한 것이 무얼까 하고 빈 그릇을 가지고 헤맬 때, 어디선가 통곡하는 소리가 들립니다. 회개하고 감사하면서 통곡하는, 눈물흘리는 그 소리가 들립니다. 가까이 가서 보니 그 눈물이 뚝뚝 떨어집니다. 천사들의 마음에 감동이 왔습니다. "바로 이것이다. 이 순간을 하나님께서 제일 기뻐하신다." 깨닫고 천사들은 그 눈물을 담아 가지고 하나님께 올라갔다, 하는 전설입니다.

여러분 이것을 알아야 합니다. 하나님도 못하시는 것이 있습니다. 애통하지 않는 자를 위로하실 수 없는 이가 하나님이십니다. 회개하지 않는 자를 절대로 구원하지 못하십니다. 아무리 위로를 베풀고 싶어도 회개하지 않는 사람 위로하실 수 없습니다. 여러분, 그렇지 않읍디까? 사람 사람 사이에도 내가 진정으로 저를 위로하고 싶지마는 그 사람에게 통곡하는 마음이 없는 한 나의 위로하는 수고는 아무 소용 없습니다. 나의 헌신도 소용이 없습니다. 오직 통곡하고 애통하는 자만이 사람으로부터도 위로를 받고 하나님께로서도 위로를 받습니다. 통곡함과 애통함을 통해서 영혼이 깨끗해집니다. 가슴이 열립니다. 생각이 맑아집니다. 비로소 하님의 위로를 받아들이게 됩니다.

"애통하는 자는 복이 있나니 저희가 위로를 받을 것임이요" 하십니다.

†기 도

하나님 아버지, 저희에게 통회하는 마음을 주시고 주의 위로를 받게 하심을 감사합니다. 그러나 아직도 통회하는 마음이 부족하고 온전한 회개가 없기에 온전한 위로도 받지 못하고 있음을 용서하여 주시옵소서. 저 깊은 곳으로 돌아가서 가슴을 열고 진실을 찾고 의를 찾고 겸손을 찾아서 참으로 주의 위로를 받고 또 위로하는 자로 살아가게 하시옵소서. 예수님의 이름으로 기도하옵나이다, 아멘.

그를 기다리는 자의 복

그러나 여호와께서 기다리시나니 이는 너희에게 은혜를 베풀려 하심이요 일어나시리니 이는 너희를 긍휼히 여기려 하심이라 대저 여호와는 공의의 하나님이심이라 무릇 그를 기다리는 자는 복이 있도다 시온에 거하며 예루살렘에 거하는 백성아 너는 다시 통곡하지 않을 것이라 그가 너의 부르짖는 소리를 인하여 네게 은혜를 베푸시되 들으실 때에 네게 응답하시리라 주께서 너희에게 환난의 떡과 고생의 물을 주시나 네 스승은 다시 숨기지 아니하시리니 네 눈이 네 스승을 볼 것이며 너희가 우편으로 치우치든지 네 뒤에서 말소리가 네 귀에 들려 이르기를 이것이 정로니 너희는 이리로 행하라 할 것이며 또 너희가 너희 조각한 우상에 입힌 은과 부어 만든 우상에 올린 금을 더럽게 하여 불결한 물건을 던짐같이 던지며 이르기를 나가라 하리라

(이사야 30 : 18~22)

그를 기다리는 자의 복

영국작가 H. G. 웰즈의 작품에 「대주교의 죽음」이라고 하는 단편소설이 있습니다. 여러 가지 의미를 담고 있는 아주 심각한 이야기입니다. 대주교는 날마다 습관대로 대성당에 들어가서 기도를 드립니다. 늘 똑같은 말로 기도를 시작합니다. "오! 전능하신 하나님이여, 오늘 내게 말씀하소서." 이것이 기도의 첫마디입니다. "오! 전능하신 하나님이여, 오늘 내게 말씀해주시옵소서"—이렇게 한평생 수십 년을 기도드려왔는데, 마침내 어느날 하늘에서 음성이 들려왔습니다. "오냐, 무슨 일이냐?" 이 음성을 듣고 그는 심장마비로 죽었습니다. 많은 것을 말해주는 이야기입니다. 우리는 대개 "하나님이여 말씀하소서"하면서도, '정말 하나님이 말씀하실까?' 하고, 그 많은 시간 기도하면서도 '정말 기도가 응답되는 것일까?' 합니다. 어쩌면 기도하는 그것으로 만족하고, 자기감정을 순응하는 이 정도에 그치는, 말하자면 추상적이고 감상적인 신앙이라 하겠습니다. 여러분, 예배하고 기도하고 믿는 우리의 신앙이 과연 얼마나 구체적입니까? 얼마나 현실적입니까? 얼마나 내 생활 속에 확실하게 응답된다고 믿고 있습니까?

오늘의 본문말씀 가운데는 하나님께서 기다리신다고 하는 말씀이 있습니다. 생각할수록 깊고 깊은, 오묘한 말씀입니다. 하나님께서 기다리신다—그는 능력이 많고 그는 지혜가 많습니다. 그런데 왜 기다리시는 것입니까? 그는 창조주이십니다. 그는 역사의 주인이십니다. 왜 기다림이라고 하는 고통을 택하시는 것입니까? 보십시오. 우리는 가지고 싶지마는 지금 갖지 못하니까 돈을 벌 때까지 기다려야지요. 내가 하고 싶은 일이 있지마는 내가 무능해서 할 수가 없으니까 기다려야지요. 우리는 기다려야 됩니다. 부득불 기다릴 수 밖에 없는 나약함, 그런 불가피적 상황에 있지 않습니까. 그러나 하나님께서는 그렇지 않으십니다. 능력이 많으십니다. 하시고 싶은 일은 하십니다. 언제나 하실 수 있는 창조주 하나님이십니다. 섭리자 하나님이십니다. 그런데 도대체 무엇을 기다리신다는 말씀입니까? 왜 기다리셔야 하는 것입니까? 얼마동안이나 기다리셔야 하는 것입니까? 하나님께서 왜 그 뜻을 자제하시고, 그 행사 속에서 왜 그 많은 시간 기다리고 계시는가 하는 것입니다. 예수님의 수제자였던 베드로, 그의 편지 베드로후서 3장 8절 이하에 보면 이렇게 그는 기록하고 있습니다. "사랑하는 자들아 주께는 하루가 천 년같고 천 년이 하루같은 이 한 가지를 잊지 말라 주의 약속은 어떤 이의 더디다고 생각하는 것같이 더딘 것이 아니라 오직 너희를 대하여 오래 참으사 아무도 멸망치 않고 다 회개하기에 이르기를 원하시느니라." 하나님의 기다리시는 모습을 이렇게 말씀하고 있습니다. 천 년을 하루같이, 하루를 천 년같이—정말 간절한 마음으로 기다릴 때는 하루가 천 년같습니다. 어떤 때는 천 년이 하루같습니다. 시간관념을 초월해서 하나님께서는 완전하게 기다리십니다. 하나님께서는 왜 이 기다림의 고통을 선택하셨느냐 하는 것입니다. 그것은 바로 우리 인간을 끝까지 인격적으로 대하시기 때문입니다. 아주 쓸모없는 자로, 아주 구제 불능한 자로, 아주 끝난 그런 존재로 대하시지 않고, 아직도 가능성을 두시고 기다릴만한 가치가 있다는 말씀입니다. 기다릴만한 가치가 있다고, 그만한 존재라고 인정해주시는 것, 이 얼마나 귀한 일입니까. 사람들이 결혼생활 하는 것 보면 쉽게도 '못참겠다'

고 투덜거리는 사람들이 있습니다. 어떤 분들은 한 삼십 년을 참았다가 이제는 더 못참겠다고 말합니다. 왜요? 기다릴 것이 없으니까, 이제는. 기다려보았자 이제는 싹이 노란데 뭘―그렇게 생각하고, 절망하고, 실망하려드는데, 이야말로 참 인격에 대한 최고의 모독인 것입니다. 저는 신랑신부들에게 늘 이야기합니다. 어떤 일이 있어도 '실망' 이라는 말은 하지 말라고, '절망' 이라는 말은 하지 말라고, 그것은 마지막 말이라고요. 아직도 나는 너를 기다린다―얼마나 귀한 일입니까. 얼마나 위대한 사랑입니까. 얼마나 마음을 기쁘게 할 수 있는 것입니까. 기다림! 그것은 하나님의 사랑입니다. 하나님께서 고통을 스스로 감수하시면서 우리를 기다려주십니다. 심판을 멈추시고 다음 때를 기다리십니다. 다음 시간을 기다리십니다. 오래오래, 천 년을 하루같이 기다리고 계신 것입니다. 대단히 귀중한 말씀입니다. 회개하기를 기다리시고 돌아오기를 기다리고 계십니다. 이것은 곧 은혜입니다. 성숙하게 되기를 기다리십니다. 깨닫고 성장해서 어느 수준에 도달하게 되기를 기다리고 계십니다.

　어느 큰 회사에서 신입사원을 모집하는 데 색다른 지혜를 내었다고 합니다. 요새는 직원 하나 잘못 썼다가 회사 거덜나는 일이 많거든요. 그러니 신입사원 뽑는 일이 여간 중요한 일이 아니지 않습니까. 사람을 잘 써야 되겠는데, 어떻게 하여야 좋은 사람을 고를 수 있을까? 성적표대로 되는 것도 아니고 물론 IQ대로 되는 것도 아닌 사람됨을 어떻게 하여야 바로 심사할 수 있을까―하던 중에 그 시험을 보러 온 사람들, 마지막시험을 보러 온 사람들, 아주 우수한 사람들을 한 방에 놓고 인터뷰를 하게 되었습니다. 인터뷰는 몇 시부터, 라고 공고해놓았거든요. 그리고 그 시각이 지나고 한 시간을 그대로 내버려두었습니다. 그랬더니 처음에는 모두들 조용히 있다가 급기야는 "왜 시간이 늦지?" "왜 말이 없지?" "이거, 시간 안지키고 뭘 하는 거야?" "이거 왜 이러는 거야?" 하고 하나씩 둘씩 불평을 하기 시작합니다. 초조해하면서 어떤 사람은 발을 동동 구르고, 앉았다 일어났다 하고, 손가락을 만지작거리고…… 이러는 동안 한 시간이 흘러갔습니다. 회사에서는 그동안의 광경들을 죄 녹화해두었습니다. 그런 다음에 "인터뷰 끝났습니다" 하고 선언하였습니다. 거기서 사람됨을 충분히 고를 수가 있었다고 합니다. 여러분, 어떻습니까. 어떻게 기다려야 합니까. 어떤 모습입니까. '그럴 일이 있겠지. 뭐, 충분히 그럴만한 곡절이 있겠지' 하고 느긋하게 기다릴 수 있는 그 자세, 대단히 중요한 것입니다. 이것이 바로 EQ지수가 높다는 것입니다. 자, 여러분. 어떻게 하여야 되는 것입니까.

저는 박학전 목사님이라고 하는 분을 늘 기억합니다. 제가 인천에서 목회할 때 협동목사님이셨습니다. 나이많으신 어른인데 목회를 간접적으로 많이 도와주셨습니다. 가끔 그분의 집에 초대받아서 방문했을 때 보면 목사님이 연세가 높으시고 참 귀한 어른인데 좀 외로웠습니다. 그래 손자 하나를 데려다 키웠는데 아, 이놈이 보자하니 밖에 나가 놀다 들어와서는 저희 할아버지를 발길로 차고 "이 놈, 이 놈!" 하고 별소리를 다 합니다. 그런데 할아버지는 좋다고 녀석을 얼싸안아줍니다. 저는 이 장면을 참으로 아름답게 보았습니다. 그러나 짐짓 한마디 해보았습니다. "아니, 천하에 저렇듯 무례한 놈, 할아버지를 발길로 차는 놈을 왜 사랑하십니까?" 그랬더니 박목사님은 "몰라서 그러는 거요. 얘가 지금 '이 놈' 소리가 무슨 소린지, '님' 소린지 '놈' 소린지 알 바 아니지요. 딴에는 내가 웃어주니까 저를 좋아하는 줄 알고 있을 뿐이라오"하십니다. 그러면 자, 이제 남는 일은 무엇입니까? 이 아이가 그 뜻을 다 알 때까지, 철이 날 때까지 기다려 줄 수밖에요. 이것을 즉각적으로 심판하여야 되겠습니까. 기다려주는 것입니다. 그것이 사랑입니다. 기다려주시는 것이 하나님의 사랑입니다. 딜레이(delay)하시는 것입니다. 사실 지연된다는 것은 우리에게 참 괴로운 것입니다. 약속이 지연되고, 무슨 일이 자꾸 늦어지는 것, 참 어렵지마는 그러나, 하나님께서 우리를 기다려주실 때, 그 지연됨에는 위대한 사랑이 계시되어 있음을 알아야 합니다. 이것을 모르면 원망과 불평에 치우치게 됩니다.

    요한복음 11장에 보면 예수님께서 지극히 사랑하셨던 나사로의 집이 있습니다. 오빠와 누이동생 둘, 이렇게 사는 가정으로서 어쩌면 예수님의 사랑을 제일 많이 받은 가정이라고 생각됩니다. 또 저들도 예수님을 제일 많이 사랑하였다고 생각합니다. 그 집의 기둥인 오빠가 병들었습니다. 누이동생들이 사람을 보내어 좀 빨리 와서 오빠를 고쳐달라고 청합니다. 그런데 예수님께서는 바로 가시지 않았습니다. 죽을병이 아니다, 하시고 안가셨습니다. 지연됩니다. 나흘이 지연되는 가운데 오빠는 죽었습니다. 장례까지 치렀습니다. 기가 막힙니다. 저들은 마음에 지금 불만이 많습니다. '왜 오시라 할 때 오시기 않았습니까. 왜 내가 구하는 그 시각에 오시지 않았습니까. 장례가 끝나서 이제는 냄새가 나는데 지금 오시면 어떡합니까. 지금에사 뭐하러 오셨습니까.' 복잡합니다, 생각이. 그러나 예수님께서 말씀하십니다. "내가 거기 있지 아니한 것을 너희를 위하여 기뻐하노니(요 11:15)"—왜요? 병상에서 일으키시지를 않았고, 무덤에까지 들어간 자를 뒤에 끌어내셨습니다. 어느 쪽이 더 큰 은혜입니까.

어느 쪽이 더 놀라운 축복입니까. 예수님께서 말씀하십니다. "이는 너희로 믿게 하려 함이라(요 11:15)." 그래서 지연작전을 쓰십니다. 이 기다림, 요 기간을 못참아서 마르다가 주님 앞에 실수하는 것을 볼 수 있습니다. "환난의 떡과 고생의 물을 주시나"—오늘 본문에 있습니다. 환난의 떡과 고난의 물을 마시게 하시면서 기다리십니다. 여러분이 너무나 잘 아시는 '탕자의 비유'도 보십시다. 저는 탕자의 비유를 볼 때 몇 가지를 생각합니다. 제일 궁금한 것은 그 아들의 가출을 아버지가 왜 도와주었나 하는 것입니다. 그 못된 아들을. 성경에는 간단하게 '유산을 받아 가지고 갔다'라고 되어 있지마는 그렇게까지 되기까지에는 이 아들이 오죽이나 못되게 놀았겠습니까. 그냥 용돈 있는대로 써버리고, 갖은 말썽을 피우고…… 마지막에 아버지 돌아가실 때에 내게 줄 유산 미리 주세요, 라고까지 말합니다. 아버지는 그것을 들어주었습니다. "그래. 어차피 네것이니 가져가거라." 그 재산을 떼어주는, 삼분의 일을 잘라주는 그 아버지의 마음을 생각해보십시오. 이것이 기다림입니다. 시간적으로만이 아니고, 그의 인간됨을 기다리는 것입니다. 아버지는 무엇을 생각합니까. 이 재산 다 날려도 좋으니까 부디 내가 바라는 좋은 아들이 되어다오. 그런 아들이 되어서 '아버지' 소리 좀 하고 돌아와다오—이것이 아닙니까. 그날을 기다리며 아버지는 여기에 엄청난 것을 투자하였습니다. 그리고 매일같이 아들이 돌아오기를 기다립니다. 하나님의 사랑이 여기에 계시된 것입니다. 깊이 생각하여야 합니다. 누가복음 13장에 보면은 과원지기가 무화과를 심어놓고 열매 열리기를 기다렸다, 삼 년을 기다렸다, 하는 이야기가 있습니다. 사람들이 하나님을 이해하게 되기를, 특별히 아주 겸손해져서 은혜를 은혜로 알게 되기를 하나님께서는 기다리시는 것입니다. 여러분, 은혜 입었다고 은혜가 됩니까. 내가 겸손할 때에만 은혜가 은혜됩니다. 내가 온유한 마음, 참으로 착한 마음이 되기까지는 어떤 은혜도 내게 은혜될 수 없는 것입니다. 은혜를 은혜로 알게 되기를, 회개하고 믿음에 서서 모든 정욕을 버리고 아주 빈 마음으로, 순직한 마음으로 하나님의 은혜를 수용하게 되기를, 그리고 그 깊은 사랑의 뜻을 깨닫고 감사 감격하게 되기를 하나님께서는 기다리고 계신 것입니다. 그래서 오늘의 성경은 말씀합니다. "은혜를 베풀려 하심이요(18절)"—심판을 위하여 기다리시는 것이 아닙니다. 두고보자, 잘못되면 다 진멸하리라, 하시는 마음으로 그날을 기다리시는 것이 아니라 은혜 베푸시기 위하여 은혜의 시간을 기다리고 계시다는 말씀입니다.

여러분, 비라고 하는 것이 참 좋은 것 아닙니까. 비가 와야 됩니다. 그러나 폭우가 쏟아지면 망하는 것입니다. 조용하게, 땅이 흡수할 만큼 촉촉하게 봄비처럼 비가 와야지 그대로 장대비가 막 쏟아지면 다 무너지고마는 것입니다. 비는 중요합니다마는 정도에 맞게 와야 하는 것입니다. 시냇물이란 언제나 아름다운 것이 아닙니까. 그러나 물이 범람해서 홍수가 되면 다 쓸어버리고마는 것입니다. 아무리 하나님의 귀한 은혜라고 하지마는 우리가 감당할 수 없을 때는 절대로 은혜될 수 없습니다. 그런고로 감당할 그날을 주님께서는 기다리신다는 말씀입니다. 이제 생각하여야 합니다. 이 하나님의 기다리심을 알고 이제는 우리가 하나님의 기다리심에 함께 기다리고 하나님을 우리의 대망의 대상으로 삼아야 합니다. 오로지 하나님께서 기다리시는 것과 나의 기다림의 초점을 맞추어야 됩니다. 그가 내 인격의 성숙을 기다리신다면 나도 그날을 기다려야 됩니다. 부자되기를 기다려서는 안됩니다. 잘살게 되기를 기다려서는 안됩니다. 그는 우리가 진실하기를 기다리고 계신데 나는 교만하기를 기다리면 되겠습니까. 세상에서의 성공을 기다리는 것, 이것은 하나님의 별다른 관심사가 아닙니다. 하나님의 기다리심, 그 뜻을 똑바로 알고 마음과 마음이 하나로 통하여야 됩니다. 소망과 약속! 그날을 기다리는 것입니다. 은혜의 날을 기다리는 것입니다. 아브라함 링컨이 대통령으로 있을 때 그가 종종 출석하던 워싱턴의 '뉴욕 애비뉴 교회'의 조셉 C. G. 목사님이 어느 때에 아브라함 링컨 대통령이 펴놓은 성경책을 옆에서 보게되었습니다. 낡을대로 낡은 성경책이었습니다. 하도 많이 손으로 짚어서 손자국이 많이 나 있고 눈물자국도 배어 있는 한 페이지의 말씀 한 구절을 눈여겨볼 수 있었다고 합니다. 그것은 시편 37편 7절이었습니다. "여호와 앞에 잠잠하고 참아 기다리라." 여호와 앞에 잠잠하고 참아 기다리라—아주 귀한 말씀입니다. 그것을 수없이 읽고 명상했다는 흔적을 그의 성경에서 읽을 수 있었다고 합니다.

여러분, 여호와 앞에 잠잠하고 끝까지 참아 기다릴 것입니다. 그가 은혜 베푸실 때까지, 또 나는 은혜 베푸심을 받을 수 있는 수준에까지 도달하도록 기다릴 것입니다. 하나님의 기다리심의 뜻을 충분히 알고 이해하고나면 나의 기다림은 아주 쉽게 됩니다. 어려울 것이 없습니다. 안심하고 편안한 마음으로 기다릴 것입니다. 저 앞에 있는 미래의 약속을 바라보면서 그의 그 거룩하신 시나리오 속에 오늘 내가 있습니다. 오늘의 내 사건이 있습니다. 이것은 절대로 우연이 아닙니다. 그런고로 조용히 그 날을, 그 시간을 기다릴 것입니다. 저는 언젠가 한번 교육학계통의 책을 조금 읽다가 한마디 뜻을 찾고 제가 아이들을 키울 때 그렇게 못한 것을 후회합니다. 진작 이렇게 했더면 참 좋았을 것인데… 하고 깨달았지마는 이미 늦었습니다. 그래서 할수없이 지금은 손자 손녀들에게 그 방법을 그대로 쓰려고 애쓰고 또 어머니들에게 부탁을 해봅니다. 바로 기다림의 훈련이 있어야 된다는 것입니다. 그것도 가르쳐야 됩니다. 하루아침에 되는 것이 아닙니다. 기다리는 자세, 그것을 훈련시킵니다. 아이들이 무엇을 달라고 하면 대체로 즉시 주는 것도 있겠지마는 중요한 것들은 절대로 바로 주지 말라는 것입니다. 달라고 하면 "내일 준다" 합니다. 손가락을 걸고 약속을 합니다. "한 밤 자고나면 내일 아침에 준다." 이렇게 딱 한마디 하고나면, 그 다음에는 아무리 울어도 주어서는 안됩니다. 그렇게 해놓고 하룻밤 자고나면 (아이들은 다 잊어버렸지요, 벌써) "너 어제 나하고 약속했지?"하고 그것을 줍니다. 그 다음에 얼마 있다가는 또 두 밤 자면 준다, 그 다음에는 세 밤 자면 준다, 일 년 후에 준다…… 이렇게 약속함으로써 약속을 기다리고 그 성취의 날을 맞는 그런 기쁨을 가르쳐야 됩니다. 그런데 우리는 약속했다가도, 지금 안된다고 했다가도 발버둥치고 울면 "옛다, 가져라. 모르겠다"함으로써 아이를 완전히 버리기를 잘합니다. 울면 되더라, 발버둥치면 되더라—이것은 무서운 일입니다. 이래서 바로 오늘과 같은 무서운 세상이 만들어진 것입니다. 폭력이 통하지 않습니까. 폭력은 안통해야 되는 것입니다. 잘못된 소원은 절대로 이루어져서는 안되는 것입니다. 아버지가 안된다면 안되는 것입니다. 이것을 가르쳐야 되는데, 되는 것과 안되는 것이 있는데, 안되는 것이 있다는 것을 가르쳐야 되는데 이것을 못하였습니다. 약속으로 대체하는 것인데 이것을 못가르쳤던 것입니다. 이것은 훈련을 받아야 됩니다.

그래서 훈련이 되면 보십시오. 외국 가서 보면 무슨 일을 하나 줄을 서는데 줄 서놓고 거기서 서둔다고 되는 것입니까. 묵묵히 기다리지 않습니까. 마냥 기다립니다. 좀 우스운 이야기입니다마는 미국서 공부할 때 일입니다. 「조스(Jaws)」라고 하는 영화 있지요. 그 영화를 보러 간다고 미국학생들이 야단을 피웁디다. 그래 저녁에 공부 마치고 11시에 가자고들 약속하였습니다. 도서관에서 공부 마치고 나오는데 하도 가자고들 해서 나도 따라나서 보았지요. 이 사람들이 금요일날 저녁에는 으레 영화구경 가는 것을 알기 때문에 따라가 보았는데 가보고 깜짝놀랐습니다. 얼마나 줄을 길게 섰는지 표를 사지도 못하고 서 있는 것입니다. 기다리고 기다렸습니다. 그래 밤 3시에야 그 영화를 보았습니다. 보니 줄섰다가 돌아가는 사람도 없습디다. 밤중에 그 영화관 앞에서 3시간, 4시간이었습니다. 11시부터 기다린 것입니다. 그리고 아침에 돌아왔습니다. 어디 어떡하나 보자, 하고 끝까지 기다려보았었는데, 아주 존경하는 마음이 생겼습니다. 대단한 사람들이라고요. 별것도 아닌 영화 하나 보겠다고 하룻밤을 꼬박 새우고 기다렸다가 보고 나오는 것입니다. 그날의 영화 내용은 생각이 안납니다. 기다리던 생각만 납니다. 그것입니다. 바로 그것이 우리에게는 없는 것입니다. 조급해서 그저 욕을 하고 저주하고 폭동을 하고 미치고⋯⋯ 왜 이 모양이 된 것입니까. 기다리는 훈련이 없습니다. 기다리는 성품이 없었습니다. 또 기다림에 대한 믿음이 없었습니다. 모름지기 미래지향적인 약속을 놓고, 그리고 오늘을 살아갑니다. 여러분, 얼마나 중요합니까. 기도응답은 세 가지로 온다고 합니다. 첫째는 "그래라" 하시는 응답입니다. 이렇게 즉각적으로 응답하시는 것이 있습니다. 또하나는 "버려라! 네 소원 잘못됐으니 생각을 고쳐라"하시는 응답입니다. 세 번째 응답은 "기다려, 때가 될 때까지." 그 어느 때까지 기다려라, 하시면 그것도 응답입니다. 기다림 그 자체가 응답이라는 것을 알아야 됩니다. 그것이 행복이어야 됩니다. 그것이 즐거움이어야 됩니다. 기다린다는 것 그 자체가 내게는 큰 행복이어야 합니다. 그것이 신앙이니까요. 사랑이니까요. 사랑에 대한 진실한 응답이니까요. 여호수아 7장 13절에 말씀합니다. "너희는 스스로 성결케 하여 내일을 기다리라."

† 기 도

　하나님 아버지, 오늘도 이렇게 불러주심을 감사합니다. 우리는 너무나 조급하고, 때로는 불신앙적이어서 너무 쉽게 절망합니다. 주님께서 사랑으로 우리를 향하여 말씀하시고 약속하시고, 우리의 성숙과 성장과 믿음을 기다리고 계심을 깊이 이해하면서 우리 또한 기다리는 사람 되고, 기다림이 기쁨이 되고, 약속을 받는 그 날을 생각하며 넉넉하게 늘 승리할 수 있는 하나님의 사람들 되게 하여주시옵소서. 예수님의 이름으로 기도하옵나이다, 아멘.

온유한 자의 복

예수께서 무리를 보시고 산에 올라가 앉으시니 제자들이 나아온지라 입을 열어 가르쳐 가라사대 심령이 가난한 자는 복이 있나니 천국이 저희 것임이요 애통하는 자는 복이 있나니 저희가 위로를 받을 것임이요 온유한 자는 복이 있나니 저희가 땅을 기업으로 받을 것임이요 의에 주리고 목마른 자는 복이 있나니 저희가 배부를 것임이요 긍휼히 여기는 자는 복이 있나니 저희가 긍휼히 여김을 받을 것임이요 마음이 청결한 자는 복이 있나니 저희가 하나님을 볼 것임이요 화평케 하는 자는 복이 있나니 저희가 하나님의 아들이라 일컬음을 받을 것임이요 의를 위하여 핍박을 받는 자는 복이 있나니 천국이 저희 것임이라 나를 인하여 너희를 욕하고 핍박하고 거짓으로 너희를 거스려 모든 악한 말을 할 때에는 너희에게 복이 있나니 기뻐하고 즐거워하라 하늘에서 너희의 상이 큼이라 너희 전에 있던 선지자들을 이같이 핍박하였느니라
(마태복음 5 : 1~12)

온유한 자의 복

　어느 교회의 여집사님이 한 권의 책을 읽게 되었다고 합니다. 아주 재미있는 책이었습니다. 강아지를 어떻게 훈련시킬 것인가—강아지 훈련시키는 방법에 대해서 쓴 책이었습니다. 아무리 포악한 개라 할지라도 이 방법으로 훈련을 시키면 아주 온순한 개가 되고 잘 길들여진다 하고 그 비법을 상세하게 일러주는 책이었습니다. 이 책을 읽으면서 여집사님은 머리 속으로 섬광처럼 스쳐가는 생각이 있었습니다. 성급하고 고약한 성격의 남편, 이 남편을 이 책으로 길들여야 되겠다는 생각을 한 것입니다. 그래서 책이 일러주는대로 하기 시작했습니다. 조금이라도 잘했을 때에는 열심히 칭찬을 해주었습니다. 또 잘한 일에 대해서 보상을 하기도 했습니다. 머리와 목을 부드럽게 만져주기도 했습니다. 이렇게 인내로 꾸준하게 그 훈련과정 대로 실시한 결과 아주 큰 성공을 거두고 쾌재를 불렀습니다. 강아지 훈련시키는 방법이 이렇게 남편을 딴사람 만들 줄 몰랐습니다. 너무나도 효과적이었습니다. 그러나 안타깝게도 단 두 주일만에 이 꿈은 산산조각나고 말았습니다. 장롱에 넣어두었던 이 책을 남편이 발견해버린 것입니다. 남편은 머리끝까지 화가 나서 펄펄뛰었습니다. 자기를 강아지 취급 했다고해서 전보다 더 포악하고 못된 남편이 되어 버렸다고 합니다. 여러분, 온유는 수단이 아닙니다. 진실과 온유만이 참된 결과를 낳는 것입니다. 헬라의 철학자 소크라테스는 사람의 일생을 네 단계로 나누어서 중요한 교훈을 주고 있습니다. 어려서는 겸손하라—어린 사람은 겸손을 배워야 한다고 하였습니다. 또, 혈기가 왕성한 젊은 때에는 온유하라, 그래서 온유를 잊지 말아야 한다고 하였습니다. 장년이 되어서는 공정하라 하였습니다. 욕심이 지나치기 쉽습니다. 그런고로 공정을 잊지 마라 하였습니다. 늙어서는 신중하라 하였습니다. 잘못하면 주책뿐이니까요. 이렇게 교훈하고 있습니다.

오늘 본문에서 예수님 친히 말씀하시기를 온유한 자는 복이 있다, 하십니다. 행복의 근본, 행복의 뿌리, 복의 뿌리가 온유라는 것을 잊어서는 안됩니다. 온유라는 것은 참 대단히 중요한 것입니다. 짐승도 잘 길들여지면 온유하다고 합니다. 사람도 좋은 성품의 사람을 온유하다고 합니다. 심지어는 하나님께까지도 하나님을 가리켜 온유한 하나님이라고 말합니다. 겸손한 하나님이라고는 하지 않습니다. 하나님의 속성 중의 하나가 온유함입니다. 이렇듯 온유라는 말은 하나님께까지도 쓰여지는 소중한 용어요 덕목입니다. 이 '온유'라는 말의 헬라어 '프라우스'라든가 '프라이아'에 대하여 헬라사람들, 헬라철학자들이 말해주는 개념은 이렇습니다. 특별히 아리스토텔레스같은 사람은 이 프라우스라고 하는 말, 온유라는 말은 곧 중용을 말하는 것이라고 하였습니다. 극단을 피하는, 극단이 아닌, extreme이 아닌, 그런 중용의 도를 지칭하는 것이다, 하는 말입니다. 온유는 결코 약해지는 것이 아닙니다. 이것은 가장 강한 것을 말합니다. 강하되 극단에 치우치지 않는 것을 온유라고 말하고 있습니다. 또는 자기를 스스로 다스리는 것을 온유라 한다고 해석을 합니다. 셀프 컨트롤, 자기자제력을 말하는 것입니다. 자제능력입니다. 다시말하면 본능적인 강한 충동을 스스로 잘 다스릴 줄 알고 격동적 감정도 다스릴 줄 알고, 극단적인 정열도 잘 제어할 줄 아는, 요새말로 감정을 잘 다스리는, 높은 수준의 EQ를 말하는 것입니다.

자메이카에 가서 선교하는 선교사가 그 나라 원주민들에게 '온유한 자가 복이 있습니다' 하고 가르치면서 "당신들의 언어에서는 '온유'라는 말을 무슨 뜻으로 해석합니까?" 하고 물었더니 한 사람이 대답하는데 "사나운 물음에 대하여 부드럽게 대답하는 것입니다" 라고 설명하더랍니다. 선교사가 여기서 많은 것을 배웠습니다. 아주 격한 말로 내게 질문해올 때 내가 아주 부드럽게 대답하는 것, 그것이 바로 온유인 것입니다. 온유한 사람에게 온유한 것은 온유가 아닙니다. 격한, 과격한 사람 앞에서 부드러워질 수 있는 것, 그것이 온유다—옳은 말입니다. 그러나 한 가지, 분명히 알아야 합니다. 이것은 인간의 기본성품이지마는 타락된 인간은 이것을 잃어버렸습니다. 이제 이것은 긴 훈련을 통하여 이루어진다는 사실을 잊어서는 안됩니다. 다듬어지는 인격입니다. 이것은 훈련으로 이루어지는 성품입니다. 배우고 가르치고 또 명상하고, 그리고 많은 사건을 통해서 실패를 거듭하면서 다듬어지고 훈련되어서, 제자훈련을 겪어서 이같은 성품에 도달하게 되는 것입니다. 가끔 우리는 이런 성품에 대해서 말할 때마다 타고나는 성품이기 때문에 어쩔수없다고 말합니다. 거기에 중대한 과오가 있는 것입니다. 인간이란 근본적으로 온유하게 태어난 사람도 좀 있고 좀더 과격한 성격의 사람도 있습니다. 그러나 이것은 본성이 아닙니다. 문제는 온유란 한평생 살면서 배우는 것이라는 것입니다. 온유는 익혀나가는 것임을 잊지 말 것입니다. 그 적절한 예가 성경에 있습니다. 모세를 보십시오. 하나님께서 말씀하십니다. "이 사람 모세는 온유함이 지면의 모든 사람보다 승하더라." 하나님께서 모세를 두고 온 인류 중 가장 온유한 사람이라고 인정하셨습니다. 하나님께서 인정하신 온유입니다. 민수기 12

장 3절에서 볼 수 있는 말씀입니다. 그런데 한번 생각해봅시다. 모세가 본래 그러하였습니까. 모세는 바로의 궁전에서 공주의 아들로 성장합니다. 40년 동안 왕자와 같이, 세자와 같이 영광을 누리며 많은 노예와 많은 문무백관과 많은 정치가들에 둘러싸여 높이높이 귀하게 귀하게 자라난 사람입니다. 거리에 나갔다가 마음에 안드는 사람이라고해서 그대로 애굽사람을 때려죽이기도 하는, 그런 사람이었습니다. 그렇게 격한 사람입니다. 이것이 모세의 본래의 모습입니다. 그러나 그는 미디안광야로 쫓겨납니다. 그리고 40년 동안 제사장 이드로, 장인의 양을 칩니다. 자기 기업도 아닌데 40년 동안 아무 소망도 기대도 없이 처갓집 양을 몰고 다니면서 먹이는 목자가 되어 버립니다. 이 40년 동안 그는 낮아지고 낮아지고, 다듬어지고 다듬어져서 마침내 온유한 사람이 되었던 것입니다. 이제 봅시다. 바로 민수기 12장에 그런 내용이 있습니다. 그 역시 인간이기에 어떤 이유에서인지는 알 바 아닙니다마는 그는 자기집에 있는 사람, 노예인 에디오피아 여자를 재취로 들이게 됩니다. 어디까지나 그것은 모세의 실수입니다. 하나님의 종 모세가 이방여자를 아내로 삼았다—막 비난이 빗발칩니다. 그 얼마나 많은 욕을 당하여야 했겠습니까. 특별히 누나되는 미리암은 말할수없는 폭언을 퍼붓습니다. 이같은 핍박과 어려움을 겪을 때, 모세가 어떻게 겪었는지는 자세히 성경에 기록이 없어서 모르겠습니다마는, 아마도 모세는 그랬겠지요. "죄인 보고 죄인이라고 그러는데 할말없는 거지. 잘못한 것을 잘못했다고 그러는데 내가 무슨 말을 할 것인가. 크게 욕하든 핍박을 하든 할말이 없지." 어쨌든 잘 참고 잘 견디어냈습니다. 온유하였습니다. 이제 하나님께서 그 온유함을 인정하십니다. 온천하에 모세 만큼 온유한 사람이 없느니라, 하십니다. 하나님께서 그 편을 들어주시고 하나님께서 그를 이스라엘의 지도자로 세우십니다. 이것을 잊지 말아야 합니다. 온유함! 이렇게 다듬어지는 것입니다. 온유함은 가꾸어지는 것이라는 것을 잊지 말아야 합니다.

 모난 돌이 정맞는다고 하는 말이 있습니다. 이래저래 많은 정을 맞고 매를 맞고야 온유, 겸손하게 되어지는 것입니다. 잠언 16장 32절에 말씀합니다. "노하기를 더디하는 자는 용사보다 낫고 자기의 마음을 다스리는 자는 성을 빼앗는 자보다 나으니라." 성을 빼앗는 자보다 낫다고 합니다. 온유한 사람은 절대로 약자가 아닙니다. 가장 강한 사람입니다. 이것을 잊지 말아야 합니다. 자기마음을 다스리는 온유한 사람은 성을 빼앗는 용사보다 훨씬 더 강한 사람이다— 잊지 말 것입니다. 젊었을 때 언젠가 낡은 서점에서 이런 책을 구했습니다. 저는 그 제목을 보고 깜짝놀랐습니다.「가장 온유한 선지가 칼뱅」이라고 하는 책입니다. 칼뱅은 성정이 급한 사람인 줄 알고 있는데 '가장 온유한 선지자 칼빈' 이라고 하니, 도대체 이것이 이해가 되지 않아서 그 책을 샀었습니다. 그리고 한번 자세히 읽어보았습니다. 내용은 이러했습니다. 칼뱅은 완벽주의자요 강직한 사람입니다. 제네바에 하나님의 나라와 같은 거룩한 성을 만들려고 했습니다. 도덕적으로 종교적으로 완벽한 도시를 만들고 정치가들의 힘을 빌어서 그 나라를 바로 다스리려고 했습니다. 술도 담배도 없고 창녀도 없는 깨끗한 도시, 거짓과 불의가 용납되지 않는 그런 사회를 만들려고 했습니다. 그러다보니 많은 사람을 처형해야 했고 심지어는 화형에 처한 일도 있습니다. 그렇듯 강력하게 했습니다. 그래서 제네바를 깨끗한 도시로 만들어가고 있었는데, 이렇게 하다보니 반대에 부딪히기도 했습니다. 너무 지나치기도 했습니다. 마침내 의회에서 결의해가지고 칼뱅을 추방해버렸습니다. 칼뱅은 추방당해서 아무말없이 스트라스부르라고 하는 곳으로 갑니다. 그곳에 가서 자기친구가 목회하는 데 "둘이서 같이 목회하세"하고 가서 얹혔습니다. 거기서 조용히 저술이나 하면서 지내려고 했습니다. 3년이 지났습니다. 제네바 시는 그 사이에 엉망이 되었습니다. 다시 모든 사람이 타락하기 시작하는데 정신이 없어졌습니다. 의회는 많이 의논하다가 "칼뱅 선생님을 다시 모셔 오십시다. 제네바로 모셔 오십시다!"하고 결의를 했습니다. 대표가 가서 칼뱅선생님에게 "다시 가십시다"하고 청했습니다. 그런데 칼뱅은 순순히 "그러지"하고 나서는 것이었습니다. 칼뱅의 친구는 그를 말렸습니다. 아, 정신나갔나, 의회에서 결의하고 추방할 때는 언제인데 이제와서 다시 초대한다고 넙죽 가느냐, 했습니다. 여러분, 어떻게 생각하십니까? 나같았으면 안갑니다. 그러나 그는 여기에 하나님의 부르심이 있다고 생각합니다. "나를 필요로 한다면 가야지." 그는 다시금 제네바로 돌아옵니다. 이래서 그는 온유한 사람인 것입니다. 그래서 칼뱅은 위대한 것입니다. 능력의 사람입니다. 여러분, 온유하다는 것은 자기의 사사로운 감정이나 인간적인 격정 같은 것 다 불식하고 오로지 주님의 뜻에 조용히 순종하는 것입니다. 자기 마음을 다스리는 거기에 온유함이 있습니다. '온유'를 또한 '프라우테스'라고 하는 형용사로 표현하게되면 이것은 휴밀리티(humility)를 말합니다. 이것은 배움의 자세입니다. 듣고 싶어하는 마음, 듣는 마음, 배우는 마음을 가리킵니다. 항상 자기의 연약함과 무지함을 알고 '나는 꼭 배워야 한다. 더 필요하다'라고 생각하는 것입니다. 이 수학(修學)하는 마음, 듣는 자세, 이것이 온유함입니다. 가만히 보면 저 잘났다고 하는 사람, 남의 말 안듣습니다. 제 소리만 하려고듭니다. 이것은 불행한 일입니다. 그러면 자기발전이 없습니다. 참으로 불행한 사람입니다. 언제나 마음을 열고 듣는 자세를 가질 것입니다. 그것이 온유함입니다. 오래전에 제가 이화대학에 가서 배우자 선택에 대한 강의를 한 일이 있습니다. 이런 남자는 이런 여자에게, 이런 여자에게는 이런 남자가 좋을 것이다, 결혼이란 이런 것이다, 사랑이란 이렇게 해야 한다…… 그런 특강을 했었습니다. 끝난 다음에 학생 하나가 제게 질문을 합니다. 아주 맹랑한 학생이었습니다. 뭐라고 질문하는고하니 "만일 목사님이 지금 총각이라면 어떤 여자와 결혼하시겠습니까?"하는 것입니다. 구체적으로 물어보는 것입니다. "좋다, 대답하지." 한마디로 대답해야 될 시간입니다. 그래서 이렇게 말했습니다. "리셉티비티(receptivity)가 제일 좋은 여자하고 하겠다." "그게 무슨 말씀입니까?" 그래서 설명해 주었습니다. 수용성이 좋은 여자, 내가 무슨 말을 한다고 할 때 옆에서 들으면서 "옳은 말입니다. 나도 그렇게 생각합니다. 그 말이 옳아요"하는, 이렇게 내 말을 잘듣는 여자, 나는 그런 사람이 좋다, 만일에 내가 무슨 말을 할 때 "말도 안돼. 미쳤냐?"하는 식으로 나오는 여자라면 미스 코리아라 해도 같이 못산다, 그런 여자는 반갑지 않다—이렇게 설명해주었습니다. 여러분의 마음을 주고 싶은 사람이 어떤 사람입니까? 바로 나에게 마음을 열어주는 사람입니다. 마음을 열어주는 것, 이것이 온유함입니다. 온유하고야 들을 수 있고 온유하고야 상대방의 인격을 존중할 수 있습니다. 그래야 듣고 싶은 마음이 생기는 것입니다. 이런 온유함이 기본입니다. 제가 결혼주례 할 때 늘 이야기합니다마는 "너희들 행복하게 살려거든 마음을 비워

라. 잘난 체하지 마라. 부부간에 서로 잘난 체해보았댔자 무엇이 대단한 거냐. 상대방을 업신여긴다면 그 신통치 않은 사람하고 사는 너는 무엇이냐, 피장파장이다." 그럴 것 없습니다. "마음을 비우고 낮추라. 겸손하지 못하면 사랑하지도 못한다. 사랑을 받을 줄도 모른다. 이것을 잊지 말라"하고 권면해봅니다. 배우는 마음, 받아들이는 마음, 이것이 온유입니다. 그래서 온유한 자는 범사에 배울 수 있고 모든 경우에서 지혜를 얻습니다.

또한 온유한 자에게 주시는 축복은 이렇습니다. "땅을 기업으로 받을 것임이요"라고 말씀하십니다. 기업으로 받는다는 것, 땅을 기업으로 받는다는 것의 원 개념은 영어로 ownership을 얻는다는 것입니다. 땅을 내 소유로 삼고 그것을 즐긴다, 하는 말입니다. 다시말해서 내가 온유할 때 내가 만나는 사람을 온유하게 할 수 있습니다. 내가 교만하면서 상대방을 온유하게 만들 수는 없습니다. 내가 먼저 온유하면 내 주변 사람이 다 온유해집니다. 그러면 나의 소유가 내 것이 됩니다. 여기가 내 나라가 됩니다. 나의 주권이 확장됩니다. 이것을 잊지 말아야 합니다. 그런고로 온유한 자는 소유와 자기의 권위를 인해서 부자유를 느끼지 않습니다. 온유한 자는 근심이 없습니다. 교만한 사람은 많이 가지고도 만족함이 없습니다. 온유한 자만이 적은 것을 가지고도 만족합니다. 교만한 사람은 높은 권좌에 있는 동안 불안합니다. 걱정과 근심에서 헤어나지 못합니다. 온유한 자는 높은 권좌에 있어도 마음이 평안합니다. 그것이 온유한 자에게 주시는 축복입니다. 소유 자체가 복이 아닙니다. 소유를 복으로 누릴 수 있는 것이 복입니다. 그것을 축복으로 누릴 수 있는 길은 온유함에 있는 것입니다. 통계적으로 이런 이야기가 있습니다. 카네기공

과대학에서 일만 명을 상대로 조사를 해보았습니다. 사람이 성공을 하는 비결이 어디 있느냐, 지식에 있느냐 기술에 있느냐 했는데 기술과 지식은 15%밖에는 안된다는 결론이었습니다. 85%가 인간성에 있다는 것이었습니다. 그 사람의 화평과 온유한 마음, 그것이 성공의 비결이라고 통계적으로 보여주고 있습니다. 하버드대학에서 조사한대로 보면 많은 사람이 해고당하는데 해고당하는 이유가 지식과 기술이 아니라는 것입니다. 100%가 그 사람의 잘못된 인간성 때문이라고 합니다. 그 사람의 잘못된 성격으로 인하여 해고당한다고 하였습니다. 여러분, 온유함이 얼마나 큰 축복입니까. 온유하다고 할 때 땅을 차지하는 권세를 누린다고 성경은 말씀합니다. 특별히 여러분 아시는대로 하나님께서 아담에게 만물을 다스리라 하셨습니다. 다스리는 즐거움, 정치적 욕망의 충족을 허락하셨습니다. 다스리는 행복을 허락하셨습니다. 그런데 그들이 교만함으로 인해서 이 권리를 빼앗겼습니다. 이것을 잊지 말아야 합니다.

또한 신비하게 말씀을 드리면 땅을 차지한다는 말은 곧 가나안 땅을 차지한다는 말씀입니다. 이스라엘백성이 항상 그리고 바라던 영원한 가나안땅! 그런고로 이것은 천국을 말합니다. 온유한 자는 복이 있습니다. 결국은 가나안땅 하늘나라를 소유하게 되겠다 하는 말씀입니다. 여러분, 세상에 뭐니뭐니해도 제일 중요한 것은 용서하는 일이요, 인내하는 일이요, 화평하는 일이요, 사랑하는 일입니다. 이런 덕이 있을 때 거기에 행복이 있는 것은 사실입니다. 그런데 사랑하고 싶으면서 사랑하지 못하는 것은 사람이 교만하기 때문입니다. 화평해야 될 줄 알면서 화평을 못만듭니다. 바로 온유하지 못하기 때문입니다. 그런고로 용서와 인내와 화평의, 모든것의 뿌리가 온유입니다. 온유한 자만이 그런 것을 가능케 할 수 있는 것입니다. 인격의 뿌리가 온유입니다. 1997년 4월 23일자 「조선일보」에 이런 기사가 나왔습니다. 가수 조용필씨가 16번째 앨범을 내놓게 됩니다. 그가 이렇게 말하는 것을 읽을 수 있습니다. '전에는 소리를 힘으로 내질러야 속이 후련했습니다. 발악을 하듯이 노래를 불렀습니다. 그러나 사십이 넘어서 깨달은 것은 내가 편하게 노래해야 듣는 사람도 편안하다는 것입니다.' 조용필씨가 참 좋은 말 했습니다. 내가 온유하고 평안해야 다른 사람을 평안하게 합니다. 그래야 바로 그 자리가 당신의 행복의 보금자리가 되는 것입니다. 온유 그 자체가 축복입니다. 하나님께서 주신 선물입니다. 많은 시련을 통해서 내게 주시는 놀라운 선물입니다. 다듬고 가꾸고 배우고 익혀서 온유한 성품에 도달하면, 그리할 때에 땅을 차지하게 됩니다. 땅을 다스리는 권세를 그에게 허락하십니다. 온유한 자는 복이 있나니 하나님께서 그에게 땅을 다스리도록, 땅을 기업으로, 땅의 소유권을 주시겠다고 말씀하십니다.

† 기 도

하나님 아버지, 우리는 화평을 원하면서도 이루지 못하고, 용서해야 될 사람을 용서하지 못하고, 당연히 사랑해야 될 일에 사랑도 못할 때가 많습니다. 그 모든 것의 근본이 내가 온유하지 못하기 때문임을 생각합니다. 하나님이여, 은혜 주시사 주께서 온유하심같이 온유 겸손함으로써 이제 화목을 이루고 사랑을 이루고 땅을 기업으로 얻는 그 축복을 다같이 누리게 하여주시옵소서. 예수님의 이름으로 기도하옵나이다, 아멘.

의에 목마른 자의 복

예수께서 무리를 보시고 산에 올라가 앉으시니 제자들이 나아온지라 입을 열어 가르쳐 가라사대 심령이 가난한 자는 복이 있나니 천국이 저희 것임이요 애통하는 자는 복이 있나니 저희가 위로를 받을 것임이요 온유한 자는 복이 있나니 저희가 땅을 기업으로 받을 것임이요 의에 주리고 목마른 자는 복이 있나니 저희가 배부를 것임이요 긍휼히 여기는 자는 복이 있나니 저희가 긍휼히 여김을 받을 것임이요 마음이 청결한 자는 복이 있나니 저희가 하나님을 볼 것임이요 화평케 하는 자는 복이 있나니 저희가 하나님의 아들이라 일컬음을 받을 것임이요 의를 위하여 핍박을 받는 자는 복이 있나니 천국이 저희 것임이라 나를 인하여 너희를 욕하고 핍박하고 거짓으로 너희를 거스려 모든 악한 말을 할 때에는 너희에게 복이 있나니 기뻐하고 즐거워하라 하늘에서 너희의 상이 큼이라 너희 전에 있던 선지자들을 이같이 핍박하였느니라
(마태복음 5 : 1~12)

의에 목마른 자의 복

우리는 신문을 읽을 때마다, 밝은 얘기가 좀더 많았으면 싶습니다. 그러나 유감스럽게도 신문은 들출 때마다 우리의 마음을 어둡게 하는 기사들이 너무 많아서, 태반이라서 신문을 열어보기도 겁이 날 때가 있습니다. '또 무슨 끔찍한 사건이……' 이렇게 두려움마저 있습니다. 그러나 간간이 딴에는 기자들이 애써서 수집해가지고 좋은 이야기, 선한 이야기들을 신문에 낼 때가 있는데 그 중에 하나, 가끔 가끔 신문에 실리는 사건이 있습니다. 택시기사가 승객이 자동차 안에 잊어버리고 내린 분실물을 찾아서 그 주인에게 돌려주었다, 혹은 파출소에 갖다맡겼다 하는 이야기입니다. 돈지갑에는 삼십만 원이 있었다, 얼마가 있었다 합니다. 이것을 착한 일이라고해서 큰 글자로 보도하고 있습니다마는 그러나 이것은 결코 기사거리가 못됩니다. 왜냐하면 당연한 일이기 때문입니다. 의로운 일이기 때문입니다. 의는 기준입니다. 결코 이것은 선행이 아닙니다. 남의 돈 내가 안쓰는 것, 그것은 당연한 것입니다. 무슨 선행이라고 칭찬할 것이 못됩니다. 내 돈을 남에게 주었다면야 적든많든 그것이 선행입니다. 남의 돈에 손 안대는 것이야 당연하고도 당연한 일입니다. 결코 자랑할 거리가 아닌 것입니다. 그럼에도 이런 것이 착한 일이라고 기사화되어야 하는 사회, 정황, 그것이 마음아픈 것입니다. 간혹 이러한 효자, 저러한 효부가 있다고 기사가 납니다. 여러분, '효'라고 하는 것은 자식이 되어서 부모님 모시는 것인데 그것이 무슨 선행입니까. 남의 부모를 모셔야 선행이지 내 부모 내가 섬기고 봉양했다고 해서 그것이 선행이 될 수는 없는 것입니다. 마땅한 일이니까요. 당연히 그러해야 되는 것이지요. 바로 의로움이라고 하는 것입니다. 어디까지나 의란 '기준'입니다.

기독교를 흔히 '생명의 종교'라고 말합니다. 그것은 기독교의 고유한 특징 때문입니다. 기독교를 종교학적 차원에서 정의를 내릴 때는 '예수 그리스도를 유일한 계시자로 믿는 윤리적 유일신 종교다' 합니다. 그러면 거짓종교란 어떤 것입니까? 거짓종교, 잘못된 신앙이란 그 속에 의의 개념이 없습니다. 아시는대로 샤머니즘, 무속종교를 비롯한 모든 거짓종교에는 "이러이러해야 복받는다, 소원성취 한다, 만사형통 한다. 그렇지 아니하면 저주받는다"— 이 이야기 뿐이지 의의 개념이 없습니다. 도대체 의가 없습니다. 그것이 바로 거짓종교의 특징입니다. 오늘도 종종 잘못된 신앙을 봅니다. 무조건 복받는다, 잘된다, 형통한다, 합니다. 그렇게 구하고 그렇게 응답받는다고들 합니다마는 그 속에 의의 개념이 없습니다. 하나님께서는 의를 통하여 역사하시고, 의를 통하여 복을 주시고, 의를 기준해서 오늘도 말씀하십니다. 이것을 외면할 때 그것은 거짓신앙이 되는 것입니다. 세계적으로 요즘의 젊은사람들에게 통하는 윤리가 있다고 하면서 그것을 간단히 이렇게 요약한 사람이 있습니다. 'I am OK. You are OK. We are OK.' 내게 좋고 네게 좋고 우리 좋고 그러면 좋은 것이다, 내게 좋고 네게 나쁘면 그것은 나쁜 것이다, 네게 좋고 내게 나쁘면 그것은 불쾌한 것이다, 너 좋고 나 좋으면 좋은 것이다—무서운 철학입니다. 그러나 문제는 거기에도 의가 없다는 것입니다. 의가 없기 때문에 'I'm not OK. You are not OK. We are not OK.' 될 수 밖에 없는 것입니다. 그것을 알아야 합니다. 의가 먼저요, 기준이요, 중심이요, 바탕이 된다는 것을 잊어서는 안됩니다. 미국의 어느 칼

럼니스트가 조사를 해보았더니, 성공의 비결과 그 기준이 몇 가지 있는데 첫째가 건강, 충분한 건강이요, 둘째는 좋은 직업이요 셋째는 행복한 가정이요, 넷째는 좋은 교육이요, 다섯 번째는 마음의 평화요, 여섯 번째가 좋은 친구더라고 합니다. 이것들이 있어야 성공하고 또 이것들이 있음으로 성공한 것이다, 라고 말하고 있습니다. 그러나 이 역시 잘못되었습니다. 이 속에 의로움이 없습니다. 의가 없이는 이 모든것이 헛되다고 하는 것을 잊고 사는 세대이기 때문에 이 세대는 점점 불행으로 치닫고 있는 것입니다. 노벨상 받은 두 사람을 비교해봅니다. 한 사람은 유명한, 여러분이 잘 아시는 슈바이처 박사입니다. 그는 노벨평화상을 받았습니다. 그 상금을 받아가지고 바로 자기가 일하던 현지에다 병원을 짓고 약품을 사서 나머지 생을 그들을 치료하며 불쌍한 사람을 도우며 살다가 갔습니다. 또 한 사람, 역시 여러분이 잘 아시는 까뮈라고 하는 문학가는 노벨문학상을 받았습니다. 역시 많은 상금을 받았습니다. 그는 이것을 가지고 교외에다 고급별장을 짓고 거기서 향락하면서 고급차를 몰고 다니다가 차사고로 죽었습니다. 내 돈 가지고 내 마음대로 하는데야 누가 말리겠습니까. 누가 정죄할 것입니까. 그 돈 내 것이니까 내 마음대로 쓰겠지요. 단, 거기에 의가 없었습니다. 그러므로 그는 불행한 것입니다. 그는 잘못 산 것입니다. 너희는 그 나라와 그 의를 먼저 구하라—예수님 말씀하십니다. 어떤 사람이 사막을 여행하는데 해가 뉘엿뉘엿 져갑니다. 길을 잃었습니다. 방향을 잃었습니다. '해 지기 전에 오아시스를 만나야 되는데' 하면서 발걸음을 재촉하다가 보니 마침 모래 위에 발자국이 나 있습니다. '먼저 간 사람이 있구나' 하고 그는 생각했습니다. 요 발자국을 따라가면 오아시스에 도달할 수 있겠다, 생각하고 그는 기쁜 마음으로 열심히 발자국을 따라 갔습니다. 그런데 아무리 따라가도 끝이 없는 것이었습니다. 정신을 차리고 다시 보았더니 그 발자국은 바로 자신의 발자국이었습니다. 제 발자국을 한평생 따라간들 그에게 새로운 생이 있을 수는 없지요. 궤도를 바꾸기 전에는 참생명의 길이 없는 것입니다. 잘못 그려진 지도를 가지고 여행하는 사람은 반드시 길을 잃을 수밖에 없습니다. 의를 떠나서, 잘못된 지도를 가진 사람처럼 그렇게 살아서는 절대로 행복할 수가 없습니다. 모든 노력을 다 기울여도 다 허사입니다. 그것을 알아야 합니다. 저는 조그마한 무슨 성경공부 모임에 참석할 때가 많습니다. 또 여러 모임에 가서 강연도 하고 설교도 하는데, 보면 그때에 사회하는 분이 평신도일 때가 태반입니다. 교대교대로 사회를 보니까 잘하는 분도 있고 잘 못하는 분도 있습니다. 모처럼 자기 차례가 돌아왔으니까 초조하게 기다리다가 사회석에 떡 나서가지고 자기 시계를 보면서 "시간이 되었으므로"하고 시작하는데 5분 전입니다. 빨리 가는 자기 시계에 기준한 것이지요. 잘못된 시계를 기준으로 해서야 시간을 지켜보았댔자지 지켜지는 것이겠습니까. 그 스스로는 지켰다고 하겠지요. 마찬가지로 병든 양심을 따라 '진실하게' 산들 무슨 소용이 있겠습니까. 제가 늘 하는 말입니다마는 어리석은 자가 소신껏 사는 것처럼 불행한 일이 없습니다. 자신은 나름대로 양심대로 진실하게 고집스럽게 산다 하지마는 이것이 무슨 의미가 있다는 것입니까. 그런고로 먼저 그 나라와 그 의, 하나님의 나라와 하나님의 의를 찾아야 한다는 것을 알아야 합니다.

'의'라고 하게 되면 먼저 알아야 할 것이 있습니다. 의란 우주의 의지를 말하는 것입니다. 이것은 과학자의 말입니다. 자연과학자,

물리학자들의 말은 이렇습니다. 모든것은 자연법칙대로 되고 유전공학적 고리에서 이루어지고 하지마는 이 생명공학적인 고리보다 더 높은 것이 우주의 의지라는 것입니다. 눈에 보이지 않는 의지가 있는데, 그 의지에 따라 살고 그 의지를 받아서 순응하는 사람에게 건강도 있고 성공도 있고 행복도 있고 창조도 있다는 것입니다. 이것을 역행할 때 불행이 온다고 과학적 차원에서 말합니다. 의—하나님의 의요, 하나님의 법이요, 하나님의 말씀입니다. 이것은 객관적인 것입니다. 이 사실을 잊지 말아야 합니다. 그러므로 먼저 내 의를 포기하여야 합니다. 내 고집, 내 고정관념, 내 타성, 내 병든 양심—이런 것을 깨끗이 포기하고야 하나님의 의를 영접하고 수용할 수가 있는 것입니다. 예수님께서 십자가를 지시기 전 겟세마네동산에서 기도하실 때도 말씀하십니다. "나의 원대로 마옵시고 아버지의 원대로 하옵소서(마 26:39)." 하나님께 당신의 의지를 바쳐버리십니다. 이것을 볼 수 있습니다. 여기서 하나님의 뜻이 이루어지는 것입니다. 또한 '의'라고 하게되면 이제 윤리적 차원에서는, 다른 사람과의 관계에서는 질서를 말하고, 화목과 화평을 말하는 것입니다. 또한 공의입니다. 공적인 의. 그래서 공정함을 말하고 진실을 말하는 것입니다. 여러분, 사람과의 관계에서 의가 무엇입니까. 언젠가 일본사람이 쓴 책을 하나 읽었습니다. 한국에 대해서 비평을 하는데, 한국에는 기독교인이 많다, 주일날 교회 가까이로 가다보면 얼마나 많은 사람이 모여드는지 교통이 어려워질 정도다, 지나가면서 보니 차량 정리하는 사람들이 어깨띠를 두르고 땀을 흘려가면서 이리 오세요, 저리 가세요, 호각을 불면서 바삐 움직인다, 이런 광경을 보니 '예수믿는 사람들이 예수를 바로 믿어서 공정과 공의를 배워가지고 산다면 저 사람들은 필요없는 것인데…… 왜 교회에 나가는 사람들의 자동차가 이렇게 엉기는가' 싶더라고 말합니다. 차량정리위원은 필요없는 것입니다. 그래야 그리스도인들입니다. 기독교인이라면 공정하게 법을 지켜야 되는데 잘 안지켜주는 몇 사람 때문에 밖에서 많은 분들이 수고하고 있는 것입니다. 게다가 또 말도 안들어먹습니다. 여러분, 생각해보십시오. 종종 볼 수 있는 현상입니다. 이 교회 주변이 지금 일방통행으로 되어 있습니다. 그런데 이 길을 거꾸로 오는 사람들이 있습니다. 길을 당장 막고 서서 한마디 하고 싶은데 싸우기가 싫어서 그냥 지나가버리고 맙니다마는 규칙을 지키는 것은 유치원때부터 익혔어야 되는 소양인 것입니다. 그런데 워낙이 배냇병신이라 못고칩니다. 그것이 또 생글생글 웃는 여집사이고보면 말문이 막힙니다. 자기가 지금 얼마나 실수하고 있는지를 모릅니다. 의를 모르는 것입니다, 도대체. 의로움이라는 것이 먼저입니다. 최우선입니다. 이것을 알아야 합니다. 우리는 정치적으로도 문제가 많은데 그것도 그렇습니다. 네 편 내 편만 알았지 공의를 모르는 것입니다. 네 당 내 당만 생각을 했지 의가 무엇인지를 망각하고 정치를 하는 것입니다. 이러니까 하나가 안되는 것입니다. 내 당이든 네 당이든, 내 편이든 네 편이든 그것은 중요하지 않습니다. 어느 쪽이 진리냐, 어느 쪽이 공의냐, 이것이 중요합니다. 공정하기만 하면 국민의 지지를 받는 것입니다. 표 얻자고 엎드려 절할 것 없습니다. 백성에게 아부할 것 없습니다. 제발 공의를 따라나 달라고 부탁하고 싶습니다.

'의' 라고 하면 또하나가 자기자신에 대해서는 진실함과 정직함을 말하는 것입니다. 이에 따라서 화평이 이루어집니다. 이익보다도, 번영보다도, 자유보다도, 명예보다도, 그 모든것보다 우선하는 것이 정직함입니다. 우선 정직하고 볼 것입니다. 출세하고 못하고, 합격하고 못하고, 잘되고 못되고, 이익이 되고 불이익이 오고⋯⋯ 그런 것은 문제가 되지 않습니다. 먼저 정직할 것이요 의로움을 따라야 합니다. 그것이 길이라는 것을 알아야 합니다. 워털루전쟁에서 나폴레옹을 격파함으로 세계적으로 유명해진 영국의 웰링턴장군이 어느 한가한 때에 여우사냥을 나갔습니다. 말을 타고 총을 쏘면서 여우를 쫓아가는 중에 자기가 쫓는 여우가 어느 목장 안으로 들어가 버렸습니다. 목장은 울타리로 둘러싸여 있습니다. 그는 그 목장 문 앞에 서서 소리칩니다. "문을 열어라. 내가 쫓는 여우가 여기 들어갔다." 어린아이가 나와서 장군 보고 말합니다. "안됩니다. 절대로 안됩니다." 이에 장군은 "내가 웰링턴장군이다"하고 말했습니다. 그러자 아이는 넙죽 엎드려 절을 하더니 "늘 뵙고 싶었습니다, 존경하는 장군님!"하고 천연스레 인사를 해놓고는 "안됩니다!"하고 막아섭니다. "이놈아, 왜 안되느냐?" "우리 아버지가 말씀하시기를 어떤 일이 있어도 문을 열지 말라고 하셨구요, 또 이 목장을 여우사냥터로 만들 수는 없기 때문입니다." 웰링턴장군은 고개를 숙이고 "네 말이 맞다"하고 돌아섰습니다. 힘의 근원이 어디에 있는 것입니까. 옳고 바르게 할 때에 용기도 있고 능력도 있는 것입니다. 잊지 말아야 합니다.

    오늘 성경에서 주님께서는 말씀해주십니다. "의에 주리고 목마른 자는"—무슨 뜻입니까? 태어난 지 두 달밖에 안된 아기가 어머니의 젖을 빨고 있는 모습을 보십시오. 보면 그 보드라운 입술이 하얗게 부르터 있는 것을 볼 수 있습니다. 젖을 빠는데, 얼마나 힘들여빠는지 모릅니다. 어른도 그렇게 못빱니다. 이 젖빠는 힘은 대단한 것입니다. 큰 노동입니다. 땀을 뻘뻘 흘려가면서 어머니 젖꼭지를 빨아당깁니다. 왜요? 이것은 살았다는 증거입니다. 그래야 사니까요. 이것이 생명력이라는 것입니다. 젖을 힘있게 빨아야 삽니다. 그 힘이 줄어들면 죽는 것입니다. 깊이 생각해 봅시다. 우리가 하나님의 말씀을 어느 정도로 받아들이고 있습니까? 의를 어느 정도로 사모하고 있습니까? 하나님의 사람은 의를 사모하고 의를 배우고 의를 따르고 의를 위하여 온 정력을 기울입니다. 이것은 기본적인 것입니다. 원초적인 것입니다. 모든것보다 우선입니다. 사람의 몸은 물로 이루어져 있다고 합니다. 어머니 뱃속에 있는 태아의 몸은 97%가 물이고, 신생아는 77%가 물이며, 어린아이는 70%가 물이고, 성인은 60%가 물이고, 노인은 50%가 물입니다. 육신이란 결국은 점점 물이 모자라져가지고 말라서 죽는 것입니다. 환자가 병원에 입원하면 입원하자마자 '링게르'라고 하는 주사를 꽂습니다. 그것은 맹물이나 다름없습니다. 어떤 것은 99%가 물입니다. 증류수라고 하는 맹물을 피 속에다 집어넣는 것입니다. 물 모자라서 병들었으니까요. 자, 여기에 말씀하십니다. 주리고 목마름같이—주리고 목마름같이 의를 간절히 사모할 것입니다. 의 없으면 죽습니다. 이것을 떠나면 살지 못합니다. 이것은 절대적 관계입니다. 먹지 못하고는 못삽니다. 그뿐만아니라 지속적으로 필요합니다. 이것이 양식의 특징입니다. 그래서 우리 학생들 학교 갈 때 보면 그 무거운 가방에다가 또 도시락을 두 개씩 싸넣어가지고 갑니다. 먹어야 사니까요. 먹어야 공부하니까요. 일용할 양식, 이것은 제 일의 관심사요 지속적 절대 필요입니다. 여러분, 이런 말 들어보았습니까? 사람이 미리 못하는 것 세 가지가 있습니다. 좀 미리미리 준비하였으면 좋겠는데, 이것은 안됩니다. 첫째가 미리 자지 못합니다. 앞으로 며칠 못잘 것이니 아예 미리 좀 많이 자놓았으면 좋겠는데…… 그러나 그것은 안됩니다. 그리고, 미리 먹지 못합니다. 한번에 많이 먹어두고 한 달 살았으면 좋겠는데…… 안됩니다. 하루에 세 끼 꼬박꼬박 먹어야 됩니다. 깊이 생각해보십시오. 이것이 중요한 진리입니다. 매일 먹어야 하고 매일 운동을 하여야 됩니다. 미리 운동 못합니다. 미리 운동 많이 해놓으면 그 다음에 안해도 되느냐—안됩니다. 그러니까 미리 자지도 못하고, 미리 먹지도 못하고, 미리 운동하지도 못하는 것입니다. 결국은 계속적으로 하여야 됩니다. 계속적으로 먹어야 되고, 계속적으로 마셔야 된다, 그 말입니다. 그와같이, 과거에 의를 이루었다고 오늘에 의로운 것이 아닙니다. 가끔 보면 한평생 나라를 위하여 수고한 분을 오늘에 조그마한 부정이 있다고해서 감옥으로 보냅니다. 왜요? 이것은 일용할 양식이니까. 과거에 당신이 무슨 좋은 일을 많이 하였다해도 오늘의 잘못한 일을 그로 인해서 용서받을 수는 없습니다. 사건마다, 날마다, 시간마다 의로워야 되는 것입니다. 의라고 하는 것은 결코 미리 충족할 수 있는 것이 아닌 것입니다.

오늘의 성경에서 주님 말씀하십니다. 참으로 귀한 말씀입니다. "의에 주리고 목마른 자는 복이 있나니 저희가 배부를 것임이요"—하나님께서 배부르게 해주신다고 말씀하십니다. 여러분, 잊지 마십시오. 어떤 사람이 책에 이렇게 썼습니다. IMF 사태를 맞이하게된 이유가 두 가지 있는데, 잘못된 슬로건을 철학으로 받아들였기 때문이라고 합니다. 첫째가 '제 돈 가지고 사업하는 사람은 미친놈이다' 하는 철학입니다. 흔히들 "내 돈 가지고 사업 하나, 남의 돈 가지고 하는 거지"합니다. 일반화되어 있는 현상입니다. 은행돈 가지고 사업하는 것이라고들 합니다. 남의 돈 가지고 잔치하다가 다 망한 것입니다. 이 그릇된 철학이 'IMF'를 부른 것입니다. 내 돈 없으면 못하는 것입니다. 그런데 남의 돈 가지고 해야 되는 것처럼, 그것이 또 잘하는 짓인 양 생각하였습니다. 그래 다 망한 것입니다. 의롭지 못해서입니다. 또 한 가지, '기업은 망해도 기업주는 산다'라고 하는 철학입니다. 지금까지 우리가 그렇게 생각해왔습니다. 흥청흥청 사업하다가 망하면 제것만 챙겨가지고 도망가면 되는 것입니다. 공의롭지 못한 것입니다. 기업이 망했으면 기업주는 더 망해야 하는 법입니다. 그래야 공정한 것입니다. 우리는 그것을 모르고 공의를 외면하고 살았던 것입니다. 이것이 망조였습니다. 번연히 부정을 정당화할 수 있는 줄로 착각을 했습니다. 이것이 망조였습니다. 아무리 사업이 크고 아무리 큰일을 했다 하더라도 불의는 불의입니다. 불의는 용서받을 수가 없는 것입니다. 이 이치를 외면했기 때문에 우리가 어려움을 당하는 것입니다. 가끔 이런 소리를 듣고 살지요? "야 이놈아, 진실이 밥먹이느냐?" 성경은 말씀합니다. 공의가 배부르게 한다고. 의로우면 배부를 것이라 합니다. 이것이 진리입니다. 의를 떠나서 절대로 배부르지 못합니다. 그것이 하나님의 법입니다. 우리는 잃어버린 진실, 실종된 정직을 찾아야 됩니다. 의를 찾을 때 하나님께서 배부르게 하실 것입니다. 바닷물은 마셔도 마셔도 갈증이 납니다. 오로지 생수만이 우리를 시원하게 하는 것입니다. 의를 사모하고 의를 갈구하고, 의에 우리의 운명을 거는 것입니다. 이때에 주께서 은혜 베풀어주십니다. "너희는 먼저 그의 나라와 그의 의를 구하라 그리하면 이 모든 것을 너희에게 더하시리라(마 6:33)." 여기에 하나님의 말씀이 있습니다.

†기 도

하나님 아버지, 우리는 잘살기만을 바랬습니다. 그러나 의를 저버렸고, 복받기만을 생각했으나 공의의 길을 잃어버렸습니다. 불쌍히 여겨주시옵소서. 다시 정신을 차리고 되돌아서서 원점으로 돌아가 참공의를 따라서 배부름을 얻고, 진리를 따라 번영을 얻을 수 있게 하여주시옵소서. 예수님의 이름으로 기도하옵나이다, 아멘.

긍휼히 여기는 자의 복

예수께서 무리를 보시고 산에 올라가 앉으시니 제자들이 나아온지라 입을 열어 가르쳐 가라사대 심령이 가난한 자는 복이 있나니 천국이 저희 것임이요 애통하는 자는 복이 있나니 저희가 위로를 받을 것임이요 온유한 자는 복이 있나니 저희가 땅을 기업으로 받을 것임이요 의에 주리고 목마른 자는 복이 있나니 저희가 배부를 것임이요 긍휼히 여기는 자는 복이 있나니 저희가 긍휼히 여김을 받을 것임이요 마음이 청결한 자는 복이 있나니 저희가 하나님을 볼 것임이요 화평케 하는 자는 복이 있나니 저희가 하나님의 아들이라 일컬음을 받을 것임이요 의를 위하여 핍박을 받는 자는 복이 있나니 천국이 저희 것임이라 나를 인하여 너희를 욕하고 핍박하고 거짓으로 너희를 거스려 모든 악한 말을 할 때에는 너희에게 복이 있나니 기뻐하고 즐거워하라 하늘에서 너희의 상이 큼이라 너희 전에 있던 선지자들을 이같이 핍박하였느니라
(마태복음 5 : 1~12)

긍휼히 여기는 자의 복

「탈무드」에 나오는 이야기입니다. 어떤 아버지가 아들에게 말하기를 이웃집에 가서 낫을 좀 빌려오라고 했습니다. 아들이 이웃집에 갔다가 빈손으로 돌아와서 말합니다. "낫을 빌려줄 수 없다고 합니다." 거절당하고 왔다는 것이었습니다. 며칠 후에 바로 그 집에서 이 집에 낫을 빌리러 왔습니다. 아버지는 아들에게 말했습니다. "낫을 빌려주어라." 아들은 항의를 했습니다. "며칠 전 우리가 빌려달라 했을 때는 저 집에서 빌려주지 않았는데요." 이 때에 아버지가 아들에게 지혜를 베풀었습니다. "저 집에서 빌려주지 않았기 때문에 우리도 빌려 줄 수 없다, 하면 이것은 복수다. 저 집에서 빌려주지 않았지마는 그럼에도 불구하고 빌려준다, 라고 말하면서, 그런 마음으로 빌려주면 이것은 증오다. 거절당했다고 하는 것을 다 잊어버리고 그와는 상관없이 깨끗한 마음으로 그저 낫이 필요하다니까 빌려준다 하는 마음으로 빌려주면 이것이 긍휼이다." 여러분, 이 세 가지의 대답은 매우 중요합니다. 여러분은 어떤 자세로 살고 있습니까? 범사에 복수하는 마음으로 삽니까? 증오하는 마음으로 삽니까? 참으로 사랑을 토대로 한 발상, 사랑하는 마음으로 살아가고 있습니까?

사랑이라고 하는 것은 원래 세 차원에서 설명이 됩니다. 내 위치에서 나보다 더 높이 우러러 위로 사랑하는 사랑이 있습니다. 이것은 존경이라고도 하고 때로는 공경, 경외라고도 말합니다. 높이는 이런 사랑이 있습니다. 그 다음에는 수평적으로 친구를 대하듯이 일대일로 주고받는 그런 의미의 사랑이 있습니다. 또하나는 내가 높은 위치에 있으면서 낮은 위치에 있는 사람을 사랑하는 것입니다. 긍휼히 여기는 것입니다. 불쌍히 여기는 하향적 사랑입니다. 이 사랑이 예수님께서 친히 말씀하신바 구원의 절대조건입니다. 물론 예수를 믿어야 구원을 얻습니다마는 그러나 그의 말씀 중에 윤리적인 의미도 다분히 포함되어 있습니다. 예수님 친히 "어린 아이들과 같이 되지 아니하면 결단코 천국에 들어가지 못하리라(마 18:3)" 하십니다. 아주 상징적이고 비유적인 말씀이면서 그 속에 엄청난 의미를 담고 있습니다. 어린아이와 같은 마음. 아주 중요한 것입니다. 우리는 어린아이가 어머니를 쳐다보듯이 아버지의 그 긍휼 속에 사는 것입니다. 어린아이가 부모님 앞에 교만하지 않습니다. 잘난 체하지 않습니다. 무조건 나는 아버지 은혜로, 어머니 사랑으로 산다 하는 그런 마음입니다. 그런 어린아이와 같은 마음이 아니고는 절대로 구원받지 못한다 하십니다. 또한 용서하지 아니하면 용서받지 못한다 하십니다. 긍휼을 베풀지 아니하면 긍휼을 입을 수 없다고 하십니다. 이 또한 중요한 것입니다. 왜요? 회개하는 마음은 바로 긍휼히 여기는 마음이거든요. 회개하는 사람은 자기 의를 다 포기하는 것입니다. 잘난 것도 없고 못난 것도 없습니다, 나는 그저 부족하기 그지없습니다—무조건 백기를 들고 '하나님, 나를 불쌍히 여겨주시기 바랍니다' 하는 그 마음입니다. 그 마음으로 또 다른 사람을 긍휼히 여깁니다. 이런 긍휼을 알고 긍휼을 믿고 긍휼을 행하는 사람이 아니고는, 그런 회개하는 마음이 아니고는 절대로 구원받지 못한다고 주님께서 말씀하십니다. 야고보서 2장 13절에 보면 "긍휼을 행하지 아니하는 자에게는 긍휼 없는 심판이 있으리라"고 말씀합니다. 마태복음 18장 35절에서는 "너희가 각각 중심으로 형제를 용서하지 아니하면 내 천부께서도 너희에게 이와 같이 하시리라" 합니다. 대단히 중요한 교훈입니다. 또 마태복음 9장 13절에 보면 긍휼을 배우라고 말씀하십니다. "너희는 가서 내가 긍휼을 원하고 제사를 원치 아니하노라 하신 뜻이 무엇인지 배우라." 백성들이 제사드려 복받겠다고 아우성치는 것 반갑지 않다는 말씀입니다. 제사가 뭐 자기것을 드리는 것입니까? 하나님의 것 하나님께 드리면서 야단피워보아야 그것 별의미가 없습니다. 나는 제사를 원치 않고 긍휼을 원한다, 긍휼을 배우라 하십니다. 주님의 말씀입니다. 긍휼은 원래 영어로 'sympathy'라고 번역을 하는데 sympathy에서 'sym'은 'together'를 뜻하고 'pathy'는 '경험' '고통'을 뜻하는 말입니다. 그래서 sympathy는 '고통을 함께한다' '고통을 함께 경험한다' 하는 말이 됩니다. 헬라어로는 '엘레에몬'인데 이 말은 히브리말 '쎄데크'에서 나왔습니다. 원뜻이 '쎄데크'에 있습니다. 아주 중요한 신학적 의미를 가진 용어입니다. 하나님의 마음, 높은 하나님의 마음, 아버지가 그 자녀를 사랑하는 그런 사랑, 그런 하향적인, 수직적인 넓고 큰 사랑을 지칭하는 말입니다. 다른 사람의 마음 속으로 들어가며 다른 사람의 아픔이 내게 전달이 되어서 내 가슴이 저며듭니다. 마치 무엇과 같은고하니, 아이가 아파서 숨을 몰아쉴 때 어머니나 아버지가 옆에서 그 아이를 보고 마음아파하는 것과 같습니다. 차라리 내가 아픈 것이 낫지―내 가슴이 막 저미는 이런 아픔을 느낍니다. 바로 이 마음이 긍휼입니다. 상대방의 고통, 상대방의 고독, 상대방의 아픔이 내게 그대로 전달이 됩니다. 그러니까 상대방의 처지에 들어가서 상대방을 이해하고 상대방의 고통을 그대로 같이 느끼는 것, 이것이 긍휼입니다.

긍휼은 하나님의 성품입니다. 깨닫기 어려운 말씀이 마태복음 5장 48절에 있습니다. "하늘에 계신 너희 아버지의 온전하심과 같이 너희도 온전하라." 주님께서 말씀하십니다. '어떻게 우리가 하나님 같이 온전할 수 있나? 온전하라는 말씀의 뜻이 무엇인가?' 많이 생각하게 합니다. 그러나 바로 그 앞에 설명이 있습니다. 하늘아버지께서는 악한 자의 밭에도 비를 내리시고 선한 자의 밭에도 비를 내리시며, 악한 자에게도 햇빛을 주시고 선한 자에게도 햇빛을 주십니다. 하늘아버지의 그같은 성품 그것을 닮으라 하는 말씀입니다. 그러니까 높은 위치에서 크고 넓은 마음으로 불쌍히 여기는 것입니다. 바로 그것을 배우라 하는, 그것을 닮으라 하는 말씀입니다. 하나님의 마음을 닮아서 긍휼을 베푸는, 그러한 속성이 되어야 합니다. 그러한 인간이 되어야 한다, 하는 말씀입니다. 예수님께서 긍휼에 대하여 많은 말씀을 하셨습니다. 특별히 '탕자비유'를 잘 아시지 않습니까. 탕자가 집을 나갑니다. 천하에 못된사람입니다. 아버지 돌아가시기 전에 유산을 달라고 청해서 가지고 이방땅으로 나가 방탕하였습니다. 그야말로 탕자입니다. 그러나 잊지 마십시오. 아버지는 그 아들을 계속 사랑합니다. 아버지의 마음은 탕자 거기에 있습니다. 오늘이나 내일이나 하고 기다리다가 아직도 상거가 먼데 돌아오는 아들을 보고 달려나가 목을 그러안고 입을 맞춥니다. 아버지는 계속해서 그 아들을 기다리고 있었습니다. 사랑하고 있었습니다. 이제 너무 좋아서 잔치를 베풉니다. 자, 그런데 그 형이라는 사람의 마음은 아버지의 마음과 같지 않았습니다. 아버지의 재산을 창기와 함께 먹어버린 이놈을 아버지는 왜 사랑하는 것입니까―똑똑한 비판입니다. 똑바른 말입니다. 그러나 아버지는 그것이 아니었습니다. 내 아들, 네 동생은 죽었다 살았고 우리는 그를 잃었다 얻었지 않느냐, 어찌하여 네게는 기쁨이 없느냐―이것이 긍휼입니다. 이것이 아버지의 마음입니다. 저 동생을 사랑하는 것, 네가 영접하는 것이 마땅하지 않느냐—당연하지요, 아버지 마음으로서는. 왜? 하나님의 마음은 긍휼의 속성을 가졌으니까 말입니다. 또한 이래서 하는 말입니다. 오직 긍휼로 산다, 오직 용서받은 마음으로 산다, 오직 그 넓은 사랑 안에 내가 있다—이것이 긍휼을 아는 사람의 믿음입니다. 깊이 생각하여야 합니다.

　예수님 또 말씀하십니다(마 18:22-35). 어떤 부자에게 만 달란트를 빚진 종이 있는데 빚을 갚을 길이 없습니다. 아무리 보아도 갚을 수가 없습니다. 그래서 주인은 불쌍히 여기고 만 달란트 빚진 것을 탕감해주었습니다. 이 사람이 고마워하고 문을 나갔는데 나가다가 자기에게 빚진 사람, 백 데나리온 빚진 사람을 만났습니다. 이 사람은 자기에게 빚진 그 사람의 멱살을 잡고 빚을 갚으라고 윽박질렀습니다. 기다려달라고 애원하는데도 이 사람은 가혹하게도 그를 감옥에 가두었습니다. 이 소식을 주인이 듣고 다시 그 종을 불러들였습니다. 그리고 꾸짖었습니다. 내가 네게 긍휼을 베풀지 않았느냐, 그런데 너는 왜 긍휼을 베풀 줄 모르느냐, 내가 너에게 만 달란트 탕감해주었으면 너도 백 데나리온을 탕감해주는 것이 마땅치 않느냐—이 '마땅하다'는 것이 기독교윤리의 근본입니다. 여기에 무슨 보상이 필요합니까. 여기에 무슨 이론이 필요합니까. 긍휼을 입은 사람의 성품은 긍휼로 가득해서 긍휼을 베푸는 것으로 나타나야 된다, 하는 말씀입니다. 만 달란트는 요새돈으로 천만 불에 해당한다고 합니다. 백 데나리온은 이십 불에 해당한다고 합니다. 이렇게되면 백 데나리온은 만 달란트의 오십만 분의 일입니다. 천만 불을 탕감 받았는데 이십 불을 탕감해줄 수 없습니까. 이래서야 어떻게 인간이라

하겠습니까. 그것이 죄입니다. 긍휼 없는 것이 죄입니다. 내게 긍휼이 없다는 것은 곧 내가 엄청나게 큰 긍휼을 힘입고 있다는 존재의식을 부정하는 것입니다. 그런고로 죄가 되는 것입니다. 불쌍히 여기는 마음은 반드시 있어야 합니다. 여러분, 가령 우리가 부모 앞에서 자식을 나무라든가 매질하는 것은 죄가 됩니다. 내 부모가 내게 많은 용서와 사랑을 베풀었는데 내가 내 자식을, 그것도 부모 앞에서 나무란다면 이것이 얼마나 큰 죄가 되겠습니까. 이것을 알아야 합니다. 사람들은 누구나 남으로부터 받고자 하는, 대접의 기준이 있고 또 그런 본성이 있습니다. 그래서 누구나 상대방이 나를 믿어주기를 바라고, 또 내 처지를 잘 이해해주기를 바라고, 또 참아주고 기다려주기를 바라는 마음이 있다고 합니다. 이것은 기본적인 욕구입니다. 합치면 결국 긍휼을 구하는 마음이 됩니다. 내가 다 완전할 수 없거든요. 내가 다 옳을 수 없습니다. 그런고로 긍휼을 구하는 마음이 있습니다. 그렇다면, 긍휼을 구하는 마음이 있다면 나 또한 긍휼을 베풀어야 합니다. 이것이 구원의 절대조건입니다.

 긍휼이라는 것은 무조건적인 사랑입니다. 이것은 수직적입니다. 값을 지불해야 한다면 내 편에서 지불하는 것입니다. 그것이 긍휼이라는 의미의 사랑입니다. 여기에는 아무 공로도 보상도 없고 바라는 마음도 없습니다. 긍휼을 베푸는 사람의 마음은 오히려 감사하는 마음입니다. 이것이 긍휼을 베푸는 마음의 기본적 자세입니다. 예수님께서는 당시의 율법주의자들이 생각하는 것같은 그러한 율법적 이론을 말씀하시지 않았습니다. 예수님께서 생각하시는 죄의 개념은 이렇습니다. '선한 사마리아사람의 비유'에서 말씀하십니다. 여기 불한당맞은 사람이 있는데 제사장이 그를 보고도 그냥 지나가고 레위 사람도 그냥 지나갔다, 선한 사마리아사람이 도와주었다, 합니다. 예수께서는 불쌍히 여기지 않은 것이 죄라고 말씀하십니다. 내가 살인을 했습니까, 도둑질을 했습니까, 나는 죄가 없습니다, 하겠지요. 그러나 죽어가는 사람 보고 도와주지 아니한 그것이 살인이요 죄인 것입니다. 이것이 예수님께서 가르치시는 죄의 개념입니다. 예수께서 이땅에 오신 것 자체가 하나님의 긍휼입니다. 그 화신으로, 긍휼의 계시로 사람의 몸을 입고, 사람의 처지에 오신 것입니다. 하나님의 긍휼, 넓은 사랑의 계시로 당신 스스로가 이땅에 오셔서 우리를 대신하여 십자가를 지신 것 아닙니까. 긍휼 그 자체를 보여주심입니다. 야고보서에서는 선을 행할 줄 알고도 행치 아니하면 죄라고 말씀합니다. 때때로 우리에게는 긍휼의 마음도 있고, 선하고 싶은 마음도 있습니다. 그러나 이것을 다음으로 미룹니다. 그것이 죄입니다. 긍휼은 즉각적으로 행동으로 옮겨야 합니다. 내일로 미루어도 안되고 내년으로 미루어도 안됩니다. 다음 기회로 미루면 안됩니다. 긍휼은 그대로 그 시간에 나타나야 하는 것입니다. 총명이라는 것이 있고, 지혜라는 것이 있습니다. 다른 사람의 허물을 보고 내 잘못도 알고 옳고 그름을 똑똑히 아는 것이 총명입니다. 남의 잘못된 것을 알고도 덮어주면 그것이 지혜입니다. 똑똑한 사람은 말이 많습니다. 결국은 자신도 심판을 받습니다. 그러나 긍휼을 베푸는 자는 긍휼의 은혜를 힘입게 마련입니다. 이것을 알아야 합니다.

긍휼히 여기는 자는 긍휼히 여김을 받을 것이라고 오늘의 본문은 분명히 말씀합니다. 저는 이 문제를 깊이 생각합니다. 문제는 하나님께로부터 긍휼을 힘입는다는 데 있습니다. 내가 용서할 때 용서받고, 용서받았으니 용서하고…… 긍휼을 통한 이 관계를 이룰 때 내가 긍휼을 힘입는, 긍휼하심을 입는 축복을 받습니다. 또하나는 다른 사람들로부터도 긍휼히 여김을 얻습니다. 보십시오. 남을 정죄한 사람, 정죄받습니다. 비판한 사람, 비판받습니다. 너그러운 사람은 모든 사람으로부터 너그러움을 입게 마련입니다. 그런고로 남을 흉보고 다니는 사람은 사람 만나는 것을 꺼립니다. '내가 흉본 사람들이 나도 흉보겠지.' 벌써 스스로도 알고 있습니다. 그러나 언제나 좋은 말만 하고, 넓게 사랑하는 마음으로, 긍휼을 베풀며 사는 사람은 세상에 반갑지 않은 사람이 없습니다. 다른 사람도 내게 이렇게 대할 것이라고 믿기 때문입니다. 편안한 인간관계를 가질 수가 있습니다. 또 이보다 더 심리학적인 중요한 문제가 있습니다. 긍휼을 베푸는 사람은 율법으로부터 자유할 수 있습니다. 율법적 관계에서 자유해집니다. 긍휼이 없는 사람, 강팍한 사람은 자기마음이 자기를 정죄합니다. 자기양심이 자기를 정죄합니다. 남을 비판하는 너는 더 나으냐―자기도 알지요. 자기를 자기가 심판하게 됩니다. 내가 뭐냐―잘 알고 있습니다. 별다른 사람이 아니라는 것을 압니다. 그렇기 때문에 무서운 율법의 비판, 양심의 가책, 저주의식으로부터 벗어나지를 못합니다. 얼굴이 피지를 않습니다. 자유하지를 못합니다. 그러나 긍휼을 베푸는 사람은 이렇습니다. 처음부터 나는 긍휼로 살았고 오직 하나님의 은혜로 살 뿐이다, 내가 언제 의로웠더냐, 내가 언제 선하였더냐, 합니다. 나는 죄인이로소이다, 하는 겸손한 마음입니다. 오늘도 내일도 나는 하나님의 긍휼 그것뿐입니다, 하는 마음입니다. 그런고로 자유롭습니다. 다른 사람 앞에도 자기가 더 낫다고 생각하는 일 없습니다. 고마운 분들만 많습니다. 나는 늘 부족한데 이렇게 모든 사람이 내게 참 좋게좋게, 후하게 해주는 것을 알고 있기 때문에 그의 생각, 그의 마음은 언제나 자유롭습니다. 아무 보상도 바라는 마음 없습니다. 그 영혼은 자유롭습니다. 그래서 긍휼을 베푸는 사람에게는 긍휼을 힘입는 복이 있다고 말씀하십니다. 참으로 중요한 점입니다.

어떤 젊은사람이 직장을 잃고 몇달 동안 놀았습니다. 그래서 초조하게 지내다가 어느 회사에 입사원서를 내고 이제 인터뷰를 하게 되었습니다. 면접시험 볼 시간이 다가와서 그는 차를 몰고 부지런히 그 회사로 가는 길인데 가다가 보니 바로 길 옆에, 아주 뜨거운 여름인데, 중년부인이 차를 세워놓은 채 펑크난 타이어를 갈아끼우느라고 땀을 흘리고 있었습니다. '내 아무리 바쁘지만 모른 체할 수 없지.' 생각하고 젊은이는 차를 멈추고 그 중년부인에게 다가갔습니다. "제가 대신 하겠습니다." 그리고 타이어 교체를 해주었습니다. 이러느라고 시간이 지체되었습니다. 서둘러 다시 차를 타고 시험장을 향해 가지만 이미 시간은 훨씬 늦어 있었습니다. 인사과에 뛰어 들어갔더니 "시간 지났어요" 합니다. "오다가 좀 지체돼서 그렇습니다. 대단히 죄송하지만 면접시험 안될까요?" "안됩니다." 거절당하고 아주 실망 낙담하고 있는데 어깨를 탁 치는 사람이 있습니다. 돌아다보니 한 부인이 거기 서 있었습니다. "내일부터 회사에 나와!" 웃음띠고 이렇게 말하는 그 부인은 바로 아까 노상에서 타이어 갈아끼워준 그 부인이었습니다. 그 부인이 이 회사의 사장이었던 것입니다. 이렇게 극적인 일이 그리 흔한 일은 아니겠습니다마는, 우리는 알아야 합니다. 오늘 긍휼을 베풀고 내일 당장 되돌아오…… 이랬으면야 더없이 좋겠습니다마는 당장은 아니더라도 틀림없이 이루어진다는 것을 알아야 하는 것입니다. 어떤 모양으로든지 어느 시간에든지 이루어지는 법입니다. 잊지 말 것입니다.

그리고, 긍휼을 베푸는 마음은 하나님을 향한 마음일 뿐더러 이것이 성품이 되어야 합니다. 복받기 위해서도 아니고 무슨 조건인 것도 아닙니다. 하나님의 은혜에 감사하는 마음이 성품이 되어서, 그 마음에 젖어서 그대로 사랑을 베풀고 은혜를 베푸는 그 마음일 뿐입니다. 성품이 되어야 하고 생활화하여야 하고 익숙해져야 됩니다. 지어 먹은 마음으로 할 수 있는 것이 아닙니다. 프란체스코가 어느 겨울날 말을 타고 가는데 보니 벌판에 웬 사람이 서서 오돌오돌 떨고 있습니다. 프란체스코는 말에서 내려가지고 "무얼 도와드릴까요?" 합니다. "제가 추워요." 그 사람이 이렇게 대답하자 프란체스코는 자기옷을 벗어서 입혔습니다. 잘 보니 그 사람은 문둥병환자였습니다. 남을 덥게 하고 프란체스코 자신은 이제 추워졌습니다. 그러나 그는 그 사람을 꼭 끌어안았습니다. 그런데 "아! 이제 따뜻합니다" 하더니 품에 안겼던 그 사람이 홀연히 없어졌습니다. 그리고 하늘로부터 음성이 들려옵니다. "이제 네가 나를 사랑하는 줄 알았다." 주님을 만나뵈었던 것입니다. 그는 너무도 감격했습니다. 그는 여기서, 많은 유산이 있는 그런 부잣집 아들이지마는 모든 특권을 다 내버리고 수도사가 되었으며 마침내 성 프란체스코가 된 것입니다. 긍휼을 베푸는 마음이란 지어 먹는 마음이 아닙니다. 그대로 은혜 앞에 감사하는 그런 감격한 믿음이요 그런 사랑입니다. 간혹 "북한을 왜 돕습니까?" "그렇게 돕는다고 해결이 됩니까?" 하고 말하는 사람들이 있습니다. 우리가 도와보아야 뭐 얼마나 크게 돕겠습니까마는 굶주리고 불쌍한 그곳 어린이들을 힘닿는 데까지 도와주고 있습니다. 왜 도와주느냐―누가 묻는다면 저는 이렇게 대답할 것입니다.

언젠가는 주 은혜 가운데서 통일이 될 것입니다. 그때에 들어가 북한사람들을 만날 때 우리가 무슨 말을 하겠습니까. "우리가 어려울 때, 굶어죽어갈 때에는 소식도 없다가 이제와서 예수믿어라, 하나님 믿어라, 하다니 무슨 소리냐?" 그들은 이렇게 말하지 않겠습니까. 지금 그들을 긍휼히 여기지 않으면 통일될 때 무슨 낯으로 그들을 대하겠습니까. 여러분, 긍휼을 베풀고 긍휼을 느끼고, 그리고 하나님의 사랑 안에서 그 사랑과 긍휼이 성품이 되어 실천될 때 우리에게 자유가 있고 감사가 있고 진정한 행복이 있는 것입니다. 긍휼히 여기는 자는 긍휼히 여김을 받을 것이라고 주님께서 말씀하십니다.

†기 도

아버지 하나님, 긍휼은 멀어지고 점점 강퍅해져만 가면서, 그러면서 평화를 찾고 자유를 찾으려고 하는 어리석은 저희들을 불쌍히 여겨주시옵소서. 참으로 긍휼하심을 힘입어 사는 하나님의 사람으로서의 거룩한 성품을 받아 긍휼을 베풀며 사랑을 베풀며 은혜를 베풀며, 그리하여 참자유와 평안과 행복을 누리는 주님의 사람들 되게 하여주시옵소서. 예수님의 이름으로 기도하옵나이다, 아멘.

마음이 청결한 자의 복

예수께서 무리를 보시고 산에 올라가 앉으시니 제자들이 나아온지라 입을 열어 가르쳐 가라사대 심령이 가난한 자는 복이 있나니 천국이 저희 것임이요 애통하는 자는 복이 있나니 저희가 위로를 받을 것임이요 온유한 자는 복이 있나니 저희가 땅을 기업으로 받을 것임이요 의에 주리고 목마른 자는 복이 있나니 저희가 배부를 것임이요 긍휼히 여기는 자는 복이 있나니 저희가 긍휼히 여김을 받을 것임이요 마음이 청결한 자는 복이 있나니 저희가 하나님을 볼 것임이요 화평케 하는 자는 복이 있나니 저희가 하나님의 아들이라 일컬음을 받을 것임이요 의를 위하여 핍박을 받는 자는 복이 있나니 천국이 저희 것임이라 나를 인하여 너희를 욕하고 핍박하고 거짓으로 너희를 거스려 모든 악한 말을 할 때에는 너희에게 복이 있나니 기뻐하고 즐거워하라 하늘에서 너희의 상이 큼이라 너희 전에 있던 선지자들을 이같이 핍박하였느니라
(마태복음 5 : 1~12)

마음이 청결한 자의 복

　　옛날이야기입니다. 신라때의 일이니까, 꽤나 오래전 이야기입니다. 두 사람이 먼 여행을 떠나서 낯선 길을 가게 되었습니다. 해는 저물었고 인가를 찾지 못하였습니다. 그리고 비는 억수같이 쏟아지고 있었습니다. 칠흑같이 어두운 밤, 더는 어찌할 수가 없어서 더듬어 비를 피할 곳을 찾았는데, 마침 동굴이 하나 보여서 여기에 들어가 하룻밤 지내고 가야 되겠다고 생각하였습니다. 먼길을 오면서 몹시도 피곤했기 때문에 그들은 젖은 몸을 가눌 길도 없이 그대로 깊은 잠에 빠져들었습니다. 한 사람이 한잠 자고나서 너무 목이 말라 두리번거리며 더듬더듬 물을 찾았는데 마침 그릇에 물이 있기에 그것을 마셨습니다. 아주 꿀맛같았습니다. 그리고 다시 잠들었습니다. 동녘이 밝아 아침이 되어 정신을 차려보니 자기들이 머물렀던 곳은 동굴이 아니라 무덤이었습니다. 잠결에 마셨던 물은 해골에 괴어 있는 물이었습니다. 그 사람은 이것을 보는, 또 생각하는 순간, 그대로 구역질이 나서 마셨던 것, 먹었던 것 다 토해버렸습니다. 그리고나서 그는 중요한 생각을 하게 됩니다. 분명히 어젯밤에는 꿀맛같이 마셨던 시원한 물입니다. 오늘아침에는 사실을 아는 순간 견딜 수가 없어서 마셨던 것까지 다 토해버려야 했습니다. 여기에 어떤 차이가 있느냐 하는 것입니다. 그는 깊이 생각한 끝에 '인생사 오로지 마음에 달린 것이다' 하는 단순한 진리를 깨달았다고 합니다. 그리고 그의 한평생의 운명이 여기서 달라지게 됩니다. 모든것이 마음에 달려 있다—마음에 따라서 꿀맛같은 생수가 한순간에 썩은 물로 바뀌기도 합니다. 썩은 물이 꿀맛같이 느껴지기도 합니다. 도대체 인간사 행복이라는 것이 무엇입니까?
　「Being Happy」라고 하는 책을 써서 세계적인 베스트셀러 저자가 된 분이 있습니다. 몇주일 전에도 제가 소개한 바 있습니다. 앤드루 매튜스(Andrew Matthews)라고 하는 분인데 이 사람은 호주사람입니다. 본래 법학을 전공했습니다마는 25세에 '좀더 행복하기 위해서' 미국으로 갑니다. 그리고 만화예술가가 되었다가 1988년에 「Being Happy」라고 하는 유명한 작은 책을 써서 일약 세계적인 저작가가 되고 4개 대륙에서 오백여 TV, 라디오방송에 출연하게 됩니다. 참으로 유명해졌습니다. 그만한 이유가 있는 것입니다. 다시 그는 「Follow Your Heart」라고 하는 책을 썼는데 우리말로 번역하면 「마음가는대로 하라」입니다. 역시 50여 개 국어로 출간되고 한국에서도 베스트셀러로 팔리고 있습니다. 그 책에서 앤드루 매튜스는 이렇게 말합니다. '우리가 해야 할 일은 세상을 변화시키는 것이 아니라 자기자신을 변화시키는 일'이라고 합니다. 세상은 달라지지 않습니다. 문제는 나 자신을 바꾸어야 한다는 것입니다. 내가 나 자신을 변화시킬 수 있을 때에만 저멀리 세상을 변화시킬 수 있다고 그는 말합니다. 기도하는 사람들도 환경을 바꾸어달라고 기도할 것이 아니라 '나 자신을 변화시켜주세요'라고 기도하여야 마땅하다고 말합니다. 여기에 참으로 성공할 수 있고 행복할 수 있는 비결이 있다는 것입니다. 때때로 우리는 우리가 처한 처지를 못마땅하게 여깁니다. 주변환경이 영 마음에 안듭니다. 세상 돌아가는 것 전부가 마음에 안듭니다. 그래서 세상이 달라지기를 바랍니다. 심지어는 천지개벽이라도 해서 세상이 화끈하게 변해지기를 기대해보고 또 그렇게 소원도 합니다마는 이 분의 생각은 그렇지 않습니다. 나 자신이 변화하여야 되고 내가 먼저 달라져야 하고, 나를 변화시키는 것이 모든것의 근본이자 우선이라고 설명하고 있습니다.

　오늘 본문에 보면 "마음이 청결한 자는 복이 있나니"하고 예수님 말씀하십니다. 마음의 청결이 무엇입니까? 여러분은 스스로 어느만큼 마음이 청결했다고 생각하십니까? 마음 청결함의 수준 만큼 당신은 행복할 수 있습니다. 당신은 건강할 수 있습니다. 당신은 능력의 사람이 될 수 있습니다. 우리에게 번민이 있고, 고민이 있고, 문제가 많고, 또 나약해지고 병드는 일까지도 알고보면 마음이 청결하지 못하기 때문입니다. 마음이 문제입니다. 누가 청결한 사람입니까? 성경에 보면 노아라고 하는 사람은 참 위대한 하나님의 사람이었습니다마는 늘그막에 술에 취하여 실수를 합니다. 아브라함, 역시 훌륭한 믿음의 사람이었습니다마는 그 믿음이 미흡한 것을 볼 수 있습니다. 모세같은 하나님의 사람도 때때로 혈기를 이기지 못하여 실수하였고, 때로는 하나님께 불순종한 때도 있었습니다. 고난을 이긴 대표자 욥 같은 사람도 이긴 듯해보이지마는 자기의 태어난 날을 두고 저주하는 것을 볼 수 있습니다. 역시 그에게도 온전한 청결함은 없었습니다. 엘리야도 위대한 하나님의 선지자입니다마는 이세벨이 그를 죽이려고 할 때 쫓기고 쫓기다가 마침내는 죽기를 소원하는 것을 볼 수 있습니다. 이만하면 족합니다, 더 살고 싶지 않습니다, 하면서 하나님 앞에 몸부림칩니다. 역시 그 마음이 청결하지 못하였습니다. 베드로같은 대 사도도 예수님을 세 번이나 부인합니다. 그것도 청결하지 못했기 때문입니다. 사도 바울도 로마서 7장에서 "오호라 나는 곤고한 사람이로다 이 사망의 몸에서 누가 나를 건져내랴" 하고 호소합니다. 원하는 선은 행할 수 없고 원치 않는 죄로 기울고 있는 자기자신에 대해서 개탄하는 것을 볼 수 있습니다. 그 역시 청결한 사람은 아닙니다.

　마음의 청결이라는 것이 무엇입니까? '청결'은 헬라어원문대로는 '카다로스'라고 하는 말입니다. 이 말을 두고 대체로 이렇게 해석을 합니다. 먼저는 세탁된, 깨끗한 옷을 가리키는 말입니다. 새것은 아닙니다. 더러워졌습니다. 그런데 씻어서 깨끗하게 만들었을 때 그 깨끗함을 '카다로스'라고 합니다. 다시말하면 마음을 지켜서, 그 더러워진 마음, 찌들어진 마음, 구부러진 마음, 변질된 마음이 다 씻어져서, 깊이깊이 회개해서 깨끗한 마음이 될 때, "무릇 지킬만한 것보다 더욱 네 마음을 지키라(잠 4:23)"하는 말씀대로 마음을 깨끗하게 지켜갈 수 있을 때 이것을 '청결'이라고 합니다. 그리고 또하나, 농사를 해서 쭉정이나 벼 같은 것을 다 제해버리고 알곡을 만났을 때, 그것을 청결이라고 합니다. 쭉정이를 다 날리고나면 거기에 반질반질한 알곡이 솟아납니다. 그 알곡, 알곡만 모아놓았을 때 그것이 청결입니다. 보다 더 중요한 것은 섞이지 않은, 혼합되지 아니한 물질, 물건입니다. 그런 것이 '청결'입니다. 가령 우유에다 물을 탔다면 그것은 깨끗치 못합니다. 순수한 우유가 못됩니다. 포도주에 물을 섞었다―그것도 잘못된 것입니다. 포도주 그대로―이런 것이 깨끗한 것입니다. 인간으로 말할 때는 아주 깨끗한, 일편단심의 사랑, 한 사람만 사랑하는 것, 한 여자(남자)만 사랑하는 것, 이런 마음을 가리켜 청결이라고 말합니다.

　한때 어지간히도 시끄럽게 문제되었던 작품이 있습니다. 「예수의 제2복음」이라고 하는 책입니다. 예수님의 생애를 전혀 다른 각도, 시야에서 그려놓은 책인데, 스웨덴 한림원에서 이 작품에 대하여 노벨문학상을 주겠다고 했더니, 가톨릭교회에서, 교황청에서 반대를 하고 난리가 났습니다. 어지간히 시끄럽게 변론을 벌였는데도 불구하고 노벨문학상은 수여되었습니다, 작년에. 이제는 이 작품이 문제가 되었습니다. 나름대로 제가 한번 읽어보았습니다. 한 장면을 제가 소개합니다. 막달라 마리아라고 하는 여자는 가버나움에서 아예 간판을 내걸고 정식으로 영업을 하는 창녀입니다. 예수님께서 어떤 날 이 집을 들어가게 되는데, 아무 거리낌없이 마리아를 만나게 됩니다. 그야말로 인간적으로 만납니다. 깨끗한 마음으로 만납니다. 마리아는 그때 예수님께 깊은 사랑과 존경을 느끼게 됩니다. 이제 예수님은 가셨다가 며칠후에 다시 거기에 들렀는데, 예수님께서 몹시 궁금하신 것이 하나 있었습니다. 이 여자가 나를 만난 다음에도 다시 창녀 업을 계속했는지 안했는지, 생활이 달라졌는지 안달라졌는지 궁금하신 것입니다. 그래서 넌지시 물어보십니다. "요새도 창녀 영업을 하느냐?" 막달라 마리아는 이렇게 대답합니다. "예수님, 여자는 절대로 동시에 두 남자를 사랑하지 못합니다." 이제 예수님을 사랑하면서 그가 오랫동안 해오던 그 더러운 일을 깨끗이 청산하였다는 이야기입니다. 저는 이렇게 생각을 해봅니다. 만약 예수님께서 "네가 나를 믿고 나를 존경했으니까 이제는 창녀 직업을 버려라" 하셨다면 여자가 이렇게 말했을 것같습니다. "먹고살아야지요." 그러나 예수님, 아무 말씀도 없으셨습니다. 그저 그를 불쌍히 여기시고 인간적으로 대하셨을 뿐입니다. 막달라 마리아는 예수를 사랑하게되면서 아주 몸에 밴, 오랫동안 해오던 창녀질을 깨끗이 청산합니다. 이것이 '청결' 입니다. 사랑이 순수해질 때 나머지의 모든 것들을 다 저버리게 됩니다. 하나의 가치가 깨끗해질 때 그 외의 일들은 쉽게 다 버릴 수 있게 된다는 말씀입니다. 이것이 청결입니다.

　우리가 소중히 여기는 사랑, 믿음, 소망—알고보면 이 또한 마음의 문제입니다. 보십시오. 사랑, 사랑의 행위에는 여러 가지가 있습니다. 행위는 여러 가지로 나타날 수가 있으나 마음은 하나입니다. 마음이 있어서 사랑입니다. 사랑의 행위라고 하지마는 그 속에 마음이 담겨 있지 않을 때, 순결하지 않을 때는 아무 의미도 없습니다. 여러분이 자녀를 사랑하는데도 자녀가 말을 듣지 않습니까? 그렇다면 깊이 생각해보십시오. 내가 사랑하는 사랑이 정말 청결한지를. 한번 회개해볼 필요가 있습니다. 진정한 사랑은 능력을 나타냅니다. 그런데 그것은 사랑이 아니라 단순한 관심이요 집착, 강한 집착일 뿐입니다. 어쩌면 자기사랑일 뿐입니다. 내 체면, 나를 위해서 저에게 뭔가를 강요하고 있는 것이지 사랑은 아니더라고요. 참사랑은, 깨끗한 사랑은 반드시 능력을 나타냅니다. 그런데 순수성이 없습니다. 여러 가지 행위가 있는 것같고 뭘 하고 뭘 하고…… 밥 주고 돈 주고 뭐 다 하는 것같아도 사랑이 없습니다. 거기에 문제가 있는 것입니다. 지난 주간에 미국을 떠들썩하게 만든, 세계를 놀라게 한 일이 있지 않습니까. 미국에서 두 고등학생이 저희 학교에 들어가서 총을 난사해가지고 열일곱 명이 죽고 스물다섯 명이 다쳤습니다. 아주 싱글싱글 웃으면서 전부 쏘고 자신들도 죽었습니다. 그 부모네, 아주 잘사는 집입니다. 고급차 'BMW'를 굴리는, 아주 넉넉한 집입니다. 그 부모가 참 답답하데요. 아이가 왜 그러는지 모르겠다고 합니다. 모를밖에요. 사랑한 적이 없으니까. 여러분, 이것이 문제입니다. 밥도 먹여주었습니다. 용돈도 주었습니다. 그러나 그것이 사랑은 아니더라고요. 순수함, 깨끗한 사랑이 거기에 없었습니다. 그리고, 믿음을 봅시다. 우리가 하나님을 믿습니다. 하나님 믿는 마음 깨끗한 마음이어야 합니다. 기도하기도 하고 구제하기도 하고 선행도 합니다. 그런데 예수님 말씀대로 보면 구제하기는 하는데 사람에게 보이려고 합니다. 기도도 하는데 사람에게 보이려고 큰 소리로 기도합니다. 사람을 의식하면서, 사람에게 칭찬받으려고 하나님 앞에 기도한다―난센스 아닙니까. 이것이 청결하지 못한 믿음입니다. 또 하나님만을 기쁘시게 해드려야 하는데 보상받고자 하는 마음이 앞서 있습니다. 하나님 앞에 투자하는 마음입니다. '선금 십일조'라는 것까지 있습니다. 내가 만 원을 벌려고 할 때는 천 원을 미리 헌금한다는 것입니다. 그래놓고 장사를 하는 것입니다. 이런 마음 이것이 깨끗한 마음이 아니요 깨끗한 믿음이 아닙니다. 모름지기 청결한 믿음을 가져야 합니다. 또, 소망도 하나님을 향한 우리의 위탁하는 마음인데, 하나님만 바라고 하나님만 소망하여야 되는데 우리는 어느 사이에 물질세상, 자녀, 명예세상으로 이지러지고 어지러워졌습니다. 하나님께 대한 소망이 희미하게 되었습니다. 순수하지 못합니다. 그런고로 마음이 청결한 가운데, 마음이 깨끗한 가운데 사랑하고 믿고 또 소망하여야 합니다. 그리할 때에 놀라운 역사가 이루어집니다. 동기가 순수하여야 됩니다. 그런데 여러분, 여기서 청결하다는 것은 온전히 비운다고 하는 것만이 아닙니다. 그런 소극적인 의미가 아니라 하나만을 사모하고, 하나만을 사랑해서 그것이 순수하다는, 다시 말하면 단순하다는 것이지 텅비었다는 것은 아닙니다. 그런 소극적이고 부정적인 것이 아니고 긍정적이고 적극적인 의미의 단순성을 말하는 것입니다.

「마음가는대로 하라」라는 책에서 저자는 열 가지의 구체적인 실천사항을 제시하고 있습니다. 그 중 일곱 번째에 이렇게 말하고 있습니다. '자기자신을 사랑하라.' 이것이 그 일곱 번째의 실천사항입니다. 자기자신을 사랑하라 ─ 그 사랑의 내용은 무엇인가하면 마음을 비우라는 것입니다. 그것이 사랑하는 것이다, 함입니다. 이런 데 저런 데 찢겨가지고 노예생활 한다면 자기사랑 하는 것이 못된다, 자기를 깨끗하게 보전하는 것, 마음을 깨끗하게 하는 그것이 자기를 사랑하는 것이다, 라고 말하는 중에서 재미있는 것은 운동선수의 운동하는 예를 들어서 설명한 대목입니다. 운동선수는 언제나 마음을 비워야 한다, 하면서 하는 말입니다. 첫째는 운동에 전념하고 점수에는 마음을 두지 말라 합니다. 한 점 한 점 올라가고 내려가는 것, 그런 신경 쓰면 전념을 할 수 없습니다. 운동에만 전념할 것이지 점수에 마음이 끌리면 그 마음이 깨끗치 못한 것입니다. 또, 억지로 하려고 하지 말라 합니다. 욕심을 내고 무리하는 것은 좋지 않습니다. 마음을 비우고 즐거운 마음으로 하라 합니다. 또 여유를 가지고 화를 내지 말라 합니다. EQ의 문제입니다. 마음이 평안하여야지 이런 일 저런 일로 인해서 화를 내면 운동선수가 절대로 성공할 수 없습니다. 또, 상대되는 사람을 증오하든가 시기 질투 하지 말라 합니다. 상대를 이겨보려고 질투하는 마음이 생기면 벌써 운동이 곤두박질한다는 것입니다. 또 한 가지는, 스스로 책임을 지고 자기 할 일을 할 뿐이지 다른 사람들의 평판에 대해서 신경쓰지 말라 합니다. 남이 나를 보고 잘한다고 하든 못한다고 하든 아랑곳하지 말라는 것입니다. 잘한다고 했다고해서 잘되는 것처럼 생각하고 못한다고 했다고 해서 다 틀린 것처럼 생각해서는 안된다는 것입니다. 남이야 뭐라고 하든 자기행동에 스스로가 책임을 지라는 것입니다. 뿐만아니라 성

과는 자기헌신으로부터 온다는 것을 잊지 말라 합니다. '농구황제'
로 일컬어진 마이클 조던이라든가 '골프의 신동'이라 하던 타이거
우즈같은 사람들도 가만히 보라, 물론 재능도 있었지마는 그들이 얼
마나 피나는 노력을 했는지 모른다 하였습니다. 또하나 있습니다.
가장 중요한 특징은 이 사람들은 다 운동을 즐겼다는 것입니다. 운
동으로 인해서 상을 받고 못받고, 일등을 하고 못하고가 아니라 문
제는 얼마나 순수한 마음으로 그 자기가 하고 있는 운동을 즐겼느냐
하는 것이다, 공부하는 사람은 공부를 즐겨야 된다, 일하는 사람은
일을 즐겨야 된다, 그것이 바로 마음을 비우는 일이요 마음을 청결
케 하는 일이요 그것이 가장 생산적인 일이다—이런 이야기입니다.
우리의 신앙생활, 우리의 사회생활에도 잘 적용되는 이야기입니다.
우리는 너무도 여러 곳에 마음을 씁니다. 마음이 어지러워졌습니다.
깨끗하지를 못합니다. 무엇을 하여도 순수하지를 못합니다. 오직 한
마음으로 정성과 마음과 노력을 기울일 뿐만아니라 그 자체를 즐기
는 것, 이것이 성공의 비결인 것입니다. 뿐만아니라 우리가 깊이 생
각하여야 할 것은 순수하게, 깨끗케 하시는 하나님의 역사가 있다는
사실입니다. 하나님이 계셔서 역사하십니다. 물질을 사랑합니까? 하
나님께서 물질 사랑하는 마음을 제거하십니다. 명예를 사랑합니까?
명예를 버릴 수 있도록 역사하십니다. 세상을 사랑하는 마음으로 기
울 때 하나님께서 바로잡아주십니다. 깨끗하고 순결하게 하나님만
사랑할 수 있도록 청결케 하십니다. 우리가 만나는 시련, 우리가 당
하는 많은 사건들이 그것을 말해줍니다. 오로지 주님만 깨끗하게 사
랑하도록, 순결하게 사랑하도록 하나님께서 친히 당신의 프로그램에
의해서, 커리큘럼에 의해서 우리를 인도하고 계십니다.

예수님께서 말씀하십니다. "마음이 청결한 자는 복이 있나니 저희가 하나님을 볼 것임이요"—아주 귀중한 말씀입니다. 이것은 은총적 보상입니다. 하나님께서 사람들을 순결케 하시고 또 순결해진 연후에, 어느 순결에 도달했을 때에 하나님께서 만나주십니다. 성경에 보면 야곱이라는 사람이 욕심이 많았습니다. 물질에 대한 욕심, 자녀에 대한 욕심…… 좌우간 욕심많은 사람의 대표 격입니다. 그런데 얍복 강변에 섰을 때 이것을 다 포기하게 됩니다. 자녀를 건네 보내고, 재산을 건네 보내고 홀로 남아서, 오직 홀로 남아서 하나님 앞에 기도하게 됩니다. 그 모든것이 다 쓸데없다는 것을 알게 됩니다. 이제 마음이 어지간히 깨끗해졌습니다. 그때 하나님께서 그를 만나주십니다. 이것을 잊지 마십시오. 이제 그가 형님을 만날 때, 순수한 마음으로 만나게 될 때 너무 감격해서 유명한 말을 하지 않습니까. 내가 형님의 낯을 보니 하나님을 뵈옵는 것같습니다—이제 하나님을 뵈온 것입니다. 여러분, 우리가 참으로 마음을 비우고 순수, 청결해질 때에 우리는 주님을 만나뵙게 됩니다. 우리가 무력하다면 순수하지 못하기 때문입니다. 내가 무능하다면 여러 가지 생각에 붙들려 있기 때문입니다. 청결케 하시고, 정결함에 달하도록 하나님 친히 역사를 하십니다. 그리고 어느 성결에 이르렀을 때에 주께서 만나주십니다. 팔복(八福)을 말씀하시면서 "심령이 가난한 자는 복이 있나니"하고 입을 여신 예수님께서 이제 "마음이 청결한 자가 복이 있나니"하십니다. 무릇 마음이 문제입니다. 마음이 가난한 자, 마음이 청결한 자, 이런 사람에게 복이 있습니다. 사도 베드로는 베드로후서 1장 19절에서 아주 신비로운 말씀을 합니다. "또 우리에게 더 확실한 예언이 있어 어두운 데 비취는 등불과 같으니 날이 새어 샛별이 너희 마음에 떠오르기까지 너희가 이것을 주의하는 것이 가하니라."
샛별이 마음에 떠오르기까지, 샛별이 우리 마음에 떠오를 그 때까지 마음을 청결케, 청결케 하여야 합니다. 주님의 얼굴을 뵈옵는, 주의 얼굴을 뵈온 사람의 평화, 능력, 지혜가 그와 함께할 것입니다.

†기 도

　하나님 아버지, 어두운 가운데 빛을 보게 하시고 혼탁한 가운데서 하나님의 얼굴을 뵈올 수 있는 크신 은총 베풀어주심을 감사합니다. 이미 더러워지고 많이 이지러지고 병들었지마는 순수하고 깨끗하고 정결하게 주님만을 바라보게 하사 새벽별이 떠오르는 것처럼 우리 마음에 주님의 음성이 들려오고 주의 얼굴을 뵈올 수 있는 그러한 청결이 있게 하여주시옵소서. 세상은 말할수없이 어두워가나 밝은 빛을 보며 살게 하시고 이 혼탁한 가운데도 우리의 마음만은 항상 정결, 청결케 하여주시옵소서. 예수님의 이름으로 기도하옵나이다. 아멘.

화평케 하는 자의 복

예수께서 무리를 보시고 산에 올라가 앉으시니 제자들이 나아온지라 입을 열어 가르쳐 가라사대 심령이 가난한 자는 복이 있나니 천국이 저희 것임이요 애통하는 자는 복이 있나니 저희가 위로를 받을 것임이요 온유한 자는 복이 있나니 저희가 땅을 기업으로 받을 것임이요 의에 주리고 목마른 자는 복이 있나니 저희가 배부를 것임이요 긍휼히 여기는 자는 복이 있나니 저희가 긍휼히 여김을 받을 것임이요 마음이 청결한 자는 복이 있나니 저희가 하나님을 볼 것임이요 화평케 하는 자는 복이 있나니 저희가 하나님의 아들이라 일컬음을 받을 것임이요 의를 위하여 핍박을 받는 자는 복이 있나니 천국이 저희 것임이라 나를 인하여 너희를 욕하고 핍박하고 거짓으로 너희를 거스려 모든 악한 말을 할 때에는 너희에게 복이 있나니 기뻐하고 즐거워하라 하늘에서 너희의 상이 큼이라 너희 전에 있던 선지자들을 이같이 핍박하였느니라
(마태복음 5 : 1~12)

화평케 하는 자의 복

　어느날 토끼 한 마리가 숲속 오솔길을 걸어가고 있었습니다. 늑대가 나타나 길을 가로막았습니다. 깜짝놀란 토끼는 나무 위로 뛰어올라갔습니다. 겁을 먹은 토끼가 벌벌떨면서 늑대보고 제발 살려달라고 애원합니다. 늑대는 이렇게 말합니다. "내가 문제를 하나 내겠다. 답을 알아맞히면 너를 살려주고 알아맞히지 못하면 죽이겠다." 그러고는 문제를 내었습니다. "내가 너를 어떻게 할 것같으냐?" 토끼는 "잡아먹을 것같습니다"하고 대답하였습니다. 정답을 한 것입니다. 자, 이제 늑대는 소위 논리적 모순에 빠졌습니다. 잡아먹자니 그럴 수 없게 되었습니다. 저가 약속한 것이 있지 않습니까. 토끼가 옳은 대답을 한 것이니 잡아먹을 수 없게 되었고, 잡아먹지 않자니 배가 고프게 되었단말입니다. 어쨌든 일단 말싸움에서는 토끼가 이겼습니다. 토끼는 안심을 하고 나무에서 내려와 의기양양하게 걸어갑니다. 그런데 늑대는 다짜고짜 토끼의 목덜미를 칵 물었습니다. "약속이 틀리지 않습니까? 분명히 내가 알아맞혔는데요." 토끼는 항의하였습니다. 그러나 늑대는 아랑곳하지 않았습니다. "널 잡아먹고 안잡아먹고는 내 마음대로지." 이렇게 말하는 것입니다. 이 우화에서 우리는 중요한 철학적 이치를 생각하게 됩니다. 하나는 계약의 논리, 혹은 진실의 논리입니다. 또하나는 힘의 논리입니다. 강자의 논리입니다. 세상사 이런 일 저런 일들을 두고 뭐 복잡한 말들로 설명을 하지마는 따지고보면 전부가 힘의 논리입니다. 힘이 옳은 것입니다. 강자의 생각이 언제나 옳은 것입니다. 바로 이때문에 세상이 어수선합니다. 아메리칸 인디언을 전문적으로 연구해서 유명한 에반

코넬 박사가 「Son of the Morning Star」라고 하는 책을 썼는데 아메리칸 인디언들에 대해서 뒤에 그땅을 찾아온 소위 개척자들이 어떻게 대하였는가를 이야기하고 있습니다. 특별히 두 모델을 대비하여 설명하는데, 하나는 캐나다이고 하나는 미국입니다. 캐나다사람들은 이 토착민 아메리칸 인디언들을 이렇게 대하였습니다. "어쨌든 인디언을 정직하게 대하고 평화를 염원하는 우리의 뜻을 저들로하여금 깨닫게 하자." 그것이 정책의 기본철학이었습니다. 그런데 미국사람들은 그와 달랐습니다. "너희의 태도에 따라서 우리의 태도를 결정한다. 너희가 평화를 원하면 우리도 평화할 것이고, 너희가 싸우자고 하면 끝까지 싸울 것이다. 너희의 태도대로 우리의 태도가 정해진다." 이것이 미국의 정책이었습니다. 지금까지도 그렇습니다. 알고보면 이것은 힘의 논리입니다. 힘있는 자만이 취할 수 있는 태도입니다. 그리고 아메리칸 인디언은 조용합니다. 이것이 평화입니까, 하는 이야기입니다.

화평케 하는 자는 복이 있다고 예수님께서 말씀하십니다. '화평'이란 헬라말로 '에이레네'이고 히브리말로는 '샬롬'입니다. 샬롬이라고 하는 개념은 히브리적인 사상이자 성경이 말씀하는 평화의 기본개념입니다. 이 개념의 가장 중요한 것은 하나님과의 관계요, 그리고 나 자신의 영적 문제입니다. 먼저가 하나님과의 관계에서의 화평이고, 그 다음으로 내 영적 상태의 진정한 평화, 나 자신과의 관계에서의 평화, 나아가 그 결과로 이웃과의 관계, 가정과의 관계, 경제와의 관계, 심지어는 정치적인 문제에서의 평화, 번영으로 이어지게 됩니다. 정의, 자유, 평등, 번영—이 모든것을 다 포함하는 개념입니다. 그런데 뿌리는 '하나님과의 관계' 그리고 '내 영적인 상태'

입니다. 이것이 기본입니다. 이러한 화평을 샬롬이라고 말합니다. 또 하나의 화평의 개념은 '팍스 로마나'라고, 로마의 지배로 유지되는 평화입니다. 이것은 힘의 원리입니다. 전쟁이 없는 상태, 그것이면 평화입니다. 그럴 수 있을까요? 미국의 뉴멕시코 주에 '로스알라모스'라고 하는, 원자탄을 개발한 연구소가 있습니다. 그곳 '브래드버리'라고 하는 과학 박물관 정문에 원자탄이 터질 때의 큰 버섯 모양 그림을 그려놓고 이렇게 명기하고 있습니다. '만약에 평화가 강대국 간의 전면전이 없는 상태를 말하는 것이라면 1945년 이후의 이 세상에는 평화가 있다. 이 평화는 원자탄이 주는 평화다.' 그렇습니다. 지금 원자력이라고 하는 엄청난 힘을, 무기를 만들어놓고 강대국들은 서로 싸울 수가 없습니다. 이제 세계에 전면전은 없습니다. 전면전이 일어났다하면 다 죽고 말 것이기 때문입니다. 결국은 원자탄이 주는 평화입니다. 이제 묻습니다. 그래 1945년 이후의 세계에 평화가 있습니까? 오히려 도처에 그 전보다도 더 많은 전쟁이 계속되고 있습니다. 수많은 사람이 전쟁에 죽고 기아에 죽고 고통에 시달리고 있습니다. 이것이 평화입니까? 여러분, 북한은 언제 가보아도 조용합니다. 데모도 없고 파업도 없습니다. 그래 평화입니까? 힘의 논리에 의한 이런 평화를 평화라고 할 수는 없습니다. 자유와 정의가 없는, 영적 평화가 없는 그것을 화평이라 할 수 없는 것입니다. 오늘 우리가 고민하고 있는 문제가 이것입니다. 조용한 것같습니다. 그러나 전쟁이 없다고해서 평화롭다 할 수 없는 것입니다. 우리는 때때로 승리지향적 평화를 생각합니다. 전쟁 후의 고요함—이긴 자는 이겼으니 조용하고 진 자는 죽었으니 말이 없습니다. 이것이 조용함입니까? 저는 6·25전쟁때 한동안 최일선에서 싸워보았습니다.

그 전쟁때에 보면 포탄이 터지고 기관총소리가 나고 할 때에는 어려 운대로 견딜만합니다. 그런데 제일 불안한 때가 언제인고하니 전쟁이 멎고 몇 시간 동안, 또는 며칠 동안 잠잠해졌을 때, 이렇게 조용할 때입니다. 이런 때가 불안합니다. 지금 안에서는 계속 무엇인가가 준비되고 있거든요. 무엇인가가 이루어지고 있는 것입니다. 어떤 모양으로 언제 어디서 터질 것인가, 그래서 불안함이 더 큽니다. 조용하다고해서 반드시 평화는 아닙니다. 힘의 논리에 눌려서 숨을 죽인 노예적 평화, 이것을 평화라고 할 수는 없습니다. 그런고로 우리는 생각하여야 합니다. 참평화의 개념이 무엇입니까? 내가 이겼다고 해서 평화인 것은 아닙니다. 내가 이겼으면 다른 사람은 졌기 때문입니다. 내가 빼앗았다고해서 좋아할 것이 못됩니다. 빼앗긴 자의 눈물이 저기에 있기 때문입니다. 내가 성공했다고 해서 덮어놓고 기뻐할 것이 못됩니다. 많은 사람의 실패와 어려움과 억울함이 저 앞에 있기 때문입니다. 제가 가끔 겪는 일입니다. 어느 교인이 부동산을 하나 샀습니다. 싸게 샀습니다. 싸게 사고보니 바로 며칠후에 그 값이 껑충 올라갔습니다. 이를테면 만 원짜리 땅을 샀는데 그것이 불과 며칠 사이에 사십만 원짜리가 되었다고 합니다. 이 사람, 큰돈 벌었지요. '아이고, 이거……' 기뻐하면서 이 사람이 감사헌금을 합니다. 이제 저는 그분 보고 이렇게 말합니다. 미안하지마는 그렇듯 부동산을 싸게 사서 좋기는 한데, 그 땅을 판 사람은 지금 얼마나 마음이 아프겠느냐, 그것을 생각해보았느냐고. "생각 못해봤죠"합니다. "그 사람은 지금 가슴을 치고 있는 것입니다. 조금만 더 있다 팔았으면 좋았을 걸…… 안 그렇습니까? 당신, 그 이익본 부분을 한 절반쯤 잘라서 판 사람에게 나눠줄 마음 있소?"하니까 그럴 마음 없다고 말합니다. 저는 말하였습니다. "그러면 이 헌금도 의미가 없습니다." 당신이 감사하고 있는 동안에 한쪽에서는 기가막혀 가슴을 치고 있다, 당신을 원망하고 있다, 그래도 되겠느냐, 그것이 평화냐, 그것이 행복이냐, 그것을 당신은 복이라고 생각하느냐고. 이런 평화를 즐기는 것은 도박꾼의 마음보입니다. 그것은 절대로 평화일 수 없고, 행복일 수가 없는 것입니다. final triumph는, 마지막승리는 화평일 뿐입니다. 오직 화평입니다. 문제는 나만의 승리여서는 안된다는 것입니다. 'win-lose'는 절대로 승리일 수가 없습니다. 'win-win'이어야 합니다. 내가 이기고 너도 이기고, 내가 기쁘고 너도 기쁘고 ― 이러한 평화만이 참평화인 것입니다.

'성공'이란 '3P'에 의해서 이루어지는 것이라고 심리학에서는 설명합니다. 세 가지의 'p'의 첫째는 Patience입니다. 얼마나 참느냐, 얼마나 오랫동안 완전하게 참아낼 수 있느냐, 시기, 질투, 경쟁심, 비난 같은 것을 잘 참고 끝까지 견디는 그 인내, 거기에 성패가 걸려 있습니다. 또하나는 Practice입니다. 행동으로 옮길 수 있어야 합니다. 생각만 하고 말만 하고 해서는 안됩니다. 구체화하고 행동으로 실천해나갈 수 있을 때 밀고나가면서 승리가 오는 것입니다. 책상머리에 앉아 있다고 승리가 오는 것은 아닙니다. 실천능력, 구체화능력이 있어야 됩니다. 또하나는 Peace입니다. 마음의 평화입니다. 무엇을 얻었든지 무엇이 되었든지 내 마음은 항상 평안합니다. 나도 평안하고 주변사람들도 평안합니다. 모두가 평안합니다. 그것이 승리입니다. 그 누구 하나로부터도 원망을 듣는다면 진정한 평안일 수가 없습니다. '3p' ―patience, practice, peace입니다. 로마서 12장 18절에 보면 "할 수 있거든 너희로서는 모든 사람으로 더불어 평화하라"하였습니다. 할 수 있는대로, 최선을 다해서 평화를 도모할 것입니다. 히브리서 12장 14절에서는 "모든 사람으로 더불어" 평화하라고 말씀합니다. "화평함과 거룩함을 좇으라. 이것이 없이는 아무도 주를 보지 못하리라." 참평화가 없이는 주를 볼 수가 없습니다. 내가 아무리 성공했다고 떠들어도 그것가지고는 하나님을 만날 수가 없습니다. 모두가 평화할 수 있을 때에만 우리의 기도가 응답될 수 있습니다. 특별히 예수님께서 이 문제에 결론을 내리십니다. "그러므로 예물을 제단에 드리다가 거기서 네 형제에게 원망들을만한 일이 있는 줄 생각나거든 예물을 제단 앞에 두고 먼저 가서(그 사람이 누구든 무슨 일로 걸렸든 상관없습니다) 형제와 화목하고 그 후에 와서 예물을 드리라(마 5:23,24)." 예수님의 말씀입니다. 우리가 하나님 앞에 예배하고, 하나님 앞에 찬송하고, 하나님 앞에 기도합니다마는 그 누군가가 여러분을 원망하고 있는 동안, 여러분을 생각하며 탄식하고 눈물을 흘리는 동안은 여러분의 기도는 응답될 수가 없습니다. 되는 일이 없습니다. 절대로 복될 수가 없습니다. 평화가 우선입니다. 화평이 먼저 있고야 비로소 모든 일에 축복도 있고 형통함도 있다, 하는 말씀입니다.

또한 오늘의 성경은 우리에게 더욱 중요한 교훈을 주고 있습니다. "화평케 하는 자는……" 헬라말로는 "에이레노 포이오이……"입니다. '포이오이'라고 하는 말은 실천하는 사람이라는 뜻입니다. 원문대로는 평화를 실천하는 사람, 평화를 행하는 사람이라는 뜻입니다. 영어로 의역하면 바로 'peacemaker'가 됩니다. 문제가 좀 있는 번역입니다마는. 어쨌든 평화를 사랑하는 것만 가지고는 안되는 것입니다. 화평을 기다리는 것만 가지고도 안됩니다. 요컨대 화평을 실천하여야 한다는 것입니다. 적극적으로 내가 화평을 만들어야 됩니다. 거기에 복이 있다는 말씀입니다. 내 마음 속에 먼저 화평이 있고, 내 이웃과의 관계에 참화평이 있어야 비로소 복된 자가 될 수 있다, 하는 말씀입니다. 우리 사회는 서로 불화하고 있습니다. 이제 화평케 하는 자, 피스메이커가 필요합니다. 중보적 역할이 필요합니다. 극과 극이 만나는데, 도저히 화해할 수가 없으니 내가 거기서 '화목둥이'가 되어야 합니다. 나로 인해서 극과 극을 만나게 하여야 됩니다. 화평을 만들어야 됩니다. 그런데 안타깝게도 화평케 하는 자는 적고, 트러블메이커(troublemaker)만 많습니다. 평화로운 사람을 불안하게 만들고 고통스럽게 만드는 트러블메이커가 많아 문제입니다. 화평케 하는 자, 피스메이커가 되려면 먼저는 자기자신이 아주 겸손하여야 하고 사심이 없어야 하고 마음을 비워야 합니다. 내 욕심을 챙기고 내게 돌아올 이권을 생각하고 있는 동안은 절대로 화평케 하는 자가 될 수 없습니다. 완전히 내 욕심은 버려야만 됩니다. 뿐만아니라 나아가서는 온유한 가운데 있어야 합니다. 온유 겸손하여야 됩니다. 유순한 대답은 분노를 쉬게 한다고 성경은 말씀합니다 (잠 15:1). 저쪽에서는 펄펄뛰지마는 나는 온유합니다. 온유한 자만이 화평케 할 수 있습니다. 또하나, 긴 인내가 필요합니다. 서둘러서는 안됩니다. 조급한 자는 화평케 하는 자가 될 수 없습니다. 때때로 우리는 급하게 화평을 만들려고 이리 만나고 저리 만나고 뛰어다닙니다마는 급해서는 일이 점점 더 커질 뿐입니다. 기다리는 마음이 필요합니다. 관용이 필요합니다. 나아가서 넓은 사랑이 있어야 하고, 값을 지불하여야 할 때는 그 값을 내가 지불하여야 됩니다. 내편에서 지불할 때에만 화평은 이루어질 수 있습니다. 출애굽기 32장에 모세의 화평케 하는 역사가 있습니다. 이스라엘백성이 하나님 앞에 범죄하였습니다. 지금 황금우상을 만들어 그것을 섬기고 있습니다. 하나님께서는 크게 진노하셨습니다. 이 백성을 다 진멸하시겠다고 모세에게 말씀하십니다. 이에 모세가 하나님 앞에 이렇게 기도합니다. '하나님, 정히 그러시려거든 내 생명을 먼저 취해주십시오. 나는 이 백성 망하는 것을 보면서 살고 싶지 않습니다.' 하나님께서 말씀하시기를 '너와 네 가정은 내가 구원하겠다' 하십니다마는 모세는 "그들의 죄를 사하시옵소서 그렇지 않사오면 원컨대 주의 기록하신 책에서 내 이름을 지워버려주옵소서(출 32:32)"하고 말씀드립니다. 이로써 그 민족을 하나님의 진노의 손으로부터 구원하는 것을 볼 수 있습니다. 또한 민수기 16장을 보면 아론이 중요한 역할을 합니다. 죽은 자와 산 자 사이에 서서 화평케 하는 역사를 이룹니다. 사무엘하 24장에서 보면 다윗은 하나님께 '고난은 내가 당하겠습니다' 라고 말씀드림으로 민족을 향한 큰 환난을 면케 하는 것을 볼 수 있습니다. 아브라함은 소돔·고모라와 조카 롯을 위하여 하나님 앞에 중보의 기도를 드립니다. 하나님께서 아브라함을 보아서 그 조카 롯을 구원하셨다고 성경은 분명히 말씀합니다. 이렇게, 화평케 하는 자의 중보적 역할이 꼭 필요합니다.

　화평케 하는 자는 하나님의 아들이라 일컬음을 받으리라고 예수님 말씀하십니다. 하나님의 아들—원점으로 돌아가보면 예수 그리스도 자신이 화평을 위하여 오시고 피스메이커로 십자가에 죽으셨습니다. 에베소서 2장 13절 이하에 보면 주께서 십자가를 지심으로 원수된 관계를 화목케 하셨습니다. 주님 자신의 역할이 그것이었습니다. 그래서 고린도후서 5장에 하나님께서 우리에게 화목하게 하는 직책을 주셨다고 말씀합니다. 우리 모두가 화목케 하는 직책을 맡았습니다. 우리는 나 자신이 화목할 뿐만 아니라 모든 사람 사이에 서서 불화의 관계, 원수된 관계, 서로 시기 질투하는 세상 속으로 나가서 나 하나의 사랑과 희생과 온유와 인내로 말미암아 화평의 거룩한 역사를 이루어야 한다는 말씀입니다. 이것은 단순한 지혜가 아닙니다. 이것은 하나의 희생의 제물 됨, 하나의 행동을 의미하는 것입니다. 고대중국에서 있은 일입니다. 두 나라가 서로 싸웁니다. 가만히 보니 더 싸우다가는 두 나라가 다 망하게 생겼습니다. 이것을 알고 어느 지혜로운 사람이 중간에 나타나가지고 이쪽나라에 가서 왕을 보고 이렇게 말했습니다. "비유해 말하건대 이 나라는 만월같고 저 나라는 초생달같습니다. 큰 나라가 되어서 굳이 조그마한 나라를 왜 치려고 하십니까?" 듣자니 왕은 기분이 좋았습니다. 그래 "아, 그러면 그만두지 뭐……"하고는 전쟁을 그만두게 되는데, 이 사람이 이번에는 저쪽나라에 갔습니다. 그 나라 사람들이 이 사람 보더니 "뭐라고? 그 나라는 만월이고 우리는 초생달이라고? 이 사람이 우리를 영 무시하는구만!"하고 돌아갑니다. "무슨 소리를 그렇게 하십니까. 만월은 이제부터 기울 것이고 초생달은 이제부터 커질 것이 아닙니까. 그런데 어째서 내가 당신네를 무시한 것입니까." "오, 그렇구만!" 그래서 두 나라 사이의 싸움이 그쳤다고 합니다. 글쎄올시다. 우리의 말 한마디로 인해서 이렇게 쉬 화해가 이루어지는 수도 있지만 일은 그런 것이 아닙니다. 참으로 많은 희생이 요구됩니다. 어느 부부가 오랫동안 티격나 있다가 결국은 이혼을 결정하고 물건을 나누게 됩니다. 살림을 다 나누는데 마지막에 남은 것이 하나 있습니다. 그것은 몇년 전 불행하게 죽은 아들의 유품이었습니다. 다 없앤 줄 알았는데 이것 하나가 남아 있었습니다. 바로 그 아들의 일기장이었습니다. 부부는 이것을 서로 자기가 가져가겠다고 다투었습니다. 그러다가 그 일기장을 열어보았습니다. 일기장에는 이런 말이 씌어 있었습니다. '아빠 사랑해요. 엄마 사랑해요. 아빠 엄마 싸우지 마세요." 부부는 목이 메어 마주보다가 무심결에 서로 손을 잡았습니다. 그리고 누가 먼저랄 것도 없이 "이 아이의 소원을 이루어줍시다"하며 다시 화해를 하였다고 합니다. 피스메이커—나로 인해서 동서가 합치고, 남북이 합치고, 나 하나의 희생으로 인하여 서로가 하나되는 역사가 있을 때 바로 거기에 하나님나라가 이루어지고 바로 그 사람이 하나님의 아들이라 일컬음을 받게 될 것입니다.

여러분, 십자가로 하나를 만드셨다는 것 잊지 마십시오. 예수님께서 오신 목적이 화평입니다. 우리에게 맡겨주신 사명도 화평입니다. 참화평의 뜻이 무엇인지를 알고, 오늘도 우리가 아주 진실하게 화평케 하는 자의 거룩한 사명을 감당할 때 하나님의 아들이라 일컬음받을 뿐만 아니라 하나님의 자녀 됨의 또다른 차원의 놀라운 행복을, 또 능력을 체험하게 될 것입니다.

의를 위하여 핍박받는 자

예수께서 무리를 보시고 산에 올라가 앉으시니 제자들이 나아온지라 입을 열어 가르쳐 가라사대 심령이 가난한 자는 복이 있나니 천국이 저희 것임이요 애통하는 자는 복이 있나니 저희가 위로를 받을 것임이요 온유한 자는 복이 있나니 저희가 땅을 기업으로 받을 것임이요 의에 주리고 목마른 자는 복이 있나니 저희가 배부를 것임이요 긍휼히 여기는 자는 복이 있나니 저희가 긍휼히 여김을 받을 것임이요 마음이 청결한 자는 복이 있나니 저희가 하나님을 볼 것임이요 화평케 하는 자는 복이 있나니 저희가 하나님의 아들이라 일컬음을 받을 것임이요 의를 위하여 핍박을 받은 자는 복이 있나니 천국이 저희 것임이라 나를 인하여 너희를 욕하고 핍박하고 거짓으로 너희를 거스려 모든 악한 말을 할 때에는 너희에게 복이 있나니 기뻐하고 즐거워하라 하늘에서 너희의 상이 큼이라 너희 전에 있던 선지자들을 이같이 핍박하였느니라

(마태복음 5 : 1~12)

의를 위하여 핍박받는 자

　사람의 사람됨은 그 소유에 의해서 평가될 수 없습니다. 많이 가졌다고 그 사람이 훌륭한 사람이고 못가졌다고해서 그 사람이 결코 천한 사람일 수 없습니다. 사람됨은 그의 지식에 의해서도 평가될 수 없습니다. 우리가 아는대로, 많이 안다고해서 반드시 그 사람이 높은 인격의 사람이 되는 것은 아닙니다. 그런가하면 불학무식한데도 그 사람됨을 보면 격이 높은 그런 사람을 우리는 흔히 볼 수 있습니다. 지위에 의해서도 사람됨을 평가할 수 없습니다. 사람을 사람으로 평가하게 되는 평가기준은 극단적으로 두 가지 있다고 늘 생각합니다. 하나는 그가 무엇을 즐기는가 하는 것입니다. 어떤 기쁨을 기뻐하며 살아가고 있는가—그것이 첫째이고, 둘째는 어떠한 성격의 고난을 당하고 있느냐 하는 것입니다. 이 두 가지에 준해서 사람을 평가할 수 있다고 생각합니다. 생각해봅시다. 욕구충족에 불과한, 생리적 기쁨을 추구하는 그런 정도의 인간이 있습니다. 사람은 분명히 동물성을 지녔습니다. 그렇다고해서 동물은 아닙니다. 동물적 욕구 충족, 그것만을 기쁨으로 알고 그것을 위하여 모든것을 기울이는 그러한 인간을 가리켜 저질인간이라고 하겠습니다. 그런 인간은 생리학적 인간입니다. 또하나는, 자기실현의 세계에서 기쁨을 얻는 그런 사람이 있습니다. 이 기쁨은 철학적 기쁨입니다. 공부하는 기쁨, 깨닫는 기쁨, 그리고 합리적인 것을 추구하고 그 합리적인 것에서 기쁨을 얻는 이른바 철학적 인간이 있습니다. 또하나는, 신학적 기쁨을 즐기는, 그러한 기쁨을 추구하는 사람이 있습니다. 나 자신의 세계에 매이지 않고 적어도 그의 생각과 뜻과 이상과 꿈은 항상 하나님의 세계에 있습니다. 하나님의 큰 역사, 하나님의 뜻, 그 나라와 그 의를 생각하고 그 속에 있는 나 자신의 하나님의 자녀된 정체를 기뻐하는 것입니다. 계속 하나님의 역사를 기뻐하고, 하나님의 사랑 받는 나 된 것을 계속 깨달아가면서 기뻐하는, 이런 신학적 기쁨에 사는 사람이 있습니다.

여러분, 인간은 어차피 고난을 당하면서 살게 되어 있습니다. 고난은 필수입니다. 필연입니다. 문제는 그 속에 사는 그리스도인의 성격입니다. 그래서 그리스도인의 삶을 가리켜 흔히 패러독스, 역설적이라고 말합니다. 오늘 본문을 보십시오. 핍박당하는 자가 복이 있다 하십니다. 역설적입니다. 핍박은 고통입니다. 그런데 어째서 핍박당하는 자가 복이 있다 하시는 것입니까? 핍박 없는 세계가 복이 있는 것이지 핍박당하는 자가 복이 있다는 것입니까? 이것이 성경이 말씀하는 그리스도인의 모습이요, 그리스도인의 운명이요, 그리스도인의 행복입니다. '핍박'이라는 말을 원문대로 잘 살펴보면, 이것은 천재가 아닙니다. 인재(人災)를 말하는 것입니다. 비가 오지 않는다―이것을 핍박이라고 하지 않습니다. 지진이 났다, 전쟁이 났다―이것은 핍박 아닙니다. 핍박은 어디까지나 인재입니다. 또, 자기잘못으로 인해서 당하는 고통을 두고 핍박이라 하지 않습니다. 내 잘못 없이 참으로 백 퍼센트 억울하게 당하는 고난, 이것이 핍박입니다. 나아가 핍박은 과거사가 아닙니다. 현재와 미래에 걸쳐서 점점 죄어드는 고통입니다. 몸만이 아니라 우리 마음을 괴롭히는 것입니다. 심령적으로 우리를 괴롭히는 것입니다. 이러한 고통, 계속되는 고통, 이것을 당하고 있는 사람을 일러 복되다 하십니다. 여기에 진리가 있습니다. 의를 위하여 핍박당하는 자가 복되다―왜요?

여기서 한번 분석해봅시다. 우리가 당하는 고난에 대하여 베드로전서 2장 19절 이하에 분명하게 분석, 열거하고 있습니다.

먼저는 "애매히 고난을 받아도 하나님을 생각함으로 슬픔을 참으면 이는 아름다우나" 곧 은혜롭다고 하였습니다. 어떠한 고난이 애매한 고난입니까? 왜 고난을 당해야 되는지 모르는 부당한 고난입니다. 내 잘못도 없이 당하는 고난입니다. 이 고난을 당한 결과가 도대체 무엇입니까? 아무 의미도 없는 것같은 그런 애매한 고난이 있습니다. 가령 옆집사람이 불조심하지 않아서 내 집이 불타버린다면 이는 애매한 수난입니다. 나는 잘못이 없는데 저 집에서 잘못함으로 내 집까지 타버리는 것이니 애매한 것 아닙니까. 여러분도 자동차운전을 하시다가 가끔 애매한 일 당하지요? 나는 정당하게 운전했는데 웬 정신빠진 사람 때문에 내 차가 찌그러지는 것입니다. 아, 이것 속상합니다. 더욱이 내 차가 새 차이면 더 마음이 아픕니다. 왜 이런 일을 당해야 하나? 이것을 가지고 하늘을 우러러 '뉘 죄 때문입니까?' 하고 하소연하겠습니까. '도대체 이 횡액의 결과는 무엇입니까? 하나님, 내 차 이렇게 찌그러진 다음에 무슨 복을 주시렵니까?' ㅡ말 됩니까? 이런 것을 가리켜 애매한 고난이라고 합니다. 이런 일들이 우리 주변에는 많이 있습니다. 그렇더라도 잘 참고 견디면 은혜가 되는 것입니다.

또 "죄가 있어 매를 맞고 참으면 무슨 칭찬이 있으리요(벧전 2:20)"라고 말씀합니다. 내가 잘못함으로 내가 당하는 고난을 가리킵니다. 어쩌면 거의 모든 고난이 이런 것입니다. 아니라고 변명하지마는 깊이 생각해보면 원인은 결국 나에게 있었습니다. 내 잘못으로 내가 고난당합니다. 내가 잘못해서 내가 병듭니다. 내가 잘못해서 내 사업이 잘못되었습니다. 원인은 분명 나에게 있습니다. 자, 이럴 때 이것에 대해서야말로 무슨 상이 있겠습니까. 그러나 우리 깊이 생각할 일입니다. 이런 유의 고난이 있는 것입니다. 또하나는 의를 위하여 당하는 고난이 있습니다. 이것은, 꼭 잊지 말아야 할 부분이 자원적이요 자발적이요 선택적이라는 것입니다. 피해가다가, 도망가다가, 어떻게든 면해보려고 요리조리 몸부림치다가 할수없이 당하는 유의 고난이 아닙니다. 약해서 당하는 것도 아니고, 몰라서 당하는 것도 아니고, 어리석어서 당하는 것도 아닙니다. 일부러, 스스로, 자초(自招)하는 고난의 성격을 띤 것입니다. 의를 위하여 당하는 고난—아무래도 이런 고난의 가장 대표적인 예가 예수 그리스도께서 당하신 고난입니다. 예수께서 당하신 모든 고난이 다 그러했습니다마는 결정적으로 십자가사건 하나를 놓고 생각해봅시다. 복음서가 계속 증거하는 것이 뭐냐하면 십자가의 고난은 불가피한 것이 아니었다는 것입니다. 마지못하게 억지로 당하신 고난이 아니라는 것입니다. 얼마든지 아니당하실 수 있었던 것입니다. 스스로 원해서, 자초해서 당하셨다는 것을 성경은 강하게 강하게, 거듭거듭 증거하고 있습니다. 그 유월절에, 지금 예루살렘에 당신을 죽일 사람들이 기다리고 있다는 것을 예수님 다 아시고 계십니다. 아셨으니 유월절에 예루살렘에 올라가시지만 않았더라도 십자가를 면할 수 있는 것입니다. 또하나, 예수님께서 성전을 깨끗이하셨습니다. 늘 출입하시는 성전, 그 더러워진 것 늘 보아오셨습니다마는 오늘따라 정면충돌 하면서까지 성전을 깨끗이하십니다. "내 집을 만민의 기도하는 집이라 칭함을 받으리라고 하지 아니하였느냐 너희는 강도의 굴혈을 만들었도다(막 11:17)." 이렇게 꾸짖고 대결하셨는데 이 사건만 없었더라도 십자가를 지시지 않을 수 있을 것입니다. 또, 빌라도 앞에서 재판 받으실 때를 보십시오. 빌라도는 어쨌든 예수님께서 죄가 없으신 것을 알고 또 특별히 능력이 있고 인기도 높은 분이라는 것을 알고 있습니다. 그래서 예수님을 무죄석방 하려고 갖은 모색을 다 하고 있습니다. 이때 예수님께서 있는 그대로의 사실, 진실을 한마디만 말씀하셨으면 십자가를 안지실 수 있었을 것입니다. 제사장과 바리새인 저 사람들이 나를 시기해서 여기에 끌고온 것이다—사실이 그러한 이 한마디만 하셨더라도 예수님께서는 십자가를 안지실 수 있었는데, 침묵하십니다. 입을 딱 다무시고 그대로 십자가를 지시려 하십니다. 빌라도는 이를 이해할 수가 없어서 마침내 "이 사람을 보라" 합니다(요 19:5). "Behold this man."—유명한 말입니다. 이 사람 도대체 이해할 수 없는 사람이다, 능력도 많고 인기도 많은데, 서른세 살 젊디젊은 나이에 왜 사서 죽으려 하느냐, 억울하게 죽으려 하느냐—이것입니다. 빌라도로서는 도대체 이해를 할 수 없는 것입니다. 이 고난, 이것이 바로 의를 위하여 당하는 고난입니다. 남들은 아무도 모릅니다. 예수님만이 아시는 깊은 의미가 있는 것입니다. 바로 이런 고난이 의를 위하여 당하는 고난이라는 말씀입니다. 여러분, 여러분은 어떤 고난을 당하고 있습니까? 고난당하고 안당하고가 문제 아닙니다. 내가 당하고 있는 고난의 성격이 문제입니다. 그 의미가 문제입니다. 그리고, 도대체 무엇을 생각하고 무슨 목적으로 이 고난을 당하고 있느냐, 어떤 자세로 이 고난에 임하느냐, 그것만이 문제입니다. 그에 따라서 복된 자가 될 수도 있고 저주받은 자가 될 수도 있습니다. 성경은 고난 없는 자가 복이 있다고 말씀하지 않습니다. 의를 위하여 고난을 당하는 자가 복이 있다고 말씀합니다.

그러면 어떤 복입니까? 의를 위하여 핍박받는 자에게 왜 복이 있다고 하십니까? 가장 중요한 것은 이것입니다. 악으로부터 핍박당하는 것이 내가 의롭다는 것을 증거해주기 때문입니다. 악한 세상에 살면서 잘사는 사람이면 그 사람 옳은 사람 아닙니다. 악인으로부터 칭찬받는 사람이면 그 사람 결코 선한 사람 아닙니다. 이같이 불의한 세상에서 정직하게 살면서 손해 안볼 수 없습니다. 의롭게 살면서 핍박 없을 수 없습니다. 의롭게 살면 핍박은 당연한 것입니다. 핍박을 받음으로 비로소 내가 옳다는 것, 내가 바르게 산다는 것, 내가 진실하다는 것을 증명하게 되는 것입니다. 악한 세상으로부터 칭찬받으려 해서는 안됩니다. 가끔 우리의 마음을 좀 섭섭하게 하는 일이 있습니다. 요새 보면 모두들 너무 여론에 치우치는 경향이 있습니다. 여론을 보니 몇 %가 이렇고 몇 %가 저렇고, 합니다. 언제부터 여론 보고 살았습니까. 지도자란 여론에 끌리는 것이 아닙니다. 유명한 지도자 처칠이 말한 바 있습니다. "국민으로부터의 칭찬은 2년 후에 받도록 하라." 지금 당장 백성들 보고 "자, 이럴까요? 저럴까요?" 물어가면서 할 것입니까. 여러분 아시는대로 한때 군사독재자라고 그렇게나 성토를 하고 온백성이 욕을 하던 분을 이제는 '일등 대통령'이라 평가하고 있습니다. 그분이 잘 한 것이지요. 그러나 그 당시에는 얼마나 많은 지탄을 받았습니까. 그러나 오늘와서 이 사람은 모든 사람에게 존경받는 인물이 되고 있지 않습니까. 지도자란 이렇게 하여야 되는 것입니다. 당석에서 지지하고 아우성치고 만세부르는, 그런 소리나 듣기를 원해서는 안되는 것입니다. 의를 위하여 핍박을 받아야 합니다, 당연히. 어쩌면 핍박을 받아야 영웅입니다. 정치가뿐만 아니라 유명한 문학가, 유명한 예술가, 유명한 철학가들 보십시오. 당대에 각광받은 사람이 없습니다. 실례가 되므로 제가 어느 철학자라고 이름은 대지 않습니다마는 저 60년대, 그 철학자가 낸 책은 온세상의 많은 학생들이 열심히 읽는 책이었습니다. 그런데 내가 어느 책을 보다보니 그분이 당대에는 "미친놈"이라는 말까지 들었다고 합니다. 정신병자라고 지탄받았다 합니다. 그런데 오늘은 그의 책이 불후의 명작이 되어 있더라고요. 이것이 당연한 일입니다. 당대의 여론에 끌려서 칭찬들으려고 눈치보는 것이 아닙니다. 의를 위하여 핍박받는다는 것은 바로 내가 그리스도인임을 말하고 내가 의로움을 증거해주는 것입니다. 이것을 알아야 합니다. 그래서 요한복음 15장 18절에 보면 예수님 말씀하십니다. "세상이 너희를 미워하면 너희보다 먼저 나를 미워한 줄을 알라." 우리가 예수의 이름으로 욕을 당할 때 나보다 먼저 예수님께서 욕당하셨다는 것을 잊지 맙시다. 그런고로 예수의 제자는 당연히 핍박을 받고 손해를 보아야 됩니다. 그런 법입니다. 당연한 일입니다. 당연하게 받아들여야 합니다. 이상할 것 하나도 없습니다. 그래서 유명한 요절이 있지 않습니까. 디모데후서 3장 12절에 말씀합니다. "무릇 그리스도 예수 안에서 경건하게 살고자 하는 자는 핍박을 받으리라." 그리스도 안에서 경건하게 살자고 하면 핍박을 받습니다. 가정에서도 핍박받습니다. 내외간에도 핍박을 받습니다. 친구에게도 핍박을 받습니다. 이것을 당연하게 받아들이는 바로 그 사람이 복된 사람입니다. 슬퍼할 것도 탄식할 것도 나약해질 것도 없습니다. 여기에 긍지가 있고 자랑이 있는 것입니다.

또한 중요한 것은 핍박을 받으면서 우리는 악으로부터 자유하게 되고 악에 빠지지 않게 된다는 사실입니다. 이것 이상한 것입니다.

핍박을 받으면 점점 더 의로워집니다. 의가 강해집니다. 이것을 알아야 합니다. 그래서 핍박받는 자에게는 유혹이 없습니다. 시험에 빠질 이유가 없습니다. 순교사에 보면 유명한 이야기가 있습니다. 어떤 사람이 순교하게 되었습니다. 예수를 잘믿는 이 사람을 가리키며 재판관이 "저놈을 당장 화형에 처하라"고 소리를 지릅니다. 그러자 옆에 있던 사람이 귀띔을 합니다. "재판장님, 저 사람은 예수믿는 사람이라 화형을 당하면 순교자가 된다고 좋아합니다." "아 그래? 그러면 매질을 좀 해라." "그러면 저 사람들은 예수의 이름으로 매맞는다고 더 좋아합니다." "그럼 정배를 하라." "정배를 하면 조용하게 하나님 앞에 기도할 시간 얻었다고 더 좋아합니다." "그러면 어떻게 하는 것이 좋으냐?" "정말로 저 사람을 핍박하고 싶습니까? 그렇다면 돈을 많이 주고 예쁜 여자들을 안겨주어서 타락시키세요. 저 사람들은 타락하는 것 말고는 무서워하는 것이 없습니다." 그렇습니다. 그리스도인들, 특히 초대교회 그리스도인들은 더욱 그러했습니다. 핍박받으면 받을수록 더 강해지고 더 순수해졌습니다. 당연한 일입니다. 핍박받으면 강해집니다. 제가 중학교 다닐 때입니다. 공산당들이 들어와가지고 우리 마을을 전부 공산화해나가려고 할 때입니다. 이 중학생들이 뭘 안다고 저들은 꼭 주일날만 되면 소집을 합니다. 그런데 갔다온 아이들 이야기 들어보니 마당 한 번 쓴 것밖에 한 일이 없다고 합니다. 그냥 마당에서 놀다왔다고 합니다. 그래도 우리 마을은 사람들의 한 60%가 교인이었거든요. 좌우간 5일장이 서도 주일날이면 장이 서지를 않을 정도로 교인이 많았습니다. 그래 교회 못가게 하려고 주일날 학교 오라 한 것입니다. 그래서 소집하는 것입니다. 저는 안갔지요. 안가고보면 월요일날 가서 계속 벌을

섭니다. 때로는 매도 맞습니다. 욕도 당합니다. 또 어떤 때는 파출소 유치장에 처넣기도 합니다. 매 월요일마다 그 고생을 합니다. 그리고 주일날은 하루종일 교회에서 놉니다. 자, 그런데 내가 얼마동안 나가면서 생각한 것이 있습니다. 내가 이거 신앙적으로 하는 건가 재미로 하는 건가? 이런 생각을 하다보니 딴에는 어린 소견에도 내가 예수의 이름을 위해서 요만큼 핍박을 받는다 싶은 것이 아주 신바람나는 일이더라고요. 그래서 아주 의젓하게 주일날마다 교회에 나오고 월요일날 학교 가서 기합받고 했더니 다른 아이들이 부러워하더라고요. 내가 꼭 그것을 신앙적인 일이라고는 말하고 싶지 않으나 아무튼 저들이 자꾸 핍박하니까 나는 점점 더 강해지는 것입니다. 마지막에는 '죽일 테면 죽여라' 거기까지 나가는 것입니다. 그래서 이거 참 묘한 거로구나, 생각을 해보았었습니다.

또 있습니다. 핍박을 당하게되면 내가 믿는 바가 확실해집니다. 이것을 '신학화'라고 합니다. 복음을 변증하면서 내가 믿는 바가 점점 더 분명해집니다. 핍박이 없으면 믿기는 믿어도 내가 뭘 믿는지, 안믿는지 믿는지 희미합니다. 핍박 속에서 내 믿는 바가 확실해지고 체계화합니다. 또 있습니다. 지혜가 생깁니다. 더 큰 것은, 핍박 속에 있는 자는 하나님의 음성을 가까이 듣는다는 것입니다. 긴 기도가 필요없습니다. "하나님 아버지!"라고만 하여도 벌써 하나님의 응답이 가까이 옵니다. 저는 기억합니다. 핍박 속에 있을 때 '내 주여 뜻대로 행하시옵소서 살든지 죽든지 뜻대로 행하시옵소서' 찬송 한 절만 불러도 하나님께서 가까이 가까이 말씀하시는 것을 체험할 수가 있습니다. 이것이 핍박받는 자들의 복입니다. 뿐만아니라 성경도 핍박 중에 읽으면 성경의 엄청난 의미를 더 잘 깨닫게 됩니다. 보십시오. 건강할 때 읽는 성경과 병들었을 때 읽는 성경이 다릅니다. 평안할 때보다도 핍박 중에서, 환난 중에서 성경을 읽을 때 말씀 한 구절 한 구절을 통하여 하나님께서는 엄청난 것을 나에게 말씀하십니다. 사도 바울은 그래 빌립보감옥에서 예수의 이름으로 매를 맞고 죽을 지경이 되었을 때 하나님의 말씀을 기억하고 찬송을 부르고 하나님의 무궁무진 깊은 뜻을 거기서 깨닫게 되고 감사하게 된 것입니다. 이것이 핍박을 통한 핍박받는 자의 복입니다.

또 있습니다. 핍박을 받을 때는 세계가 나 중심에서 하나님의 세계로 바뀝니다. 생각이 달라집니다. 하나님의 영광의 세계를 바라보게 됩니다. 빌립보서 1장 12절에 바울은 말씀합니다. "나의 당한 일이 도리어 복음의 진보가 된 줄을 너희가 알기를 원하노라." 내가 지금 감옥에 있음으로해서 밖에 있는 사람들이 용기를 얻어 담대하게 복음을 증거하게 되고, 내가 여기 있음으로해서 친위대사람들을 만나 복음을 전하게 되고—조용히조용히 하나님의 나라가 확장되어가는 것을 깨달으면서 그는 여기서 기뻐하고 있습니다. 이것이 핍박당하는 자의 복입니다. 하나님의 놀라운 역사가 나를 통해서, 나의 이 작은 희생을 통해서 이루어지고 있다는 것을 깨닫게될 때 엄청난 행복을 느끼게 됩니다.

또 있습니다. 핍박당하는 자는 결과에 연연하지 않습니다. 우리는 사업을 하나 공부를 하나 무엇을 하나 언제나 그 다음을 생각하지 않을 수 없습니다. 이것이 잘되는 걸까? 결혼을 해도 이것이 잘하는 것일까 못하는 것일까, 합니다. 장차는 어떻게 될 것인지, 우리 모든 행위에 대해서 다음 스테이지를 생각하지 않을 수 없습니다. 뒤따르는 결과를 걱정하지 않을 수가 없습니다. 그러나 핍박을 당하고 있다면 핍박당하는 바로 그 시간에는 아무것도 걱정이 없습니다. '나는 여기서 죽습니다. 하나님 마음대로 하십시오. 나는 여기서 핍박을 당합니다. 다음 일은 하나님께 맡깁니다.' 내 마음은 온전히 자유할 수 있습니다. 이 행복은 아무나 아는 것이 아닙니다. 의를 위하여 핍박당하는 자는 걱정거리가 없습니다. 하나님께 다 맡기고 마음은 깨끗합니다. 자유할 수 있습니다.

동시에 오늘 말씀은 천국이 저희 것이다, 하십니다. 물론 죽어 하나님나라에 가지요. 생명의 면류관을 주실 것입니다. 그런고로 종말론적 축복이 있고 오늘도 순교자된 영광을 누립니다. 오늘 현재에도 기쁨과 자유로 충만합니다. 내 양심이 나를 칭찬하고 하나님과 나만이 아는 엄청난 행복이 함께하는 것입니다. 칼뱅선생은 세상떠날 때 마지막으로 성경 요절을 읊었습니다. 로마서 8장 18절 말씀입니다. "생각건대 현재의 고난은 장차 우리에게 나타날 영광과 족히 비교할 수 없도다." 이 요절을 열여섯 번 읊다가 끝마디를 못다하고 세상을 떠났다고 합니다. 장차 나타날 영광, 오늘 내가 당하는 고난, 비교할 수 없도다—떠나는 세상이 아쉬운 게 아니라 다가올 하나님의 영광을 바라보고 거기에 흡수되면서 만족한 기쁨으로 사선을 넘습니다. 이것이 의를 위하여 핍박당하는 자의 복입니다. 여러분, 나는 지금 어떤 성격의 생을 살아가고 있습니까? 의를 위하여 고난을 당할 때 그에게만 주시는 엄청난 축복이, 영광이 항상 함께하는 것입니다.

† 기 도

하나님 아버지, 오늘도 우리에게 은혜 주시고 새로운 영광의 세계를 보여주시니 감사합니다. 괴로운 세상에서 많은 고통을 당하고 있사오나 이것이 정말 의를 위하는 것이었습니까? 그리고 하나님의 영광을 볼 수 있는 그러한 고난이었습니까? 원컨대 의를 위하여 고난당하는 자의 그 아름다운 고난을 나도 겪으면서 하나님께서 바로 그에게 주시는 모든 축복을 오늘도 내일도 함께 누리도록 하여주시옵소서. 예수님의 이름으로 기도하옵나이다, 아멘.

성실한 자의 복

정직한 자를 악한 길로 유인하는 자는 스스로 자기 함정에 빠져도 성실한 자는 복을 얻느니라 부자는 자기를 지혜롭게 여겨도 명철한 가난한 자는 그를 살펴 아느니라 의인이 득의하면 큰 영화가 있고 악인이 일어나면 사람이 숨느니라 자기의 죄를 숨기는 자는 형통치 못하나 죄를 자복하고 버리는 자는 불쌍히 여김을 받으리라 항상 경외하는 자는 복되거니와 마음을 강퍅하게 하는 자는 재앙에 빠지리라 가난한 백성을 압제하는 악한 관원은 부르짖는 사자와 주린 곰 같으니라 무지한 치리자는 포학을 크게 행하거니와 탐욕을 미워하는 자는 장수하리라 사람의 피를 흘린 자는 함정으로 달려갈 것이니 그를 막지 말지니라 성실히 행하는 자는 구원을 얻을 것이나 사곡히 행하는 자는 곧 넘어지리라 자기의 토지를 경작하는 자는 먹을 것이 많으려니와 방탕을 좇는 자는 궁핍함이 많으리라 충성된 자는 복이 많아도 속히 부하고자 하는 자는 형벌을 면치 못하리라
(잠언 28 : 10~20)

성실한 자의 복

　　베를린장벽이 무너진 다음에 곧바로 동독쪽 드레스덴을 제가 방문한 적이 있습니다. 거기서 저는 여러 가지를 생각해보았습니다. 같은 독일인데 서독과 동독 사이에 이렇게도 큰 차이가 날 수 있을까, 해서 적이 고민하게 되었습니다. 목사님댁에 초대받아서 저녁식사를 하는데, 식탁에는 조그마한 빵 하나를 얇게얇게 썰어놓은 것과 토마토 몇 개, 치즈 한 쪽이 전부였습니다. 거기 둘러앉아서 그 목사님 댁 다섯 식구와 제가 저녁을 먹게 되는 것입니다. 보니, 누가 하나라도 배를 채우려들었다가는 다 굶게 될 판이었습니다. 여행을 많이 해보았지만 저녁을 굶고 잔 것은 그때가 처음이었습니다. 그렇게 어렵고 가난할 수가 없었습니다. 홍차를 끓여 내놓는데 홍차봉지 하나에 좌우간 물을 얼마나 넣었는지 그것만 자꾸 따라주면서 마시라는 것입니다. 인정은 좋은데 아, 이렇게도 어렵단말인가, 싶었습니다. 그런데 우리가 '독일사람' 하면 부지런하고 정직하고, 그리고 생각이 합리적인 사람들이라고 생각하지 않습니까. 같은 독일사람들인데 서독쪽 사람들과 동독쪽 사람들이 그렇게 다를 수가 없었습니다. 또 그렇게 못살 수가 없었습니다. 지금도 그렇습니다. 공산주의가 사람들을 이렇게 만들었습니다. 좌우간 공산주의 하거나 했던 나라들은 하나같이 못사는 것입니다. 그 못사는 정도가 우리는 상상도 할 수 없는 정도입니다. 왜 이래졌을 것같습니까? 자본이 없습니까 기술이 없습니까. 아, 달나라에 가는 기술도 있지 않습니까. 그런데 못살아요. 그 원인이 무엇일까—많은 사람이 책으로도 쓰고 연구도 합니다마는 결론은 간단합니다. 사람이 변질된 데 원인이 있습니다.

인간이 못쓰게 되어버렸습니다. 그래서 우리는 공산주의 사회에서 나온 사람을 만나면 꼭 세 가지를 잊지 말아야 됩니다. 첫째, 불성실하고 거짓말 잘합니다. 둘째, 게으릅니다. 셋째, 무책임합니다. 모든 일에 책임을 질 줄 모릅니다. 그 뿌리는 여기 있습니다. 공산주의 사회에서 제일 많이 쓰는 말이 '혁명'입니다. 혁명! 혁명! 개혁! 혁명!…… 입만 열었다하면 이 소리인데 가만히 분석해보면 '혁명'이라는 것이 내 가난의 책임을 남에게 돌리는 것입니다. 내 잘못의 책임을 남에게 돌리는 것이 그네들이 말하는 혁명입니다. "내가 잘못했습니다"하면서 혁명하는 사람 볼 수 없습니다. 개혁을 외치는 사람마다 자기개혁은 없습니다. 반드시 남보고 하는 소리입니다, 이것이. 의식구조가 책임을 남에게 돌리는 소리 하기 좋아하는 사람들의 그것입니다. 우리는 수없이 '개혁'이라는 말을 들어왔습니다. 그러나 이른바 개혁을 주장하는 그 사람의 속에 개혁이 있는 것을 본 적이 없습니다. 보면 언제나 모두 세상만 잘못됐다고 떠듭니다. 사회가 잘못되고 뭐가 잘못되고, 구조적으로 잘못됐고 총체적으로 잘못됐고―목청을 높이는 소리마다 무책임한 소리입니다. 바로 여기에 문제가 있는 것입니다. 가난하고 부하고, 지식이 있고 없고, 지위가 높고 낮고의 문제가 아니라 가장 기본되는 문제는 성실입니다. 나라도 경제도 정치도 인격도 성실이 그 기본입니다. 여러분, 신뢰지수에 인격이 걸렸습니다. 신실을 잃어버렸으면 다 잃어버린 것입니다. 이것을 알아야 합니다. 프랜시스 후쿠야마라고 하는 사람이 쓴 「트러스트」라고 하는 책이 있습니다. 어째서인지 이 책을 번역해내면서 책이름을 원제목 그대로 '트러스트'라 하였습니다. 경제가 지식과 자본과 기술에 의해서 이루어지는 것이 아니다, 신용도에 의해서 이루어지는 것이다—이것이 이 책의 주제입니다. 세계적으로 큰 센세이션을 일으킨 주제입니다. 여러분, 사람이 돈없어 못사는 것이 아닙니다. 성실이 없어 못사는 것입니다. 기술이 있고 지혜가 있고 뭐가 있고…… 모든것을 가졌다 하더라도 성실이라고 하는 기초가 없으면 그대로 왕창 무너지고 마는 것입니다. 성실이 없으면 그 아무 것도 소용없는 것입니다. 성실지수가 문제입니다. 어떤 사회가 성실지수 높은 사회냐—이분의 생각은 봉건주의사회가 성실지수가 제일 낮다는 것입니다. 그놈의 체면 때문에, 그리고 자기가족만 위하는 마음 때문에 성실지수가 제일 낮다고 합니다. 그런데 이 봉건주의사회보다도 성실지수가 더 낮은 것이 공산주의사회입니다. 공산주의가 무너진 것은 성실이 없기 때문이라는 것이 이 분의 지론입니다. 자본주의체제에서 그만큼이라도 살 수 있도록 되는 것은 조금이지마는 성실이 평가받고 있기 때문이라는 것입니다. 성실이란 안다 모른다, 있다 없다, 할 수 있다 못한다, 하는 문제 이전의 일입니다. 기본자세입니다. 돈을 잃는 것은 조금 잃는 것이고, 명예를 잃는 것은 많이 잃는 것이고, 건강을 잃는 것은 모든것을 잃는 것이다, 라는 독일속담이 있습니다. 그러나 성실을 잃어버리면 모든것을 영원히 잃어버리는 것입니다. 이것을 잊지 말아야 합니다. 미국에서 있은 일입니다. 유치원에 다니는 한 꼬마가 집에 돌아와서 제 형들한테 '쿼터'라고 하는 25센트짜리 동전 한 개를 내보이면서 "오늘 나는 이 돈을 벌었다"라고 자랑을 합니다. "니가 돈을 어떻게 벌었냐?" 형들이 말하자 꼬마는 설명을 합니다. 버스를 타고 운전기사 옆에 놓인 요금함에 이 쿼터를 넣으려 하는데 키가 작아서 잘되지 않던 차에 사람들이 막 밀려들어오는 바람에 꼬마는 그만 뒤쪽으로 밀려나버리고, 그래 버스요금을 못낸 채 돌아온 것입니다. 그래놓고 "요거 내가 벌었다"하고 자랑을 하는 것입니다. 꼬마의 이 얘기를 듣자 아버지는 이 아들을 붙들고 목을놓아 웁니다. "너는 우리 가문의 정직이라고 하는 높은 전통을 25센트에 팔아버린 놈이다"하면서 탄식하더라고 합니다. 여러분은 진실을 어느만큼 소중히 여기십니까? 진실은 생명보다 더 큰 것입니다. 이것을 잃어버리면 아무것도 없는 것입니다. 그리고 성실과 진실은 사실로 성품화하여야 됩니다. 전통이 되어야 하고 체질이 되어야 하고 바라건대는 문화화하여야 합니다. 오늘 우리는 성실이라고 하는 그것을 찾아볼 수 없을 만큼 문화가 잘못되었습니다. 여기에 가장 큰 슬픔이 있는 것입니다. 잘살고 못살고의 문제가 아닙니다. 모두가 거짓투성이란말입니다. 이러고는 망하지 않을 수가 없음을 알아야 합니다. 개인이건 인격이건 사회건 성실 없이는 서지 못합니다. 경제고 정치고 없는 것입니다.

　오늘 본문에는 성실한 자가 복이 있다고 말씀합니다(10절). 충성된 자가 복이 많다고 말씀합니다(20절). 계속 성실에 대해서 말씀하고 있습니다. 먼저는 자기자신에 대하여 성실하여야 합니다. 보십시오. 스스로에게 물어보십시오. 여러분은 언제나 그 누구에든지 "나는 모릅니다"라는 말을 쉽게 할 수 있습니까? 그렇다면 당신은 성실한 사람입니다. 모른다고 말하기가 싫어서, 모르면서도 체면이나 위신을 생각해서 아는 척하려고 하는 것이라면 불성실한 것입니다. 우리가 어찌 다 알겠습니까. 모르는 것이 있는 게 당연합니다. "그건 모릅니다." 이 말 한마디를 아주 편하게 쉽게 할 수 있어야 합니다. 우리는 유교문화에 바탕을 두고 있어서 그 체면 때문에 모른다는 말을 죽어도 못하는 사람이 있습니다. 죽어도 못한다면 죽을 수밖에 없습니다. 이것을 알아야 합니다. 모르고도 아는 척하는 것, 큰 거짓입니다. 제가 대학에서 강의하고 나올 때 가끔 무엇을 질문하는 사람이 있습니다. "나 그거 모르겠는데"하고 대답하면 "목사님이 그것도 몰라요?"합니다. 그래서 "이 사람아, 내가 아는 게 몇 가지 되는 줄 아나?" 그러고 맙니다마는 여러분, 교수가 되어서 학생 앞에서 나는 모른다, 그거 모른다, 말하기가 참 어렵습니다. 그러나 못할 것도 아닙니다. 모른다고 말하는 것, 바로 그것이 진실이라는 것을 알아야 합니다. 아는 것은 아는 것이고 모르는 것은 모르는 것입니다. 할 수 있는 것은 할 수 있고 할 수 없는 것은 할 수 없습니다. 가진 것은 가졌고 못가진 것은 못가졌습니다. 못가지고 가진 것처럼, 없으면서 있는 것처럼 그럴 필요가 없습니다. 그대로 받아들입시다. 여자분들이 예쁘게 보이려고 꽤 애쑵디다마는 가끔 저를 보고 "목사님, 젊어보입니다"하는 분이 있습니다. 그럴 때 저는 "예. 젊어보이는 것과 젊은 것은 다릅니다"하고 맙니다. 그, 늙었다는 소리거든요. 그렇지 않습니까? "젊어보입니다." 이럴 때 농담 겸 진담으로 "실속이 있어야지요"라고 대답해버릴 때도 있습니다. 그래보이면 뭘합니까, 실속이 없는데…… 여러분, 그저 곱게 늙읍시다. 젊은 척하려들고 없는 기운 있는듯이 요란스럽게 그러지 맙시다. 그러다 먼저 갑니다. 그저 나이들었으면 든대로, 작으면 작은대로, 크면 큰대로입니다. 이것이 진실입니다. 작은 사람이 크게 보이려고 할 것 없고 큰 사람이 구부정하게 해서 다닐 필요 없습니다.

제일 중요한 것은 회개에 대하여 진실하여야 한다는 것입니다. "잘못했습니다" "하나님 앞에나 사람 앞에 잘못되었습니다"하는 말을 깨끗하게 할 수 있는 체질이 되어야 합니다. 저는 다윗왕을 개인적으로 무척 좋아합니다. 하나님께서도 그를 좋아하신 것같습니다. 신구약성경에 다윗이라는 이름이 팔백 번이나 나옵니다. 성경에 사람의 이름으로는 가장 많이 나오는 이름이 다윗입니다. 하나님은 다윗을 사랑하셨습니다. 내가 알기로 그는 정직한 사람입니다. 나단 선지가 "당신은 죄인입니다" 하였을 때 그는 "내가 죄를 지었습니다. 엄청난 죄를 지었습니다" 하고 나옵니다. 남의 아내를 뺏어왔지요, 그 여자의 남편을 죽였지요. 이 엄청난 죄를 왕의 보좌에 앉아서 그대로 인정합니다. "내가 죄를 지었나이다." 그의 시편에 나오는 참회를 보면 단 한 번도 밧세바를 원망하는 일은 없습니다. 환경을 탓하지도 않습니다. 그것은 나의 실수였다, 라고도 말하지 않습니다. "내가 죄인입니다. 어머니의 태로부터 나는 죄인입니다." 이렇게 말합니다. 더 위대한 것은 이렇게 한번 지적을 당하고 회개하고나서 왕관을 벗어버리고 하야하지 않았다는 것입니다. "나, 이 부끄러워서 이 자리에 그냥 앉아 있을 수가 없노라" 하고 하야해서 베들레헴으로 가버렸다면 다윗은 교만한 사람입니다. 죄인보고 죄인이라는데 뭐가 잘못됐나, 그대로 그 부끄러운 얼굴을 가지고 나라를 다스립니다. 그래서 나라에서 반란이 일어나고 자식이 아버지를 거역할 때도 그는 나무라지 않습니다. 내 지은 죄의 대가로 이런 일이 있다고, 네 집에 칼이 떠나지 아니하리라, 하고 말씀한 나단 선지의 예언이 여기에 응한 것이라고 생각하기에 그는 전혀 아무 말도 없습니다. 정직하였습니다. 성실하였습니다. 맡은 바에 성실하였습니다. 위대한 것입니다. 모름지기 회개에 성실하여야 합니다. 또 자기책임에 대해서 성실하여야 합니다. 여러분, 내 잘못 내 탓이지요, 다른 사람 잘못도 내 탓입니다. 자식이 잘못되는 것, 누구 탓입니까? 남편이 잘못된 길 가는 것, 누구 탓입니까? 세상이 이 모양 되는 것, 누구 탓입니까? "다 내 책임입니다" "나의 부덕함입니다" "나의 허물입니다" — 책임에 대해서 이렇게 신실하게 인정하는 것, 그것이 성실함입니다. 이웃에 대해서도 그렇습니다. 우리는 이웃에 많은 신세를 지고 삽니다. 세상에 받지 않은 것이 나에게 뭐가 있습니까. 얼마나 많은 사람의 도움을 받으면서 삽니까. 이를 고맙게 여기는 마음, 그것이 성실입니다. 저 잘난 줄 알고 하늘에서 떨어진 것처럼 착각하지 맙시다. 얼마나 많은 사람의 갚을 수 없는 신세를 지고 삽니까. 또한 의무에 대해서 성실하여야 하고 약속에 대해서 성실하여야 됩니다. 어떤 약속이든 목숨을 걸고 지켜야 됩니다. 약속 무서운 줄 모르는 것, 그것은 무너진 인격이요 파멸된 인격입니다. 약속을 소중히 여길 것입니다. 맡은 책임 성실히 다하는 것입니다. 탐욕을 가지지 말 것입니다. 왜요? 내 것은 내 것이고 남의 것은 남의 것이니까요. 시기하지 말고 질투하지 말 것입니다. 그것이 성실입니다. 소득에 연연해서도 안됩니다. 제가 어느 책을 보니 퍽 재미있는 말이 한마디 있습디다. 백화점을 해서 세계적으로 성공한 분인데, 그분이 내건 사훈이 짤막한 한마디였습니다. "Customer is always right." 고객은 항상 옳다, 이것입니다. "이것 비쌉니다" 하면 '오, 비싼 거다' 할 것이고 "작은 것입니다" 하면 "아니에요. 큰 거예요"라고 말을 해서는 안 된다는 것입니다. 고객은 항상 옳다고 여겨야 한다는 것입니다. 이 정신 하나 가지고 크게 성공한 분입니다. 그럴 것입니다. 그렇게 성실했던 것입니다. 또한 우리는 하나님 앞에 성실하여야 합니다. 모든것은 하나님께로부터 받은 은사입니다. 은혜의 선물에 대해서 겸손하게 받아들여야 합니다. '다 받은 것뿐입니다' 하는 그 마음, 이것이 성실입니다. 또, 믿음입니다. 믿음이 성실할 때 두려움이 없습니다. 믿는다고 하면서 두려워하고 걱정 근심 한다면 믿음이 부도난 것입니다. 믿으니까 아무 두려움도 없습니다. 이것이 성실입니다. 하나님의 경륜과 사랑을 믿기에 인내합니다. 서두르지 않습니다. 조급하지 않습니다. 오늘 본문대로 너무 급하게 부자가 되려고도 하지 않습니다. 하나님께서 주시는 것 얼마를 썼든지 족하게 여깁니다. 이것이 성실입니다. 그리고 시간에 대해서 성실하여야 합니다. 하루하루 그 소중한 시간을 성실하게 지켜가야 할 것입니다. 또한 감사하는 마음이 성실입니다. 특별히 생산적 성실을 가져야 합니다. 작은 일에 충성했음에 더 큰 일을 맡기리라, 하셨습니다. 이(利)를 남기는 것입니다. 성실이 열매를 맺는 그런 생을 살아가야 한다, 하는 말씀입니다. 여러분, 여러분 자신의 성실을 스스로 점검하여봅시다. 성실지수가 어디까지 왔습니까?

    재미(在美)사업가에 백영중이라고 하는 회장님이 있습니다. 이분의 별명이 미국에서 현재 '강철왕' 입니다. 10월 7일자로 출간된 새로운 그의 저서는 책제목이 「나는 정직과 성실로 미국을 정복했다」입니다. 원문은 더 재미있습니다. 영어로 된 원서의 제목은 「No Money, No English」입니다. 돈도 없었고 영어도 못하는데 그는 강철왕이 되었습니다, 미국에서. 그 회사는 소위 '페코스틸' 이라고 하는 회사인데 아이빔을 생산하는 곳입니다. 연매출액이 2억 불에 이릅니다. 경량철근 분야에서는 시장 점유율 60%입니다. 이런 엄청난 회사의 회장입니다. 그는 선천에서 피란나왔던 하나의 청년이었습니다. 단신으로 월남해서 남한에서 살아보려고 하다가 길이 열리지 않아 오십 불을 손에 쥐고 미국으로 떠납니다. No money, no English입니다. 돈도 없고 영어도 못합니다. 그러나 그는 성실하게 살았습니다. 하나님께서 나를 인도하신다, 특별히 왜 이렇게 하나님께서 내게 좋은 분들을 만나게 하실까, 하나님의 은혜를 감사하며 살아갑니다. 너무도 고달프고 어려웠을 때 그는 식당에서 일을 하면서 이렇게 생각하였다고 합니다. '북에서 쫓겨나고 남한에 발 못붙이고 미국까지 밀려왔다. 이제는 더 물러설 데가 없다. 오로지 성실하게 진실하게 살자.' 그렇게 살았습니다. 물건을 팔 때도 그는 이렇게 하였습니다. 그거 얼마예요? 얼마인데요, 좀 비싼데요, 하게되면 그 자리에서 깎아주는 법은 없습니다. 그러나 바로 다시 계산을 해서 다음번에는 값을 내려서 정가를 매겼다고 합니다. 그리고 어떤 때는 물건을 사러 온 사람에게 "이 물건은 이제 곧 없어지게 될 것같은데요, 혹 참고하셔서 필요하다면 여분까지 사시는 게 좋겠습니다" 해주기도 하고 "좀 있으면 값이 더 내려갈 것같으니 좀 기다렸다 사시지요." 이렇게 손님편에 서서 성실하게 손님에게 봉사하였습니다. 이래서 마침내 No money, no English인 사람이 미국에서 백만장자가 되었다, 이 말입니다. 공부 많이 하고 똑똑한 사람들 생각 좀 합시다, 무엇이 근본인가. 성실을 잃어버리면 다 소용없는 것입니다. 교육이라는 것은 신앙을 잃어버리면 약삭바른 악마를 생산하는 것일 뿐입니다. 깊이 생각하여야 합니다.

독일 라이프치히에 성토마스교회라고 하는 조그마한 교회가 있습니다. 바흐(Bach, J. S.)는 그 교회 오르가니스트로 있으면서 주일마다 성실하게 오르간을 연주하였습니다. 누가 알아주건말건 매일같이 새로운 곡을 작곡해서 연주합니다. 그 곡들은 출판된 일도 없고 발표회를 한 일도 없습니다. 그러나 성실하게 매일매일 새 곡을 만들어서 연주를 합니다. 마침내 265곡의 오르간곡, 263곡의 합창곡, 162곡의 피아노곡을 작곡합니다. 그는 이렇게 될 때까지도 무명의 사람이다가 어느날 알려지기 시작하면서 일약 악성이라고 하는 높은 이름을 얻게 됩니다. 수십 년에 걸쳐 작곡한 곡들이 이제와서 빛을 봅니다. 오로지 성실로 하나님 앞에서 살았던 그가 오늘의 바흐가 된 것입니다. 우리가 존경하는 도산 안창호선생님, 그의 학벌은 중학교 2학년 중퇴입니다. 그는 이력서를 쓸 때마다 '중학 중퇴'라고 썼습니다. 그리고 특기란에는 '배 노젓는 일'과 '청소하는 것'이라고 썼습니다. 내 특기는 청소다—그는 정직하였습니다. 정직을 모토로 하고 한평생을 살았습니다. 여러분, 정직함이 생명보다 앞선다는 것을 알아야 합니다. 디모데전서 1장 12절에 보면 "나를 충성되이 여겨 내게 직분을 맡기심이니"하고 말씀합니다. 교회를 핍박하였으나 나는 진실하였다, 오로지 성실하였다, 이를 보시고 하나님께서 내게 직분을 맡기셨다, 라고 사도 바울은 고백합니다. 수입과 출세와 명예, 아무것도 아닙니다. 성실이 먼저입니다. 성실에다 생명을 거는 사람이 그리스도인이요 순교자입니다. 우리는 진실을 너무 헐값에 팔아버리고 있습니다. 오직 성실로 하나님 앞에 바로 서고 하나님께서 인도하시는 내일을 기다리는 것이 그리스도인의 모습입니다.

† 기 도

하나님 아버지, 우리는 부하려 하였고 또 더 잘살기를 서둘렀습니다. 마침내 소중한 성실과 진실을 잃어버림으로써 우리는 다시 무너져야 하고 어려운 가운데서 다시 시작하여야 했습니다. 하나님 아버지, 물질적으로 다시 시작하고 경제적으로 다시 세우기보다 진실과 성실을 다시 세울 수 있고 여기에서 성실한 자에게 주시는 하나님의 축복을 받는 주의 자녀들 되게 하여주시옵소서. 예수님의 이름으로 기도하옵나이다, 아멘.

행복한 사람의 정체의식 Ⅱ

가까이하여 듣는 사람
일을 마치려는 사람
그날이 가꾸움을 보는 사람
말씀에 매료된 사람
이러한 기쁨에 충만한 사람
은혜의 사람
믿음의 사람
소망의 사람
가장 온유한 사람
온전한 인내의 사람
담대한 사람
영원한 자유인
사랑 안에 거하는 사람
온전히 충성된 사람
최후승리의 사람
하나님의 얼굴을 본 사람
사로잡힌 것을 보는 사람
성령충만한 사람

가까이하여 듣는 사람

너는 하나님의 전에 들어갈 때에 네 발을 삼갈지어다 가까이하여 말씀을 듣는 것이 우매자의 제사드리는 것보다 나으니 저희는 악을 행하면서도 깨닫지 못함이니라 너는 하나님 앞에서 함부로 입을 열지 말며 급한 마음으로 말을 내지 말라 하나님은 하늘에 계시고 너는 땅에 있음이니라 그런즉 마땅히 말을 적게 할 것이라 일이 많으면 꿈이 생기고 말이 많으면 우매자의 소리가 나타나느니라 네가 하나님께 서원하였거든 갚기를 더디게 말라 하나님은 우매자를 기뻐하지 아니하시나니 서원한 것을 갚으라 서원하고 갚지 아니하는 것보다 서원하지 아니하는 것이 나으니 네 입으로 네 육체를 범죄케 말라 사자 앞에서 내가 서원한 것이 실수라고 말하지 말라 어찌 하나님으로 네 말소리를 진노하사 네 손으로 한 것을 멸하시게 하랴 꿈이 많으면 헛된 것이 많고 말이 많아도 그러하니 오직 너는 하나님을 경외할지니라
(전도서 5 : 1~7)

가까이하여 듣는 사람

　며칠전의 일입니다. 점심때가 되어 조그마한 칼국수집에 들어가 식사를 하는데 바로 옆자리에 앉은, 한 오십대 된 두 신사가 서로 주고받는 이야기를 듣게 되었습니다. 듣자하니 둘은 고등학교 동창인데 조기퇴직을 한 것같습니다. 나누는 이야기의 주제는 똑같은 것이었습니다. 조기퇴직을 하고 집에서 놀아본즉 '마누라' 들이 구박을 한다는 것입니다. 전에는 집에 들어가면 깨끗이 화장도 하고 앉아 있더니 지금은 세수도 안하고, 밥도 잘 안차려주고…… 뭐, 이런 얘기였습니다. 그런데 문제는 서로가 자기얘기만 하지 상대방얘기는 안듣는 것입니다. 상대방이 말하면 도중에 제지하고는 "내 얘기 좀 들어봐"하고 또 자기얘기를 합니다. 이쪽이 말을 시작하면 저쪽이 또 가로막고는 "내 얘기 들어봐"하면서 얼마나 큰소리로 말하는지 듣지 않을래야 듣지 않을 수가 없었습니다. 옆에서 누가 듣는지 안듣는지 상관하지 않고, 심지어는 자기 앞에 있는 사람이 자기 말을 좋아하는지 싫어하는지도 알 바 아닙니다. 그저 자기얘기만 열심히 하는 것입니다. 참으로 답답한 상황이었습니다. 오죽했으면 그렇게 됐겠나 싶지마는, 이런 생활태도가 바로 오늘의 우리 모습이 아닌가 싶었습니다.
　「시간과 자유의지」라는 책을 저술한 철학자 앙리 베르크송은 사람의 유형에는 두 가지가 있다고 하였는데, 간단합니다. 하나는 닫힌 마음의 사람이요, 또하나는 열린 마음의 사람입니다. 여러분은 어느 쪽입니까? 마음을 닫고 사는 사람이 있습니다. 이 사람은 고독합니다. 이 사람은 교만합니다. 동시에 절망합니다. 그런가하면 마음을 열고 사는 사람, 이 사람은 사람이 반갑습니다. 여러분, 사람 만나는 것이 반가우면 스스로가 열린 사람인 줄 알고, 아무도 만나고 싶지 않거든 자신에게 문제가 생긴 줄 아십시오. 이것은 우울증 제1단계입니다. 병입니다. 그리고 이렇게 마음을 닫게될 때 거기서 많은 부작용이 생깁니다. 사람은 나이 사십 넘으면 주변환경에 책임을 지라고 합니다. 주변사람들이 나를 친절히 대하거든 내가 남에게 친절했던 것으로 알 것이요, 모든 사람이 나에게 불친절하다고 느껴진다면 Something wrong with me임을 알 것입니다. 잘못된 것은 나 자신입니다. 내가 뭔가 잘못하고 있어요. 내가 닫았는데 누가 열어주겠습니까. 내가 내 마음을 닫고 사는데 누가 나에게 마음을 열겠습니까. 그 원인이 나 자신에게 있음을 잊지 말아야 합니다.

솔로몬 왕은 하나님 앞에 지혜를 구합니다. 지혜를 구하는 마음은 곧 듣는 마음입니다. hearing heart입니다. 듣는 마음을 달라고 하였습니다. 왕이 되면 귀가 막힙니다. 높은 직위에 올라가면 남의 말을 안듣습니다. 마음이 닫힙니다. 이게 망조입니다. 항상 마음을 열고 마음의 귀를 열어야 하기 때문에 솔로몬은 지혜의 마음을 주십사고 하나님 앞에 기도하고 있습니다. 철학자 이마누엘 칸트는 인간의 마음 속에는 인간으로 인간되게 하는 귀중한 소리가 있다고 하였습니다. 그것을 무조건적 명령이라고 하였습니다. 이것은 왕의 명령도 아니요, 법률의 명령도 아니요, 대중의 외치는 소리도 아니요, 권력층의 명령도 아니라는 것입니다. 조용히 들려오는 하나님의 소리라는 것입니다. 이 하나님의 소리를 들을 수 있는 마음의 귀가 열려 있어야 사람이 사람될 수 있다고 그는 말하였습니다. 중국의 노자는 이렇게 말합니다. 인간은 들으면서 성장하는데 첫째로 다른 사람의 말을 귀로 듣는 일차적 들음이 있고, 두 번째로 자기 안의 소리를 들을 수 있는 귀가 있다고 하였습니다. 모름지기 양심의 소리, 자기소리를 스스로가 들을 줄 알아야 합니다. 세 번째는 초월한 저쪽으로부터 오는 소리, 소리 없는 소리를 듣는 귀를 가져야 한다고 말합니다. 소리 없는 소리―자, 풀포기에서 듣습니다. 산에서 듣습니다. 강에서 듣습니다. 하늘을 보고 듣습니다. 아무 소리가 없는 그 속에서 소리를 들을 줄 아는 귀를 가질 때 높은 수준의 인간이 된다는 것입니다.

며칠후에 국회가 또 모인다고 합니다. 저는 국회가 모인다고 하면 늘 걱정입니다. 왜냐하면 국민들 앞에 본이 되지 못하기 때문입니다. 특별히 젊은이들이나 혹은 어린아이들에게 본이 되지 못합니다. 좀 온 국민이 쳐다보고 있다는 것을 생각하였으면 좋겠습니다. 가끔 보면 대(對)정부질문이라는 것을 합니다. 목청높여서 조목조목 들어가면서 열심히 연설을 합디다마는 자, 질문을 했으면 이젠 또 들어야 하지 않겠습니까. 정부에서는 어쨌든 대답을 하는 것이고, 대답을 하면 그것을 들어야 되겠는데 그 시간이면 다들 나가버리고 없습니다. 질문해놓고는 대답도 안듣고 나가버리고 없습니다. 이따위로 하니 국민들 앞에 무슨 본이 되겠습니까. 아이들 보기 부끄럽습니다. 자기 말만 해놓고는 다 나가버립니다. 정부에서 대답하고 있는 시간에는 의석이 거의 텅비었습니다. 도대체 이게 무슨 노름입니까. 말할 줄만 알지 들을 줄은 모릅니다. 자, 말이야 됐든 안됐든 우선 조용히 그것을 들어줄 줄 아는 여유, 그만한 인격은 있어야 하는 것입니다. 이 꼴이니 세상에, 아이고 어른이고 그저 소리지를 줄만 알게 되는 것입니다. 부부 사이도 그렇습니다. 가끔 여자교인들이 이런 이야기를 합니다. "저희집은 대화가 끊어진 지 오래됐어요. 말이 없어요. 그래 재미가 없습니다." 저는 이 시간에 반문하겠습니다. 대화를 끊은 쪽이 어느 쪽입니까? 남자들이란 맺힌 데가 없어서 상대가 잘 들어주기만 하면 한없이 얘기합니다. 말이 됐든 안됐든 그저 "옳습니다, 그렇습니다, 당신 말이 옳아요, 그렇겠군요"하고 간단한 장단만 맞춰주면 밤새 얘기할 것입니다. 하고 싶은 말을 해야겠는데, 들어주는 자가 없지 않습니까. 너무 답답해서 술집에 가가지고 십만 원 내고 술집 아가씨한테 대고 1시간 동안 얘기하는 것입니다. 이 아가씨들은 그냥 앉아서 "그럼요, 회장님!" "그럼요, 사장님! 옳은 말씀이에요"하고 몇마디 하고 십만 원 얻어 가집니다. 이래서 우리집 안주인은 십만 원 손해보는 것입니다. 대화를 막은 것이 누구입니까? 요컨대 듣지 않기 때문입니다. 들으면 열리게 되어 있습니다. 들으면 듣는 자에게 말하게 되어 있습니다. 내 말을 잘 들어주는 자보다 더 고마운 사람이 없습니다. 효도는 따로 있습니까? 아버지 어머니 앞에서 그 이야기를 잠시만 들어드리면 되는 것입니다. 이것을 안해주는 것입니다. 이것이 싫다는 것입니다. 노인네의 '말도 안되는 소리' 안듣겠다는 것입니다. 본디 말도 안되는 것 듣는 게, 그게 봉사입니다. 그게 섬기는 것입니다. 들으면 대화는 이루어지게 되어 있습니다. 결국은 대화를 끊은 것은 나 자신입니다. 이것을 잊지 말아야 합니다. 듣는 자가 없으면 말도 없을 수밖에 없습니다. 남편들이 집에서는 딱 두 마디밖에 안한다고 합니다. "불 꺼라. 자자." 이래가지고야 사는 것이라 할 수 있습니까. 어쩌다 이렇게 되었습니까? 듣는 마음이 없기 때문입니다.

    성경은 말씀합니다. 믿음은 들음에서 난다고(롬 10 : 17).

구원의 역사도 복음을 들으면서 이루어집니다. 들음은 들음의 자세가 중요한 것입니다. 오늘 본문에는 "가까이하여 말씀을 듣는 것이 우매자의 제사드리는 것보다 나으니(1절)"라고 말씀합니다. 가까이하여 듣는다―이는 마음으로 가까이한다는 말씀입니다. 존경을 말씀하는 것입니다. 자꾸 멀리 가니까 안되는 것입니다. 가까이, 가까이 가면서 들어야 됩니다. 이것은 신뢰가 아니겠습니까. 사랑이 아니겠습니까. 집중함이 아니겠습니까. 그리고 긍정하는 자세입니다. 여러분, 너무 쉽게 비판하려고 하지 마십시오. 너무 빨리 판단해 버리지 마십시오. 좀 천천히 들읍시다. 다 들읍시다. "더 할말 없소?" 할 수 있을 때까지 들읍시다. 그러고나서 얘기해도 바쁘지 않습니다. 그런데 우리는 어느 사이에 듣는 중에 판단해버립니다. 대개 이래서 똑똑한 여자들이 사랑을 못받습니다. 너무 머리가 좋아서 다 듣기 전에 다 알아버렸거든요. 그리고 미리 말합니다. "그만해도 충분합니다. 당신 뱃속에 내가 들어갔다 나왔는데 그걸 모르겠소? 그만하고 내 얘기 들어요." 여기서 사람을 죽이는 것입니다. 좀 미련한 척할 것입니다. 백치미란 것도 아름다운 것입니다. 들읍시다. 아주 중요한 일입니다. 특별히, 존경하는 마음으로, 긍정하는 마음으로 듣는다면 금상첨화입니다. 일단 긍정하는 것입니다. 제가 대학에서 삼십 년째 강의를 합니다마는 강의를 할 때마다 저는 첫시간에 꼭 주의를 줍니다. "내 강의에 질문은 없다. 질문은 꼭 마지막에 하는 거다. 질문 없을 뿐만 아니라 질문하려는 생각도 하지 마라. 내 강의 듣는 동안은 그저 들어. 옳은 줄 알고 들어. 그리고 끝에 가서 질문하라." 중간질문은 절대 허락하지 않습니다. 왜 그러겠습니까? 질문하는 것을 가만히 보면 대체로 알아듣지 못하고 하는 소리입니다. 내가 무슨 말을 하는지 들으려 하지도 않았습니다. 못알아들었습니다. 모름지기 조용히 듣는 자세가 우선입니다.

"가까이하여 말씀을 듣는 것"—이 말씀은 또한 몸의 자세도 중요하다는 것을 일깨웁니다. 어떻게 듣느냐, 어떤 자세로—공부하는 사람은 공부하는 자세, 기도하는 사람은 기도하는 자세, 예배하는 자는 예배의 자세가 중요합니다. 잘 알지 않습니까. 사관학교에서는 의자가 있어도 의자에 등을 못기대게 합니다. 등을 딱 대고 앉으면 막바로 불호령이 떨어집니다. "넌 정신 틀렸다!" 이것입니다. "가까이하여"—실제로 몸이 가까이 가게 되어 있습니다. 자기도모르게 가까이 나아갑니다. 말씀을 듣는다—분명히 듣는 것입니다. 잘 들리도록 듣는 것입니다. 똑바로 보면서 듣는 것입니다. 무릇 보지 않고 듣는 데에 문제가 있습니다. 대체로 부부싸움 할 때는 마주 안보고 언성만 높이지요? 거기에 문제가 있습니다. 마땅히 서로 눈과 눈이, 얼굴과 얼굴이 마주, 가까이하여 듣기부터 할 것입니다. 이스라엘사람들의 회당에 가서 예배에 참예한 적이 있습니다. 들어갈 때 주의를 줍니다. 연필을 꺼내 쓰든가 종이를 꺼내 쓰는 일 하지 말라고 합니다. 그래 내가 공부하러 간 입장에서 가만히 있을 리 있습니까. "Why not?" 하고 물었더니 "우리는 하나님 앞에 예배하는 것입니다. 지금은 하나님의 말씀을 듣는 시간입니다. 공부하는 시간이 아닙니다" 합니다. 저는 아주 충격을 받았습니다. 그저 늘 얘기합니다마는 우리 교회에서도 예배드릴 때 뭘 노트하려고 하지 마십시오. 하나 쓰고 둘 놓칩니다. 뭘 쓰는 동안에 사실은 똑바로 들을 수가 없습니다. 또 목사인 제 개인의 입장에서 하는 말입니다마는 말씀 듣고 자꾸 잊어버리고 하여야 그 다음에도 제가 얘기할 것이 있습니다. 그렇지 않습니까? 뭘 다 기억해두려고 합니까. 두고두고 들을 건데, 죽을 때까지 들을 건데…… 가만히 보면 새벽기도까지 나오는 분을 기준해서 말하면요, 일 년에 설교만 무려 400번 듣습니다. 앞으로 십 년 더 살면 4000번 들을 것입니다. 그런데도 기록을 합니까? 오로지 똑바로 날 쳐다보고, 집중적으로 들을 것입니다. 이것이 중요합니다. 특별히, 내 생각에 매이지 말 것입니다. 어느 분이 세상을 떠나는데, 임종을 하게 되었는데, 목사님이 가서 예배를 드리려고 합니다. 그런데 사람이란 죽는 순간에는 진실을 말한다고 하지 않습니까. 그 진실 말하는 것을 듣고 목사님이 기절할 뻔했다고 합니다. "목사님, 저는 교회에 수십 년, 목사님 교회에만도 이십 년 나간 것 같습니다. 그러나 이 시간에 돌이켜 생각해보니 한 번도 저는 설교를 들은 적이 없습니다." 설교하는 시간에는 꼭 사업 궁리만 했다는 것입니다. 수첩을 꺼내놓고. 그러느라 한 번도 설교를 들은 바가 없는데 지금 딱 임종이 가까이 오고보니 큰일났다는 것입니다. 들은 말씀이 없어서요. 세상에…… 이런 사람도 있더라고요. 절대로 자기 생각에 매여서는 안됩니다. 정욕에 매이지 말고, 편견에 매이지 말고, 고정관념에 매이지 말 것입니다. 특별히 깨끗한 마음으로, 이 시간만은 마음을 열고 들어야 합니다.

　에스디 골든이라고 하는 목사님이 「조용한 생각」이라고 하는 책을 썼는데, 그 책 속에 자기경험을 이런 말로 토로하고 있습니다. 그의 사랑하는 친구가 미술가인데 그가 미술전람회를 열게 되었다고 초청을 하였습니다. 그래서 여러 친구들이 같은 시간에 초청받아 갔는데 그 화가는 이 사람들을 전람회장으로 인도하지 않고 지하실로 이끌더니 그 캄캄한 곳에 십 분이나 가두어두더랍니다. 그러고나서는 불을 켜고 올라오라 해서 전람회장으로 안내하더랍니다. "왜 이렇게 하느냐?"하니까 "당신네들은 지금 시선이 타락돼서 세상의 못된 것들, 잡스러운 것들을 많이 보고 있었기 때문에 생각도 다 흐려지고 시각이 흐려졌으니까 깜깜한 데서 일단 시각을 씻어가지고 새 마음으로 그림을 보라고 해서입니다. 깨끗해진 시각으로 봐야 그림을 제대로 볼 수 있습니다." 일리 있는 생각입니다. 적어도 제대로 미술을 관람하려면 생각부터 씻어야 합니다. 시각을 씻어야 합니다. 우리가 하나님의 말씀을 들으려면 귀를 씻어야 합니다. 잡스러운 생각, 고정관념, 선입견…… 이런 것 다 씻어버립시다. 아직도 욕심에, 정욕에, 시기 질투에, 원한이라니, 이러면 하나님의 말씀이 들리지 않습니다. 내 모든 생각으로부터 자유해서 깨끗한 마음으로 주님의 말씀을 들어야 합니다. 또하나는 내 말부터 먼저 해서는 안됩니다. 말하면서 들을 수가 없기 때문입니다. 일단 침묵이 있어야 합니다. 침묵과 명상이 먼저 있어야 됩니다. 그러고나서 말씀을 들어야 합니다. "일이 많으면 꿈이 생기고 말이 많으면 우매자의 소리가 나타나느니라(3절)"—그러기에 우리는 내 말을 하기 전에 먼저 듣는 자세가 있어야 합니다. 먼저 다 듣고, 그리고 말하여야 합니다. 야고보서에서도 "듣기는 속히 하고 말하기는 더디하며(약 1 : 19)"라고 말씀합니다. 많이 듣고, 속히 듣고, 자세히 듣는 것이 먼저입니다.

빈첸시라고 하는 수도사에게 하루는 가정문제로 몹시 고생하는 여인이 이혼 직전에 찾아와서는 너무 가정에 불화가 많고 남편과의 다툼이 많아서 살 수가 없다고 하소연합니다. 듣고나서 수도사는 "우리 수도원에 지금 이렇게 우물이 있는데, 이게 성수(聖水)입니다. 이 물을 한 병 퍼담아가지고 가서 두었다가 남편이 싸우려고 덤비거든 입에다 그 물을 한모금 무세요. 뱉지도 말고 넘기지도 말고 딱 물고 계세요. 남편 말 끝날 때까지요. 그 다음에도 또 그렇게 하세요. 그렇게 하면 효험이 나타날 것입니다"하고 돌려보냈습니다. 여인은 수도사가 시키는대로 하였습니다. 남편이 시비를 걸 때마다 그 물을 한입 물고 대꾸를 하지 않았지요. 마침내 가정이 조용해지기 시작하였습니다. 여인은 다시 수도원에 찾아오더니 그 물이 참 성수라고, 신비로운 물이라고 감탄을 합니다. 수도사는 "그 물이 신비로운 것이 아닙니다. 침묵이 신비로운 능력을 가지고 있는 것입니다. 당신은 침묵을 배우시오. 좀더 조용하기를 배우시오"하고 대답하였다 합니다.

문화인류학이라는 학문이 유행이라고 합니다. 「Cultural Anthropology」라고 하는 책이 있는데 그 책에 야만인과 문명인을 대비해 말한 것이 있습니다. 미개한 사람의 특징, 문명인의 특징을 비교해 말하고 있습니다. 야만인의 특징은 도대체 목소리가 크다는 것입니다. 그게 다릅니다. 오늘이라도 여러분, 소위 선진국사람들을 만나보십시오. 교양 있다고 하는 사람들의 말은 앉으면 귀를 기울여야 들을 수 있을 만큼 조용조용합니다. 조용히 말하면서 식사도 하고 교제도 하고 합니다. 야만인들이란 모이면 마냥 떠들어댑니다. 시끄러운 것은 야만인입니다. 그것을 알아야 합니다. 목소리가 도대체 큽니다. 그 자체가 잘못되었습니다. 그러니까 말하는 사람도 격하고 듣는 사람은 아예 안듣고…… 이리되는 것입니다. 귀를 기울여야 들을 수 있을 만큼 음성이 낮아야 합니다. 가정분위기도 보면 음성이 낮은 집이 있고, 고래고래 소리를 지르는 집이 있습니다. 거기에 문제가 있습니다. 두 번째 특징은 야만인들은 꼭 자기말만 합니다. 듣지는 않습니다. 정신병자도 그렇습디다. 자기말만 하고 듣지는 않습니다. 또 있습니다. 감정주도적으로 삽니다. 그래서 두 부족이 싸웠다하면 '너 죽고 나 죽자' 입니다. 야만인이기 때문입니다. 감정주도적입니다. 뭐 그리 대단한 명예, 대단한 가문이라고 자존심 챙기느라 다 죽습니다. 멍청한 사람들이지요. 적어도 지혜를 가진 지성인은 그렇지 않습니다. Cool down! 냉정하고, 깊이 생각하고, 손해를 생각할 줄 알아야 합니다. 나는 지금도 잊지 않습니다마는, 전에 푸에블로 호 사건이라는 게 있었지요. 푸에블로 호라고 하는 미국배가 북한사람들한테 납치되었습니다. 당시에는 전쟁이 터지는 줄 알았습니다. 그러나 그 엄청난 손해를 보면서 미국사람들이 참았습니다. 끝까지 참고, 배도 손해보고. 포로되었던 사람들 고생 많이 하고 돌아왔습니다. 그때 「타임」지에 난 기사를 보았더니 이렇게 결론을 내립디다. '강한 자가 참지.' 그렇습니다. 배 한 척 빼앗겼다고해서 전쟁을 일으킬 수는 없지 않습니까. 그러나 야만인들같았으면 당장 전쟁내고도 남았을 것입니다. 이게 다른 것입니다. 성경은 말씀합니다. 애굽에서 나온 이스라엘인들이 홍해 앞에서 소란을 떨 때 "너희는 가만히 서서 여호와께서 오늘날 너희를 위하여 행하시는 구원을 보라(출 14 : 13)"하였습니다. 여러분, 좀더 마음이 고요해져야 되겠습니다.

　예수님께서, 사랑하시는 마리아와 마르다의 집에 가셨을 때, 마르다는 음식을 준비하느라고 바쁩니다. 마리아는 조용히 예수님 앞에서 말씀을 듣고 있습니다. 마르다가 참다못해서 왜 동생 나 좀 도와주라고 명령하시지 않습니까, 하고 예수님께 짜증을 냈습니다. 예수님 말씀하십니다. '저는 좋은 편을 택했으니 빼앗기지 아니하리

라. 너는 내게 음식을 대접하려고 수고하고 있지마는 마리아는 내 앞에서 조용히 말씀을 듣고 있으니 이쪽이 훨씬 낫다. 누가 더 나를 사랑하느냐'—이것을 알아야 합니다. 말씀을 듣는 것, 참으로 귀한 것입니다. 요즘은 제가 심방을 못합니다마는 옛날 심방 많이 다닐 때 간혹 보면 어이없는 집이 있습니다. 음식 준비하느라고 예배도 안드립니다. "예배드립시다"하면 안주인이 왔다갔다하면서 하는 말이 "예배드리세요, 드리세요"하고 손짓이나 하는 것입니다. 내가 지금 도대체 누구를 위해서 이러고 있는 것입니까. 밥 한 그릇 얻어먹자고 온 것입니까? 그런 맹랑한 사람도 있습다. 말씀을 듣는 것, 가까이하여 말씀을 듣는 것이 얼마나 귀한지 모릅니다. 이것이 섬기는 것이고, 이것이 믿음입니다. 꼭 해야 될 말씀이 있는 순간에 예수 그리스도께서는 빌라도 앞에서 침묵하셨습니다. 십자가를 앞에 놓고도 조용히 침묵하셨습니다. 우리는 그 침묵을 배워야 할 것입니다. 가까이하여 말씀을 들으면 말씀이 내게 임하면서 중생하게 되고, 거룩하게 되고, 능력있게 되고, 지혜있게 될 것입니다. 모름지기 주님의 음성에 '가까이하여' 귀를 기울입시다. "들을 귀 있는 자는 들을지어다"하십니다.

† 기 도

하나님 아버지, 어느새 우리 마음의 귀가 어두워지고 둔해져서 하나님의 말씀을 멀리 듣고, 또 흐리게 듣고, 때로는 듣는 말씀마저 외면함으로써 말씀으로부터 멀어진 저희를 불쌍히 여겨주시옵소서. 내 소원을 하나님 앞에 아뢰고 기도하기보다 주의 말씀을 겸손히 듣게 하시고, 내 뜻이 이루어지기를 바라기보다 하나님의 뜻이 어디에 있는지를 들을 수 있게 하여주시옵소서. 고요하고 때로는 침묵한 가운데서 주의 말씀을 듣고 그 들은바 말씀이 지혜와 능력이 되어 오늘도 승리의 삶을 살 수 있게 하여주시옵소서. 예수님의 이름으로 기도하옵나이다, 아멘.

일을 마치려는 사람

바울이 밀레도에서 사람을 에베소로 보내어 교회 장로들을 청하니 오매 저희에게 말하되 아시아에 들어온 첫날부터 지금까지 내가 항상 너희 가운데서 어떻게 행한 것을 너희도 아는 바니 곧 모든 겸손과 눈물이며 유대인의 간계를 인하여 당한 시험을 참고 주를 섬긴 것과 유익한 것은 무엇이든지 공중 앞에서나 각 집에서나 꺼림이 없이 너희에게 전하여 가르치고 유대인과 헬라인들에게 하나님께 대한 회개와 우리 주 예수 그리스도께 대한 믿음을 증거한 것이라 보라 이제 나는 심령에 매임을 받아 예루살렘으로 가는데 저기서 무슨 일을 만날는지 알지 못하노라 오직 성령이 각 성에서 내게 증거하여 결박과 환난이 나를 기다린다 하시나 나의 달려갈 길과 주 예수께 받은 사명 곧 하나님의 은혜의 복음 증거하는 일을 마치려 함에는 나의 생명을 조금도 귀한 것으로 여기지 아니하노라 보라 내가 너희 중에 왕래하며 하나님 나라를 전파하였으나 지금은 너희가 다 내 얼굴을 다시 보지 못할 줄 아노라

(사도행전 20 : 17~25)

일을 마치려는 사람

어떤 백만장자가 신문에 이런 광고를 실었습니다. '누구든지 자신의 삶에 대해서 진실로 만족스럽다고 생각하고 이것을 증명할 수 있는 사람에게 백만 불을 드리겠습니다' 라고. 정해진 날짜가 되자 수백 명의 지원자가 모여들었습니다. 저마다 자기는 만족스럽고 스스로 행복하다면서 행복의 내용을 설명하였습니다. 어떤 사람은 직업에 대해서 만족스럽다 하고 어떤 사람은 자기가 받는 보수는 그리 많지 않지마는 그 보수에 대해서 스스로 항상 만족스럽게 생각하여 아무도 부러워하지 않고 산다 하였습니다. 또 어떤 사람은 아내에게 만족하고, 어떤 사람은 남편에게, 혹은 자녀들에게 만족하고, 어떤 사람은 자기 취미생활이 너무 좋아서 여기에 만족을 느끼며 산다고 하였습니다. 어떤 사람은 이렇게도 말하였습니다. "저는 불평하고 싶어도 불평할 거리가 없어서 걱정입니다." 궤변이지요. 열심히들 나름대로 행복과 만족을 자랑했지마는 어느 자랑도 납득할만한 것이 못되어 결국 백만 불 상금은 아무도 받지 못했습니다. 왜 그렇게 되었는고하니 주인공인 그 광고주가 던진 단 한마디의 질문에 모조리 무릎을 꿇었기 때문입니다. 그 질문은 이렇습니다. "당신들이 진실로 자신의 생활에 만족하고 있다고 한다면 내 돈 백만 불은 무엇 때문에 필요한 것입니까?"

여러분, 이 위에 아무것도 더 바랄 것이 없다는 것, 그것이 참행복입니다. 아직도 돈 백만 불이 필요하다면 그는 행복한 사람이 아닌 것입니다. 아직도 또 어떻게 되기를 바라는 게 있다면, 아직도 기대하는 것이 있는 한 엄격히 말하여 그것은 행복이 아닌 것입니다.

이대로, 이 형편 이대로, 이 모습 이대로 만족을 하여야 그것이 행복입니다. 여러분은 얼마나 스스로 행복하다고 생각하십니까? 참행복이라는 것은 그 행복한 순간에 내 모든 소원을 다 이루고 만 것입니다. 다시 다른 소원이 있을 필요가 없습니다. 그래야 행복한 것입니다. 사도 바울은 본문에서 최고의 만족을 스스로 말씀하고 있습니다. "나의 달려갈 길과 주 예수께 받은 사명 곧 하나님의 은혜의 복음 증거하는 일을 마치려 함에는 나의 생명을 조금도 귀한 것으로 여기지 아니하노라(24절)." 바로 여기에 행복의 극치가 있습니다. 빌립보서 2장 17절에서 사도 바울은 말씀합니다. "만일 너희 믿음의 제물과 봉사 위에 내가 나를 관제로 드릴지라도 나는 기뻐하고"―관제(灌祭)라 함은 피를 쏟아붓는다는 뜻입니다. 양을 잡아서 선지피가 솟아오를 때 그것을 받아다가 제단에 붓습니다. 그와 같이 내가 이 시간에 죽어서, 비참하게 죽어서 피를 쏟아부어도 나는 행복할 것이다, 함입니다. 이런 행복이 진짜행복입니다. 우리가 성탄절이 될 때마다 듣게 되는 곡이 있습니다. 헨델의 「메시야」입니다. 헨델은 원래 오르가니스트입니다. 그는 오르간연주자로서도 탁월했다고 합니다. 언젠가 그가 오르간을 연주하고났을 때 사람들이 기립박수로 크게 환호를 보내고 찬사를 아끼지 않는 가운데 어떤 사람이 "당신의 연주는 두 다리와 열 손가락만 가지고는 모자라는 연주같습니다. 이렇게 연주를 잘하시는 비결이 무엇입니까?"하고 질문하였습니다. 그때 그는 이렇게 대답하였습니다. "저는 오르간을 연주하고 있을 때 내 마음과 생각과 힘과 목숨을 다하고 있습니다. 이 순간 여기서 죽어도 좋다, 하는 마음으로 연주합니다." 그래서 감동이 있었던 것입니다. 온 정력과 생명을 순간순간 다하는 거기에 행복의 극치가 있는 것입니다. 여러분, 어떤 일을 이렇게 해본 적이 있습니까? 내가 이 일을 위해서라면 이대로 죽어도 좋다, 하는 마음으로 온 정력을 다 쏟는다면 그야말로 행복한 일이지요. 이런 경험을 한 번도 못하고 죽는다면 그는 불쌍한 인생입니다. 이런 경험을 한 번만이라도 할 수 있었다면 그는 세상을 헛되이 산 것이 아닙니다. 극단적인 감정은 언제나 그 표현에 있어서 생명과 연계하여 표현하게 되어 있습니다. 우스우면 우스워 죽겠다, 합니다. 맛이 있어도 맛있어 죽겠다, 하고 졸려 죽겠다, 하고 피곤해 죽겠다, 좋아서 죽겠다, 합니다. 이렇듯 죽겠다는 표현을 곧잘 씁니다. 이럴 때 흔히들 아, 이거 한국사람들은 궁상맞아서 걸핏하면 죽겠다고 하는구나, 하는데 그것은 모르고 하는 소리입니다. 세계 어느 나라 다 그렇습니다. 사람에게는 본디 죽고 싶다는 본능과 살고 싶다는 본능이 함께 있다고 합니다. 그렇기 때문에 어느 나라 말이든지 이것을 전문으로 연구한 사람의 이야기를 들어보면 언제나 극단적 감정표현은 죽음과 관련시킨다고 합니다. 그래서 행복에 대해서도 죽어도 좋다, 이대로 죽어도 좋다, 여한이 없다, 죽어도 행복하다, 하고 죽음과 연계해서 표현하게 마련입니다. 이대로 죽어도 만족스럽다, 하는 데에 행복의 절정이 있다는 말씀입니다.

사도 바울은 정말로 행복한 사람이었습니다. 왜냐하면 그는 누구를 위하여 살아야 하는지 알고 있었기 때문입니다. 생의 목적이 분명하였기 때문입니다. 로마서에 보면 이런 말씀이 있습니다. "우리 중에 누구든지 자기를 위하여 사는 자가 없고 자기를 위하여 죽는 자도 없도다(롬 14 : 7)." 아무리 자기를 위하여 살려고 해도 살 길이 없습니다. 부득불 남을 위하여 살고 남을 위하여 죽게 되어 있는 것입니다. 그런데 누구를 위하여 사는 것입니까? 여기에 문제가 있습니다. 때로 부모님들 가운데는, 특히 우리네 어머니들 가운데 '자식을 위해 살지' 하는 분들이 많습니다. 자식을 위하여 정성을 다 하다가 마지막에 그 아이들이 크면서 집을 나가버리기라도 하면 '나는 인생을 헛살았다' 하는 경향이 있습니다. 처음부터 잘못산 것입니다. 세상에 났다가 그래 자식 하나 낳아서 그거 키우자고 살았나? 그것은 아닙니다. 어떤 부모가 이런 얘기 하는 것을 들었습니다. 아이가 초등학교에 다니는데, 피아노를 잘합니다. 경연에서 입상도 하였습니다. 그래 이 아이를 데리고 외국에 나갔습니다. 이곳 살림 다 치워버리고 외국 가서 이 아이 하나 공부시켜 훌륭한 피아니스트로 만들어보겠다고 저한테 와서 말합디다. 제가 대답을 이렇게 하였습니다. 그래, 얘가 세계적인 피아니스트가 될는지 못될는지 그것도 모르겠지마는 설사 됐다치더라도 그래, 하나님 앞에 가서 '너는 참 딸 하나 낳아서 잘 키우고 왔구나' 하는 칭찬 들을 것같으냐, 어떻게 딸 하나를 위하여 일생을 살아야 되느냐, 어떻게 그것이 목적이 되겠느냐고요. 자식을 키우지마는 자식은 목적이 아닙니다. 그리되면 자식이 우상이 됩니다. 무엇을 하든지 목적될만한 것이 어디에 있습니까. 사도 바울은 뚜렷한 목적이 있었습니다. 오직 그리스도를 위하여—나를 위하여 죽으셨다가 부활하신 바로 그분이 내 생의 목적이었던 것입니다. 누구를 위하여 살고 누구를 위하여 죽어야 한다는 것이 분명했습니다. 삶의 목적도 분명하고 죽어야 할 이유도 언제나 지니고 살았습니다. 그리고 아깝지 않게 살았습니다. 온통 다 쏟고 살았습니다. 그것이 행복입니다. 미련없이 살았습니다. 오직 그리스도를 위하여. 그래서 그가 간증하는 유명한 말이 있지 않습니까? To live is Christ, to die is gain.—사는 것이 그리스도이며 죽는 것도 유익하다, 합니다. 죽으면 끝난 것인데 아닙니다. 죽는 것도 유익하다, 합니다. 이것이 바울의 고백입니다. 그렇게 살았다, 그 말씀입니다. 행복한 사람입니다. 뚜렷한 목적을 가지고 살았으니까요. 뿐만아니라 목적이 있다 해도 현실적으로 구체화하지 못한 목적이라면 거기에 실망이 있는 것입니다. '하나님의 영광을 위하여' 해놓고는 내가 뭘 해야 될지를 모릅니다. 이렇게되면 문제가 되는 것입니다. 바울은 그렇지 않았습니다. 여기 '복음을 위하여' 라 합니다. 특별히 이방인의 사도로서 은혜의 복음을—신학적으로 매우 중요합니다. 이방인의 사도, 은혜의 복음, 이것이 바울에게 맡겨진 사명입니다. 자신에게 맡겨진 일이 무엇인지 잘 알고 있었습니다. 그래 그는 갈라디아서 1장 15절에서 고백합니다. "내 어머니의 태로부터 나를 택정하시고"—택정함을 입었다, 나는 바로 이 일을 위해서 태어났다, 합니다. 분명합니다. 이렇게 확실한, 목적이 구체화한 그런 생을 살았습니다. 내가 무엇을 하여야 되는지를 알고 있었습니다. 좀더 나아가서는 내게 주신 경륜을 알았습니다. 나만이 할 수 있는 일이 따로 있습니다.

　복음전파에도 여러 길이 있습니다마는 흔히 세상에서는 일반적으로 적성이라 하고 교회에서는 은사라고 하는바 나에게 주신 은사는 무엇입니까? 나만이 할 수 있는 것, 나에게 주신 재주, talent, 나로 가능케 하신 것이 무엇입니까? 모름지기 이것을 극대화해나가야 합니다. 가만히 보십시오. 음치가 음악공부 하겠다고 덤비면 되겠습니까. 죽을 때까지 해도 안되는 것입니다. 한평생 뭐, 피아노를 치고 음악을 한다고해도 그래도 이게 타고난 사람이라야 되지요. 도대체가 타고나야 합니다. 제가 프랑스에 갔을 때 정명훈씨가 오페라 지휘하는 것을 보았습니다. 신앙이 좋은 분입니다. 시작하기 전에 들어오라고 해서 준비실에 가 기도를 하였고, 끝난 다음에도 기도를 하였는데, 보니 온몸이 땀으로 흠뻑 젖었습니다. 장합디다. 두 시간 반을 내리 지휘하는데 거의 악보를 한 번도 안봅니다. 그냥 열렬히 지휘를 하는데, 보면서 큰 감동을 받았습니다. 그는 여기에 생을 다 기울였습니다. 어떤 분이 말하기를 그분이 유명한 것은 악보를 외는 것이라고 합니다. 그 큰 악보를 통째 외어가지고 리허설시간에도 가차없이 오류를 딱딱 잡아내는 것이고보니 그 코 큰, 자존심 높은 외국사람들이 꼼짝을 못한다고 합니다. 얼마나 성의를 다하는지 모릅니다. 그래 저는 여기 나와서 독창하는 사람들, 손에 뭘 들고 나와 그걸 들여다보면서 하면 영 귀기울일 마음이 없어집니다. 좀 성의를 기울여야지, 하다못해 정 건망증이 있으면 손바닥에라도 써가지고 나와야지, 그 큰 악보를 들고서 노래하겠다고 덤비니 이것은 청중기만입니다. 안그렇습니까. 언젠가 한번 누가 음악회에 오라고 해서 갔는데 들어보니 영 시원치 않습니다. 그 다음에도 자꾸 또 오라고 하지마는 이제는 안갑니다. 피차 고생인 걸요. 들어주자니 힘들거든요. 이거야말로 타고나야 되는 것입니다. 하나님께서 그쪽으로 은사를 주셔야 됩니다. 나에게 주신 은사는 무엇입니까? 그것을 정확하게 알아가지고 여기다가 온 정력을 쏟아야 됩니다. 이것이 충성입니다. 가능한 것을 가능케 하는 것입니다. 없는 재주를 부리려고 한평생 몸부림쳐봤댔자 되는 것은 아무것도 없이 절망만 남습니다. 많은 사람만 고생시킵니다. 자, 조용히, 남에게 주신 은사 부러워할 것 없습니다. 나는 나대로입니다. 나에게 주신 훌륭한 것이 있습니다. 그것을 극대화해나가는 것인데, 사도 바울이 그랬습니다. 하나님께서 내게 주신 것이 무엇인가?—이것을 잘 알고 있었습니다. 그것에 총력을 기울였습니다. 행복한 사람입니다. 그뿐아니라 어떻게 하여야 되는지도 알고 있었습니다. 성령의 인도함을 받았습니다. 오늘 본문에도 "보라 이제 나는 심령에 매임을 받아 예루살렘으로 가는데"합니다. 그는 겸손한 사람입니다. 그래서 주의 뜻이면 가고 주의 뜻이면 오리라, 합니다. 아주 겸손한 말씀을 합니다. 하나님의 은사, 특별히 성령의 역사 앞에 그는 순리적으로 살았습니다. 닫힌 문인데 열어달라고 몸부림치지 않았습니다. 안될 것을 되게 해달라고 울부짖지 않았습니다. 하나님께서 인도해주시는대로 겸손하게 따라갔습니다. 그곳이 어디든. 감옥이든 사막이든. 어디로든 그는 성령의 역사 앞에 조용히 순종하는 사람이었습니다. 그런고로 행복합니다. 여러분, 보아하면 대체로 고집이 많은 사람, 제멋대로 하는 사람이 절망을 잘합니다. 온유하여 순종하는 사람은 늘 마음에 여유가 있습니다.

뿐만아니라 사도 바울은 끝낼 것에 대해서 알고 있었습니다. 하나님께서 이제쯤은 나의 일을 끝내려 하시는구나, 그래서 이 복음 전하는 사역, 이 사명을 이제 "마치려 함에는"—마칠 때가 왔습니다. 결론을 지을 때가 왔는데, 이때 나는 내 생명을 조금도 아깝게 생각하지 않는다, 하고 다시 헌신하는 모습을 볼 수 있습니다. 무릇 일이란 시작하기도 힘들지마는 끝내는 것이 힘듭니다. 제가 지금 설교하고 있습니다마는 설교나 강연도 어떤 말로 시작하느냐가 참 어렵습니다. 그리고 어떤 말로 끝내느냐는 더 어렵습니다. 여러분, 혹 부부싸움을 해보았습니까? 시작은 어떻게 하든 간에 이제 끝을 내긴

내야 되겠는데, 끝을 내고 자야 되겠는데 무슨 말로 끝을 내나—이 것이 어렵습니다. 어떻게 살았느냐가 중요하지 않습니다. 이제 끝을 내야지요. 로마서 13장 11절에 "이 시기를 알거니와" 하였습니다. 이 시기—이 카이로스가 중요한 것입니다. 그리고 시편 90편 12절에 보면 "우리에게 우리 날 계수함을 가르치사 지혜의 마음을 얻게 하소서" 합니다. 내가 지금 몇 살입니까? 여러분은 나이가 얼마입니까? 모름지기 나이에 걸맞은 생각을 하여야 됩니다. 젊은사람이 늙은 척하면 그것도 잘못된 것이고, 늙은사람이 젊은사람들 하는 것 하겠다고 덤비는 것은 주책입니다. 어느 책에 보니 운동도 그렇습니다. 운동 안해서 병든 사람도 많지마는 적절하지 않은 운동을 하다 죽는 사람도 많다고 합니다. 제가 너무 일찍 목사가 되었기 때문에 젊은 나이에 언제 한번 결혼주례를 하는데, 나보다 나이많은 커플을 주례하였습니다. 그 신랑되는 사람을 언젠가 한번 시카고에서 만났는데 자기가 요새 정구를 친다고 합니다. 잘친다고 합니다. 젊은사람들하고 해서 자기가 이긴다고 자랑합니다. 그래서 내가 그저 조심하라고, 격한 운동이라고 충고하였습니다. 그런 말을 하고 돌아왔는데, 며칠 지나지 않아 소식이 오기를 그가 정구치다 죽었다는 것이 었습니다. 영국에서는 나이 쉰이 넘으면 정구를 법적으로 못치게 한다고 합니다. 우리나라의 한 영화배우도, 제가 이름은 대지 않겠습니다마는, 친구들하고 축구하다가 죽었지 않습니까. 아무나 하는 것이 아닙니다. 나이든 사람이 뭐, 기분낸다고 축구한다고 뛰다가 아이쿠, 하고 죽었습니다. 모름지기 나이에 걸맞은 일을 하여야 됩니다. 나이에 맞는 생각, 나이에 맞는 행동, 나이에 맞는 믿음, 나이에 적합한 일을 하여야 되는 것입니다. 이제는 생을 정리할 때인데 새

삼스레 일을 늘어놓아서는 안됩니다. 이제는 줄여야 합니다. 나는 이제 무엇에 집중하여야 되는가, 남은 시간에―이것을 생각하는 것이 지혜입니다.

　사도 바울은 전도사업을 마칠 즈음에 '나는 어떻게 하여야 되겠는가'를 알고 있었습니다. 그는 겸손과 눈물과 인내와 용기로 하나님의 말씀을 최선을 다하여 전했습니다마는 이제 달려갈 그 길을 다 가고 마치려 합니다. 그 순간 그는 자신의 죽음이라고 하는, 이 생명보다도 더 귀한 일이 있다는 것을 알고 있었습니다. 나는 스스로 물러가지마는 하나님의 사업은 확장되어야 합니다. 내 개인의 일은 끝나지마는 하나님의 일은 더 크게 역사될 것입니다. 그것을 알고 있습니다. 그는 모든 욕망을 다 버리고 평안한 마음을 가졌습니다. 모든 기대마저 하나님께 바쳐버렸습니다. 어떻게 됐으면 좋겠다, 무엇이 됐으면 좋겠다, 하는 욕망도 없습니다. 이제는 끝나는 시간이기에, 불확실한 미래를 향해서 나아가는 것이기에 자신의 모든 생각과 판단력과 의지까지 다 포기해버렸습니다. 생명을 조금도 아깝게 여기지 않는다―그는 이미 정신적으로는 하나님께 생명을 완전히 바쳐버렸습니다. 그리고 새로운 용기의 사람으로 살아갑니다. 거기에 위대한 여유가 있었습니다. 이제는 계획도 없습니다. 하나님께서 인도하시는대로입니다. 예루살렘이면 예루살렘이고 로마면 로마이고 감옥이면 감옥이고, 순교의 죽음이 다가오면 감사하는 마음으로 순교하고…… 그럴 생각입니다. 하나님께 이미 깨끗하게 헌신해버린 것입니다. 시작이 중요하지마는 끝은 더 중요합니다. 사도 바울은 이렇게 일단 끝을 맺고, 모든 전도사업과 계획을 일단 끝을 맺고, 생명을 하나님께 바치고 남은 생을 삽니다. 며칠을 살든 어떻게 되든

빈부귀천 간에 생각하지 않습니다. 생명까지 바쳤으니까요. 내 주께서 인도하시는대로, 어디서 죽든 주님 하시는대로 할 것입니다. 그렇게 남은 시간을 살았더란 말씀입니다. 이미 바쳤고, 그리고 남은 시간을 살았습니다.

    제2차세계대전 당시 포로생활을 했던 한 영국군 장교의 유고집에 나오는 이야기입니다. 1945년 4월 8일 주일 아침 독일 복음주의 교회 본훼퍼 목사님은 여느때나 다름없이 포로들 가운데서 기도를 하고 있었습니다. 아침예배도 마치기 전에 우락부락하게 생긴 독일 군인 둘이 찾아와서 "죄수 본훼퍼, 따라와"하는 것이었습니다. 이것이 무엇을 의미하는지는 다들 알고 있었습니다. 이제 형장으로 끌려나가는 것입니다. 그때 영국군 포로 하나가 목사님에게 인사를 하였습니다. "목사님, 이것이 마지막이군요. 안녕히 가십시오." 마지막 인사였습니다. 본훼퍼 목사님은 빙그레 미소지으면서 말하는 것이었습니다. "This is the end, but for me it is the beginning of my life." 유명한 말입니다. "이것이 끝입니다. 그러나 나에게 있어서는 이것이 내 생명의 시작입니다." 감옥생활은 끝났습니다, 이제 자유의 생활이 시작되었습니다, 고통스러운 세상의 생은 여기서 마감되었습니다, 영원한 생명이 시작되었습니다―이렇게 간증하면서 형장으로 향했던 것입니다. 여러분, 미래가 암담합니다. 그것은 하나님께 맡깁시다. 잘살고 못살고, 성공하고 실패하고, 오래 살고 짧게 살고, 건강하거나 병들거나, 그리 중요한 것이 아닙니다. 다만 주님의 뜻이 이루어지이다, 하고 깨끗하게 헌신하고 생명을 조금도 아깝게 여기지 않고 바쳐버리고, 오직 주의 뜻이 이루어지이다, 하고 덤으로 이제 남은 생을 살아가야 할 것입니다. 여기에 새로운 창조적 역사가 있고, 새로운 용기가 함께하는 것입니다.

† 기 도

은혜로우신 아버지여, 우리는 암담한 생을 살아가고 있습니다. 그러나 이 모든 것을 통해서 주님의 뜻은 이루어지며, 오늘도 우리를 통하여 크고 놀라운 역사를 이루시는 줄 압니다. 주께서 나를 부르신 부르심의 역사가 어디 있는지 알게 하시고, 그 부르심에 진실하게 응답하면서 사도 바울처럼 온전히 헌신하며 용기있고 여유있고 성령의 역사로 충만한 남은 생을 살게 하여주시옵소서. 예수님의 이름으로 기도하옵나이다, 아멘.

그날이 가까움을 보는 사람

그러므로 형제들아 우리가 예수의 피를 힘입어 성소에 들어갈 담력을 얻었나니 그 길은 우리를 위하여 휘장 가운데로 열어 놓으신 새롭고 산 길이요 휘장은 곧 저의 육체니라 또 하나님의 집 다스리는 큰 제사장이 계시매 우리가 마음에 뿌림을 받아 양심의 악을 깨닫고 몸을 맑은 물로 씻었으니 참마음과 온전한 믿음으로 하나님께 나아가자 또 약속하신 이는 미쁘시니 우리가 믿는 도리의 소망을 움직이지 말고 굳게 잡아 서로 돌아보아 사랑과 선행을 격려하며 모이기를 폐하는 어떤 사람들의 습관과 같이 하지 말고 오직 권하여 그 날이 가까움을 볼수록 더욱 그리하자
(히브리서 10 : 19~25)

그날이 가까움을 보는 사람

여러분이 너무나도 잘 아시는 이솝의 우화 중에 이런 재미있는 이야기가 있습니다. 어느날 사자와 나귀와 여우가 합동하여 사냥을 나갔습니다. 서로 협력해서 사냥을 했는데 사냥한 것을 앞에 놓고 사자가 말합니다. "자, 우리 셋이 협력해서 이것을 얻었으니 이제 이것을 나누어 먹자." 그리고 나귀보고 말하기를 "네가 분배하여라"했습니다. 나귀는 사냥한 그것을 아주 공정하게 삼등분해서 분배했습니다. 사자는 마음이 편치 못했습니다. "내가 명색이 사자인데 나를 너희 둘과 똑같이 취급해? 몹쓸놈같으니라구!" 사자는 나귀를 잡아 먹어버렸습니다. 이제는 여우하고 사자가 남았습니다. 사자는 여우에게 "이제 네가 분배하여라"하고 명령했습니다. 그러나 여우는 사양합니다. "제가 나누다니요. 무슨 말씀을 그렇게 하십니까요. 사자님께서 다 잡수시고 남기시면 그것을 제가 먹어야지요." 사자는 빙그레 웃으면서 여우를 칭찬합니다. "넌 참 똑똑하구나. 너, 그 어디서 배웠냐?" 여우는 "나귀가 죽는 걸 보고 배웠습니다"하고 대답합니다. 여러분, 사람도 남이 죽는 것을 보면 그것으로 배우는 것이 있어야 됩니다.

지혜로운 자와 어리석은 자를 이렇게 구분합니다. 어리석은 사람은 남이야기를 많이 합니다. 그리고 남의 일에 관심이 많습니다. 나의 일까지도 남에게 떠맡기는가하면 자신의 불행도 남 때문이라고 생각합니다. 일은 남에게 떠맡기고, 남의 일이나 입에 올리고 남걱정까지 다하고 앉았습니다. 이런 사람이 어리석은 사람입니다. 지혜로운 사람은 남이야기 하는 법 없습니다. 관심은 자기자신에게 있습니다. 나 자신의 인격, 나 자신의 내면세계에 관심을 둡니다. 자신을 살핍니다. 이런 사람이 지혜로운 사람입니다. 가령 옆집에 불이 났다고 할 때, 뛰쳐나가 가만히 불구경만 하면서 어떻게 불이 났다는 둥 누구 잘못이라는 둥, 이러쿵저러쿵 떠들고나 있는 사람이라면 어리석은 사람입니다. 불이 난 것을 보았으면 부리나케 돌아와 제 집 불나지 않도록 단속을 하여야 됩니다. 이런 사람이 지혜로운 사람입니다. 또하나 어리석은 사람은 과거에 매이는 사람입니다. 지난일, 옛날일, 이미 끝난 일에 미련을 두고 마음을 쓰면서 세월 다 보냅니다. 제가 미국에 나가 공부하는 동안에 미국사람의 장례식을 하나 집례한 적이 있습니다. 그사람이 세상 떠났다는 기별을 받고 그 부인과 함께 병원에 갔습니다. 의사가 문간에서 부인보고 말합니다. "Your husband has expired already." 당신 남편은 이미 숨을 거두었습니다, 하고 말하는데 그 부인은 "I see."하고는 안으로 들어갑니다. 시신을 덮은 천을 딱 제치고 그 앞에 서서 한참동안 기도를 하더니 시신의 이마에 입술을 대고 "I love you."합니다. 그뿐, 다시 천을 덮어놓고 싹 돌아서는데, 이런, 눈물 한방울 흘리지 않습니다. 여전히 명랑하게 자기의 할 일을 다하는 것이었습니다. 어떻게 저럴 수가, 싶었습니다마는 생각해보니 수긍이 갔습니다. 우리네는 그에 비하여 너무나 정이 많아서도 탈입니다. 죽은 사람은 죽은 것입니다. 끝난 것입니다. 거기다 대고 슬퍼하고, 울고, 원망하고, 불평하고…… 그래서 급기야는 오늘과 내일을 다 망치기도 합니다. 너무도 감상적입니다. 과거지향적입니다. 지혜로운 사람은 항상 미래지향적입니다. 여러분, 늙었다는 것이 무엇인지 아십니까. 옛날얘기 많이 하게되면 늙은 것입니다. 그것밖에 아는 것이 없거든요. 옛날에는 어떠했다,

옛날에는 이렇지 않았다, 합니다. 그것은 또 많이 기억을 합니다. 그러면서 오늘과 미래에 대해서는 깜깜합니다. 늙었다는 증거입니다. 젊은사람들은 항상 미래지향적입니다. 생각이 저 앞에 가 있습니다. 또한 어리석은 사람은 있을 수도 있고 없을 수도 있는 일에 마음을 씁니다. 혹 운전을 못하시는 분 있습니까? 사고날까봐 운전 못한다는 사람들이 있습니다. 사고란 있을 수도 있고 없을 수도 있습니다. 그런데 꼭 있다고 생각할 것은 없지 않습니까. 없다고 생각하여야 됩니다. 있을 수도 있고 없을 수도 있는 일이 많습니다. 우리의 걱정거리가 거의 다 그런 것입니다. 기우(杞憂)라는 것 아닙니까. 이런 걱정 하느라고 정신없습니다. 지혜로운 사람은 꼭 있을 일만 생각합니다. 반드시 있을 일, 결정적 사건에 대해서만 마음을 씁니다.

이제 계절이 겨울입니다. 한 해가 저물고 있습니다. 여러분은 이 때에 무엇을 생각하십니까? 그날이 다가옵니다. D-day가 옵니다. 역사의 종말이 옵니다. 어떻게 이해하고 계십니까? 역사를 cycling으로 보는 관점도 있고 lineal로 보는 관점이 있습니다. 돌고도는 것이다, 해서 윤회(輪廻)를 생각하는 관점이 있는가하면 직선적이라해서 시작이 있고 끝이 있고 창조가 있고 심판이 있고 생이 있고 죽음이 있다, 라고 생각하는 관점이 있습니다. 다른 세계입니다. 그러나 여러분, 잊지 마십시오. 내년에도 겨울은 있습니다. 내년에도 봄은 있을 것입니다. 그러나 나에게는 같은 겨울도 아니고, 같은 봄도 아닙니다. 그것을 알아야 합니다. 성경의 핵심교리라고 할 수 있는 것이 바로 '주의 날(the Lord's day)' 입니다. 주의 날—신학적으로 대단히 중요합니다. 이에 대한 말씀이 신·구약 성경을 채우고 있습니다. 주의 날은 역사의 끝이요, 심판의 날이요, 동시에 구원의 날입니다. 이

날은 숨겨져 있습니다. 마치 우리가 죽을 날을 모르는 것과도 같이 그날을 모른다는 데 매력이 있는 것입니다. 그러나 있습니다. 믿거나말거나 있는 것입니다. 내가 모른다고 없어질 일이 아닙니다. 감추어져 있습니다. 그리고 이것은 신비로운 것입니다. 그러나 계속 예언되고, 계속 설명되고, 계속 그 내용이 전파되고 경고됩니다. 우주적으로는 주님께서 재림하시는 역사의 끝이요, 개인적으로는 내가 육신의 옷을 벗고 주님 앞에 가는, 요단 강을 건너가는 그날이 주의 날입니다. 결정적인 날이 우리 앞에 다가오고 있습니다. 내가 인정을 하거나말거나, 믿거나말거나 그날은 계속 다가오고 있습니다. 엘리자베스 큐블러-로스(Elisabeth Kubler-Ross)라고 하는 유명한 심리학자가 있습니다. 죽음의 심리학에서는 세계적인 권위자입니다. 아주 오래전, 60년대초에 그분이 「On Death and Dying」이라는 책을 썼는데, 그것이 타임지에 크게 소개된 것을 보고 급하게 비행기로 주문해서 정독하였습니다. 읽고 많은 깨달음을 얻었습니다. 그는 죽어가는 사람 6백 명을 상대로 상담을 합니다. 거기에서 많은 지식을 얻었습니다. 많은 것을 깨달아 이 책을 쓰게 되었습니다. 그가 내린 결론은 이렇습니다. 죽어가는 사람은 이를 지켜보는 의사나 간호원이나 목사나 가족에게 가르치는 바가 있다, 죽어가는 사람은 반드시 가르쳐야 한다, 죽어가는 사람으로부터는 꼭 배워야 한다, 죽어가는 사람은 할말이 있다, 하는 것입니다. 그는 사람의 죽음을 다섯 단계로 설명합니다. "당신은 의학적으로 볼 때 생이 끝났습니다. 이제 얼마 지나지 않아 갈 것입니다"하는 선고를 받고부터 죽는 시간까지를 아주 섬세하게 연구합니다. 주고받은 대화까지 이 책에 다 실려 있습니다.

첫째단계는 denial and isolation입니다. 아주 부정하는 단계입니다. 그럴 수 없다, 내가 죽다니 말도 안된다, 오진일 것이다, 뭔가 잘못된 것이다, 하고 부정하면서도 부정할 수 없는 것이 한 가지 있습니다. 그 마음 속에서 지금까지 소중히 여겼던 것, 그렇게 애써오던 일들, 또한 쌓아올린 일들이 전부 무너지는 것을 경험합니다. 벌어놓은 돈, 아무 소용 없습니다. 공부한 것, 명예, 아무 소용 없습니다. 또 사랑하는 사람, 가정, 아무리 사랑하는 사람도 그 시간에는 그를 위로할 수가 없습니다. 그대로 다 녹아내리고 무너져내리는 것을 경험합니다. 혼자가 됩니다. 오로지 혼자입니다. 고독합니다. 이런 순간을 경험하게 됩니다. 두 번째 단계는 anger입니다. 분노하는 것입니다. 분노의 내용은 두 가지입니다. Why me?—하필이면 나냐, 합니다. 죽어야 할 사람 많은데 하필이면 왜 나냐, 쓸모없는 사람도 많은데 하필이면 나냐, 어째서 나란말인가, 하고 고민합니다. 그러나 생각해보십시오. 'Why me?' 가 아닙니다. 'Me too.' 입니다. 나도 가는 것입니다. 'Me too.' 일 뿐입니다. 그런데 이것을 수락하지 못해서 왜 하필이면 나냐, 하고 몸부림을 칩니다. 이것이 두 번째 단계입니다. 또하나의 고민이 있고, 분노가 있습니다.

Why now?—하필이면 왜 지금이냐, 내가 할 일이 많은데, 하던 일도 많고, 끝내지 못한 일도 있고, 일을 시작하는 중에도 있는데, 아직 젊은데, 어째서 하필이면 지금이냐, 이것입니다. 내가 갈 것은 알지마는 지금 간다는 것은 뭔가 잘못된 것이다, 합니다. 이런 분노가 있는 것입니다. 제가 인천에서 목회할 때입니다. 이런 일이 있었습니다. 수요일저녁 성경공부 시간에 성경을 가르칩니다. 저는 강단에 서서 하나님말씀을 전할 때 전하는 자나 듣는 자가 다같이 성령

안에 있다고 믿습니다. 성령이 친히 역사하여 말씀하고, 성령을 통하여 여러분은 하나님의 말씀을 듣게 된다고 생각합니다. 그런데 설교하는 도중에 불현듯 어떤 생각이 강렬하게 떠오릅니다. '오늘 이 자리에서 예배드리는 사람들 중에 다음 시간이면 교회에 못나올 사람도 있을 것이다' 하는 생각이 그것이었습니다. 저는 충격을 받았습니다. 심한 압박을 느꼈습니다. 그래서 이야기하였습니다. "여러분, 이 가운데서 스스로 다음 시간에도 꼭 교회 나온다고 장담할 사람은 없습니다. 오늘이 마지막날이며 마지막시간이라는 것을 알고 하나님 앞에 부끄러움없이 서도록 다 회개하고 깨끗한 심령으로 돌아가도록 합시다." 특별통성기도를 하였습니다. 그리고 주기도문으로 끝냈습니다. 교인들이 나가는 중에 저 문간에서 스물네 살난, 결혼한 지 몇 달밖에 안된 아주머니가, 건강한 분이었는데 쿵하고 쓰러졌습니다. 교회청년들이 들쳐업고 뛰었지마는 벌써 갔습니다. 저는 깜짝놀랐습니다. 너무나도 충격적인 사건이었습니다. 여러분, 사람이란 올 때는 순서적으로 오지마는, 갈 때는 순서가 없습니다. 나이들었다고 곧장 가는 것도 아니고, 젊었다고 넉넉한 시간이 있는 것도 아닙니다. 죽음이란 언제나 나 자신의 일입니다. 언제나 현재적인 일이요, 언제나 구체적인 일이요 현실적인 일입니다. 항상 우리는 죽음을 옆에 두고 삽니다. 죽음과 함께 살아갑니다. 그리고 죽는 자를 통해서 우리는 생생한 교훈을 들어야 합니다. 세 번째 단계는 bargain입니다. 흥정을 하자고듭니다. 어떻게 더 살 수 없을까요, 병원을 옮겨볼까요, 외국 가서 수술하면 될까요, 돈은 얼마든지 내겠습니다, 하고 매달립니다. 흥정을 합니다. 초라합니다. 조금 더 살아보겠다고 몸부림치는 것 참으로 불쌍합니다. 참으로 안됐습니다. 여러분, 이제 한

번 굳게 결심합시다. 그렇게 bargaining하지 맙시다. 흥정하지 맙시다. 지금이 그때라고 하거든 그저 조용한 마음으로 담담하게 받아들입시다. 나이많은 사람인데도 불구하고 의사도 손들었는데 자꾸만 수술해달라 하면서 "아, 돈 아끼느냐!"하고 가족들을 아주 못살게 들볶는 사람 보면 참으로 딱합니다. 벌어놓은 것 다 쓰고 갑니다, 고스란히. 빚까지 잔뜩 걸머지고 갑니다. 제발 이러지 맙시다. 기독교인의 죽음은 그래서는 안됩니다. 언제 맞아도 맞을 것이니까 다소라도 보태고 갈 생각을 하고 가야지 빚 걸머지고 가겠다는 생각을 하다니요. 여러분, 미리미리 준비합시다. 미리미리 기도합시다. 깨끗하게 갑시다. 좀더 살겠다고 그렇듯 비굴한 흥정 하지 맙시다. 의사에게 아무리 매달려보아도 그 의사도 갈 사람입니다. 별재주 없는 것입니다. 조금 더 연기해보았댔자, 되돌아오는 곳은 그 자리입니다. 어차피 영안실에서 끝나는 것입니다. 너무 그리 비굴하게 처절하게 갈 것이 아닙니다. 넷째단계는 depression입니다. 아주 포기하고 실망하고 낙담하는 단계입니다. 우울해지는 것입니다. 극단적인 우울입니다. 죽음을 앞에 놓은 사람의 우울증이란 예사 우울증이 아닙니다. 아주 심각합니다. 이것을 잘 넘어서야 됩니다. 잘 통과해야 됩니다. 여기서 잘못하면 남을 원망하게 되고, 불평하게 되고, 많은 사람 괴롭히게 됩니다. 다섯째단계는 acceptance입니다. 순응하는 단계입니다. 자, 이제는 가야 하는데 여기서 내가 할 일은 무엇일까, 어떻게 해야 되는가, 어떻게 할 것인가, 합니다. 아름다운 일입니다. 깨끗하게 순응을 합니다. 받아들입니다. 「볼티모어 선」이라고 하는 일간지에서 독자들에게 색다른 설문을 냈습니다. '만약 당신이 앞으로 1년밖에 더 살지 못한다면 그 1년 동안에 무엇을 하겠습니까?' 하고 수천 명을 대상으로 물어보았습니다. 모두가 응답을 하는데 공통적인 것이 있었습니다. 저택이라든가 여행이라든가 무슨 새로운 자동차라든가 저축이라든가 출세라든가 명예라든가 하는 세상적인 것에 대한 서원은 하나도 없었습니다. 뭉뚱그리면 딱 두 가지 서원으로 집약되는 것이었습니다. 하나는 "더 많이 도움을 주고 싶습니다. 지금까지는 도움받는 데 마음을 써왔지만 이제 남은 일 년은 어떻게든 남을 도우며 살고 싶습니다" 하는 것이고 두 번째는 "사랑받기보다는 더 많은 사랑을 주고 싶습니다" 하는 것이었습니다. 여러분, 이 점을 잊지 마십시오. 1년 동안에 더 받아 보면 뭘 하겠습니까. 이제는 단 1시간이 남았더라도 남에게 주고, 남을 위로하고, 남에게 힘을 주고, 용기를 주고, 사랑을 주는 시간으로 살아가야 됩니다.

　죽음이 가까워오는 것이 아니라 내가 죽음을 향하여 가는 것입니다. 징조는 충분합니다. 어깨를 두드리고 여기 주물러라 저기 주물러라, 하면 이제 반은 간 것입니다. 계단을 올라갈 때 숨이 가쁘고 중간에 쉬었다 올라간다든가 얼굴이 노래지면 징조가 온 것입니다. 좋은 마음으로 받아들입시다. 준비하십시오. 없을 일이 있는 것처럼 생각하지 맙시다. 있을 시간이 온 것일 뿐입니다. 죽음을 부정하려고드는 마음에서 고민이 오는 것입니다. 철학자 하이데거는 '던져진 생이다, 주어진 생이다' 라고 말합니다. 여러분, 받아들이는 자세를 가집시다. 부정하려들지 맙시다. 긍정하되 가슴을 열고 받아들이는 것입니다. 그것이 중요합니다. 또하나, 나 자신을 예외시하지 맙시다. 건강하다느니 젊었다느니 일이 많다느니 공부를 많이 했다느니 준비를 많이 했다느니. 하지 맙시다. 쓸데없습니다. 결코 나를 예외시하지 말 것입니다. 다 가는 길로 나도 가는 것입니다. 또하나, 그것이 언제라 해도, 아침이라도 좋고 저녁이라도 좋다, 이대로 여기서 끝나도 상관이 없다, 할 만큼 밝게, 준비된 생을 삽시다. 한순간도 부끄러움없이 그대로 주를 맞이할 수 있는, 그런 준비된, 죽음을 준비한, 미래를 준비한 오늘을 살아야 합니다. 사도 바울은 로마서 13장 12절에서 말씀합니다. "밤이 깊고 낮이 가까웠으니 그러므로 우리가 어두움의 일을 벗고 빛의 갑옷을 입자." 분명히 밤이 가까워지고 있습니다. 그러나 바울은 생각합니다. 밤이 밤으로 끝나는 것이 아닙니다. 이 밤 뒤에는 아침이 오고 있는 것입니다. 그는 아침을 바라보며 밤을 극복하였습니다. 이것이 그리스도인의 모습입니다. 그날은 어두움이 아닙니다. 그날은 밝음입니다. 우리나라에서 참 많은 존경을 받던, 도승이라고도 하고 공부를 많이 해서 학승이라고도 하던 성철 스님에 대해서 쓴 책에「우리 옆에 왔던 부처」라고 하는 책이 있습니다. 이 책에 나오는 소위 '열반송'이라 해서 그가 세상떠날 때 마지막으로 한 말을 그대로 옮겨보겠습니다. '한평생 무수한 사람들을 속였으니 그 죄업 하늘에 가득차 수미산보다 더하다. 산 채로 무간지옥에 떨어져 그 한이 만 갈래이니 한덩이 붉은 해, 푸른 산에 걸려 있다.' 그가 어떻게 도를 닦았든 마지막말을 이렇게 하고 있습니다. 천추의 한을 남기고 떠난 것입니다. 잘 아시는대로 헬렌 켈러 여사는 장님이요, 벙어리요, 귀머거리입니다. 얼마나 답답한 세상을 살았겠습니까마는 예수믿고 구원받은 헬렌 켈러 여사는 세상 떠날 때 "아, 나의 생은 참으로 아름다웠다"하고 갔습니다. 어찌 생각하여야 합니까. 우리는 끝을 봅니다. 그러나 그 끝은 다시 다음 세대를 향한 시작입니다. 우리는 지옥을 보며 가는 것이 아니라, 하늘나라를 보며 살아갑니다. 우리는 허무함의 노예가 된 것이 아니고 영생의 기업을 바라보며 삽니다. 성경 어디를 읽어보나 전부가 하늘나라를 지향하고 있습니다. 예수님의 말씀을 보십시오. 핍박을 받는 자는 복이 있나니, 순교하는 자가 복이 있나니, 마음이 가난한 자는 복이 있나니, 화평케 하는 자는 복이 있나니, 하십니다. 그 복이 다 무엇을 말씀하시는 것입니까. 하늘나라의 복을 말씀하시고 계십니다. 소망을 굳게 잡으라, 기본적인 소망, 영생에 대한 소망을 굳게 잡아라, 하십니다. 사랑과 선행을 격려하라, 합니다. 사랑과 선을 행하는 것만이 능사가 아닙니다. 서로서로 격려하고 사랑하는 일이 남았습니다. 이제는 선한 일 하는 것만 남았습니다. 나로 인해서 사랑하게 되고, 나로 인해서 다른 사람이 선행을 하게 되도록, 그러한 사람으로, 기뻐하며, 기쁨을 주며, 사랑을 격려하는 사람으로 살 것입니다. 또, 모이기를 힘써야 합니다. 사도행전 2장 46절에서 봅니다. 초대교회사람들, 성령이 충만할 때 그들은 주님의 재림을 바로 의식하면서 모이기를 힘썼습니다. 모여 예배하고, 기도하고, 찬송하고, 성도의 교제를 나누고, 봉사하였습니다. 모이기를 힘쓰라—여러분, 과거에 모이던 것보다 더 열심히, 그 어느 때보다도 더 충실하게 모여야 합니다. 열심히 모여 예배하며, 기도하며, 주를 찬송할 것입니다.

피터 마샬이라고 하는 부인을 제가 만났었습니다. 피터 마샬 목사님의 부인입니다. 마샬 목사님이 세상을 떠날 때 그 부인보고 빙그레 웃으면서 "슬퍼하지 마시오. 내일아침 다시 만납시다"하더라고 합니다. 이 한마디가 그 마음 속에 큰 충격을 줌으로 영감을 얻어서 미국의 베스트셀러 작가가 된 사람입니다. 제가 그 할머니를 만났을 때 얼마나 은혜스러웠는지 모릅니다. 한마디입니다. "내일 아침 다시 만납시다"—이것이 그리스도인의 마지막 모습입니다. 또 우리가 새겨야 할 말입니다. 그날을 보십니까? 그날을 믿습니까? 그날의 내 모습이 어떻게 나타날 것같습니까? 프라이어리티 넘버 원이 무엇입니까. 오늘 내가 해야 될 일이 무엇입니까. 사도 바울은 디모데후서 4장 7절에서 말씀합니다. "내가 선한 싸움을 싸우고 나의 달려갈 길을 마치고 믿음을 지켰으니" 내 앞에 면류관이 있다, 합니다. 하나의 군인으로, 하나의 경기자로 달려갈 길을 다 가서 내 앞에 면류관이 있다고, 나뿐만 아니라 그의 나타나심을 사모하는 모든 자에게 이 면류관이 주어질 것이라고 내다보면서 마지막길을 갑니다. 이것이 성도의 길입니다. 그 밝은 미래를 바라보고 오늘을 사는 것입니다. 여기에 삶의 힘이 있고, 원동력이 있고, 능력이 있는 것입니다. 여기에 승리생활이 함께하는 것입니다.

†기 도

하나님 아버지, 저희들에게 은혜주셔서 허망한 세상에 살면서도 영생을 바라보며, 죄인으로 살아가면서도 하나님의 자녀의 기업을 바라보며 소망 중에 살게 하심을 감사합니다. 새 믿음을 주시옵소서. 모두 고난과 모순과 부조리를 이기고 늘 승리하는 주님의 사람들 되게 하여주시옵소서. 주님 앞에 섰을 때 서로 자랑하며 서로 기뻐하며 하나님께 영광돌릴 수 있는 모든 성도의 미래가 되게 하여주시옵소서. 예수님의 이름으로 기도하옵나이다, 아멘.

말씀에 매료된 사람

여호와의 율법은 완전하여 영혼을 소성케 하고 여호와의 증거는 확실하여 우둔한 자로 지혜롭게 하며 여호와의 교훈은 정직하여 마음을 기쁘게 하고 여호와의 계명은 순결하여 눈을 밝게 하도다 여호와를 경외하는 도는 정결하여 영원까지 이르고 여호와의 규례는 확실하여 다 의로우니 금 곧 많은 정금보다 더 사모할 것이며 꿀과 송이꿀보다 더 달도다 또 주의 종이 이로 경계를 받고 이를 지킴으로 상이 크니이다 자기 허물을 능히 깨달을 자 누구리요 나를 숨은 허물에서 벗어나게 하소서 또 주의 종으로 고범죄를 짓지 말게 하사 그 죄가 나를 주장치 못하게 하소서 그리하시면 내가 정직하여 큰 죄과에서 벗어나겠나이다 나의 반석이시요 나의 구속자이신 여호와여 내 입의 말과 마음의 묵상이 주의 앞에 열납되기를 원하나이다

(시편 19 : 7~14)

말씀에 매료된 사람

　재미있는 이야기가 있습니다. 늘 자신은 '대한민국의 국보'라고 자처했던 양주동 박사님을 잘 아실 것입니다. 사실로 천재였던 모양입니다. 그가 일본 와세다대학에서 공부하고 있을 때 바다 건너 멀리 일본땅에 가 있었지마는 유학하고 있으면서도 실은 서울의 기독교 계통 어느 여학교 학생을 열렬히 짝사랑하였습니다. 그는 청년시절부터 탁월한 문학재능이 있었습니다. 시적인 문장력이 대단했습니다. 그런 실력을 다해서 그는 연애편지를 여러번 썼습니다. 여학생의 마음을 후려잡을 만큼 좋은 문장을 골라서 사랑을 고백했습니다마는 번번이 회답은 없었습니다. 이유인즉 그 미션스쿨 기숙사에 독수리같은 사감선생님이 있어서 연애편지가 날아들어오는족족 읽어보고 그 여학생한테 전달하지 않았기 때문입니다. 그러니 양주동총각이 아무리 편지를 한다해도 본인한테 전달되지 않는데야 무슨 소용이 있겠습니까. 양주동은 마음이 몹시도 아팠습니다. 무슨 수가 없을까하고 그는 묘안을 궁리했습니다. 마침내 꽤나 지혜로운 수를 찾아냈습니다. '옳거니! 성경구절을 많이 써서 보내자. 미션스쿨이니 성경구절이라면 그 무서운 사감선생님도 본인한테 전달하지 않을 수 없을 것이다. 성경 구절에다 내 마음을 담아보내면 될 것 아닌가.' 그래서 그가 써보낸 성경말씀은 요한일서 4장 7-8절과 로마서 12장 9절, 그리고 요한일서 4장 18절, 마가복음 10장 7-9절 등이었습니다. "우리가 서로 사랑하자 사랑은 하나님께 속한 것이니 사랑하는 자마다 하나님께로 나서 하나님을 알고 사랑하지 아니하는 자는 하나님을 알지 못하나니 이는 하나님은 사랑이심이라(요일 4:7-8),"

"사랑엔 거짓이 없나니 악을 미워하고 선에 속하라(롬 12:9)," "사랑 안에 두려움이 없고 온전한 사랑이 두려움을 내어쫓나니(요일 4:18)," …… 그리고 마침내 결론은 이러했습니다. "이러므로 사람이 그 부모를 떠나서 그 둘이 한몸이 될지니라 이러한즉 이제 둘이 아니요 한몸이니 그러므로 하나님이 짝지어 주신 것을 사람이 나누지 못할지니라(막 10:7-9)"하고 '아멘!' 하였던 것입니다. 이같은 편지가 짝사랑한테 감동을 안기고, 그래서 사랑을 이루는 데 성공하였다고 합니다.

여러분에게 다시한번 묻겠습니다. 사랑이 무엇입니까? '사랑이라는 것은 별것이 아니다. 보고 싶은 것이 사랑이다'라고 칼 바르트는 말했습니다. 보면서도 또 보고 싶고, 멀리 있으면 한없이 보고 싶고, 그리고 그 목소리를 듣고 싶습니다. 그의 말이라면 끝도 없이 얼마든지 얼마든지 듣고 싶습니다. 그의 말이라면 들은 소리 또다시 들어도 좋습니다. 음성만 들어도 좋습니다. 이것이 사랑이라는 것입니다. 이것이 사랑에 미친 것입니다. 뿐만아니라 서로 마주보는 것이 사랑입니다. 나는 뜨겁게 쳐다보는데 그는 딴사람을 보고 있다면 그 사랑은 짝사랑입니다. 짝사랑은 고통입니다. 서로 마주보는 것, 눈과 눈이 마주치는 것, 그래서 행복한 것, 그것이 사랑입니다. 사랑은 다 주는 것입니다. 다 주고 행복한 것입니다. 주고 기쁜 것입니다. 간단한 것입니다. 그리고, 제가 여기서 다시한번 말씀드리겠습니다. 사랑이란 곧 생각하는 것입니다. 생각 속에 사랑이 있습니다. 그 생각이 곧 기쁨으로 바꾸어집니다. 빌립보서 1장 3절에 보면 "내가 너희를 생각할 때마다 나의 하나님께 감사하며 간구할 때마다 너희 무리를 위하여 기쁨으로 항상 간구함은……"이라고 바울은 말씀합니다. 생각할 때마다 감사요 생각할 때마다 기쁨입니다. 이것이 바뀌면 어떻게 되겠습니까. 생각할 때마다 분하고, 기도할 때마다 눈물입니다. 사랑이 식은 것입니다. 사랑이 병든 것입니다. 또한 사랑은 듣는 것입니다. 들으면서 감동합니다. 긍정합니다. 전적으로 수긍이 갑니다. 아무런 반론이 없습니다. 그의 말이라면 다 옳습니다. 그대로 받아들여집니다. 사랑한다고 하면서 상대방이 무슨 말을 할 때 "그건 말도 안돼" 하고 일축해버리는 것이라면 사랑을 하는 것이 아닙니다. 그를 사랑한다면 그의 말은 다 좋습니다. 그의 생각은 내 생각보다 훨씬 좋은 생각입니다. 그래서 그의 말이라면 다 들어줍니다. 또 있습니다. 그를 사랑한다면 그를 위해서 헌신을 합니다. 수고를 합니다. 희생을 합니다. 그리고 기쁘고 자랑스럽습니다. 이것이 사랑입니다. 그냥 그리워하는 것만이 사랑인 것은 아닙니다. 사랑은 체험하는 것입니다. 젊은사람들 보십시오. 한창 사랑에 빠져 있을 때는 전화벨만 울려도 온몸이 찌르르합니다. 달아오릅니다. 몸으로 체험하는 것입니다. 이것이 사랑입니다. 그러면 사랑하지 않는 사람은 어떻습니까. 전화벨만 울려도 (젊은사람들 하는 소리로는)닭살이 돋습니다. 몸서리를 칩니다. 무서운 일 아닙니까. 사랑은 보고 싶고, 그의 음성이 그렇게 다정할 수가 없습니다. 그것을 체험하고, 매일 간증을 하는 것입니다. 사랑을 확인하는 것입니다. 그래 '나는 기쁘다, 나는 행복하다' 하고 하루에도 몇 번씩 간증을 합니다. 'I am so happy because of you.' 합니다. '나는 당신 때문에 행복합니다' 합니다. 이러지 않는 것이면 사랑이 아닙니다. 오직 여기에 사랑이 있습니다.

그리스도를 사랑한다는 것이 어떤 것입니까. 누가복음 10장에 보면 예수님께서 마르다와 마리아의 집에 갔을 때(때가 식사때였던지) 언니되는 마르다는 음식을 준비합니다. 예수님을 위해서 부엌에서 부지런히 음식을 준비하는데 동생되는 마리아는 예수님 무릎 앞에 앉아서 조용히 말씀을 청종하고 있습니다. 예수님 마음이 아주 기뻤습니다. 그 듣는 자세, 그 사랑하는 얼굴을 보면서 마음이 좋으셨던 것같습니다. 그러나 마르다는 속이 상했습니다. 주여, 내 동생이 나 혼자 일하게 두는 것을 그냥 보고만 계십니까, 하고 볼멘소리를 합니다. 예수님께서 "마리아야, 네 언니 좀 도와주어라"하실 줄 알았는데, 예수님께서는 오히려 "마르다야 네가 많은 일로 염려하고 근심하나 그러나 몇 가지만 하든지 혹 한 가지만이라도 족하니라 마리아는 이 좋은 편을 택하였으니 빼앗기지 아니하리라"하십니다. 마르다에게는 서운해할 말씀이지마는 마리아에게는 말할수없는 기쁨이었을 것입니다. 좋은 편―그것이 무엇입니까. 여러분은 누구를 어떻게 대접하십니까? 제가 심방을 가든가 하다보면 어떤 집에서는 혹 음식을 대접할 때도 있거든요. 음식 준비하느라고 주부가 왔다갔다합니다. 부엌을 들락날락합니다. 우리 심방간 사람들보고 "찬송 부르세요, 설교하세요"해놓고 자신은 이리저리 왔다갔다합니다. 내 그럴 때에 제일 한심스럽습니다. 내가 이거, 배고파서 얻어먹으러 왔나, 싶습니다. 어떻게 하는 것이 정말로 상대방을 행복하게 하는 것입니까. 내가 내 말을 하는 것이 아닙니다. 그의 말을 들어주는 것입니다. 그의 말을 유심히 들어주는 것입니다. 또 듣고 싶은 것입니다. 들으면서 행복한 것입니다. 이것이 사랑이라고 하는 것입니다. 우리는 사랑에 대하여 많은 것을 착각하고 있습니다.

오늘 본문을 보면 하나님을 지극히 사랑하는 사람의 시원한 간증을 들을 수 있습니다. 이 사람은 하나님의 말씀에 매료되었습니다. 사모하는 마음이 있습니다. 하나님의 말씀을 사모하고, 하나님의 말씀을 달게 달게 체험하고 있습니다. 아주 맛있는 음식을 먹듯이 달게 달게 음미합니다. 또 그렇게 말씀을 사랑하고보니 말씀을 지켜 행합니다. 그 지키는 것은 쉽지요. 사랑하는 사람을 위해서 하는 것, 쉽지요. 사랑하는 사람의 뜻을 따라 행동으로 옮기는 것은 아주 쉬운 일입니다. 조금도 무리가 되지 않습니다. 이것이 오늘 본문에 나타난 고백입니다. 여러분, 건강이 무엇입니까. 요새 보아하니 건강을 진단하기 위해서 많은 돈을 들입니다. 병원에 입원까지 해가면서 뭐, 머리에서부터 발끝까지 정밀검진을 받습디다. 이런 말씀 드리기가 좀 거북합니다만 저는 건강진단 해본 지가 꽤 오래되었습니다. 하지를 않습니다. 왜 그러냐―건강진단은 간단한 일입니다. 입맛 좋으면 건강한 것입니다. 입맛 없어지면 탈 있는 것입니다. 이름을 대어서 죄송합니다마는 우리 교회 류태영 장로님은 함께 식사를 해보면 참 어이없을 때가 있습니다. 식사할 때는 아시는 대로 같이 앉은 사람들과 보조를 맞추어야 되거든요. 천천히 같이 먹어야 됩니다. 사람을 초대한 경우나 어른들과 같이 식사를 할 때는 더욱이 그렇습니다. 박자를 맞춰야지 저 혼자서 홀랑 먹어치워서는 곤란하거든요. 그런데 류장로님은 동석한 사람이 절반도 먹기 전에 다 먹어치웁니다. 그래 한번은 "류장로님, 아, 거 국제신사가 그게 뭐요? 좀 천천히 박자를 맞추고 잡숴야지 그렇게 후딱 잡숴서야 쓰겠소?"하고 핀잔을 했더니 장로님 왈 "나도 그래야 될 줄 알지요. 그러나 음식을 입에 넣고보니 하도 맛이 있어가지고 절로 쏙쏙 넘어가는 데야 어떡합니까. 그저 빨리 들어가고 또 들어오라는 걸요. 미안합니다." 그 얼마나 행복하겠습니까. 입맛좋은 것처럼 행복한 일도 없습니다. 돈 많이 벌면 뭘 합니까. 입맛 가면 다 간 것입니다. 그 무슨 재미로 살겠습니까. 먹는 재미가 얼마나 좋은 것인데 그걸 잃어버리고 산다면 사는 것이 아니지요. 자, 아이들하고 한번 자장면을 잡숴보십시오. 자장면은 국물이 없으므로 어른은 잘 안넘어가서 연신 물을 마셔대야 하지만 아이들 보면 한 절반쯤 먹었는데 벌써 자장면 그릇에 흥건히 물기가 괍니다. 무슨 물기겠습니까, 이게. 바로 아이들 입에서 나온 침인 것입니다. 너무 맛이 있어서 침이 질질 나와서 괸 것입니다. 어른들은 침이 말라 이게 안넘어가가지고 물을 마시고…… 좌우간 식사를 할 때 물 마시기 시작하면 절반은 무덤쪽으로 간 것입니다. 이것을 알아야 합니다. 무릇 건강하면 입맛이 있습니다. 영적으로 건강한 사람은 말씀의 맛에 침 마르는 법이 없습니다. 건강하면 소화가 잘됩니다. 무엇을 먹든지 먹는대로 잘 삭입니다. 찬 것이든 더운 것이든, 굳은 것이든 무른 것이든 먹는대로 소화가 됩니다. 어느 나라에 가든지 그 나라 음식 다 잘 먹고 잘 소화시킵니다. 소화능력이 좋습니다. 말씀에도 소화능력 좋은 사람이 있고 밤낮없이 체증 걸리는 사람이 있습니다. 소화능력 있는 사람은 그렇게 먹고 힘이 솟아오릅니다. 먹는대로 힘이 나옵니다. 그리고 피곤함이 없습니다. 온전한 건강은 어디 있습니까. 건강한 사람이라면 뭘 먹고나서 그 몸에 느끼는 것이 오직 금방 배고픈 것밖에 없습니다. 먹자마자 곧 배고파집니다. 이 사람이 건강한 사람입니다. 그런데 보십시오. 여러분이 몸에 느끼는 것이 있습니까? 가령 심장을 느낍니까? 심장이 있다고 느낍니까? 그렇다면 심장 아픈 사람입니다. 눈이 있다고 느껴집니까? 눈이 아픈 사람입니다. 머리가 있다고 느낍니까? 머리가 지끈지끈한 사람입니다. 허리가 있다고 느낍니까? 허리가 아픈 사람입니다. 건강한 사람은 아무것도 느끼지 못합니다. 배고픈 것만 느낍니다. 항상 배가 고픕니다. 먹어도 먹어도 배가 고픕니다. 먹을 때마다 맛이 있습니다. 이런 사람이 건강한 사람입니다.

영적 건강도 그렇습니다. 하나님의 말씀에 맛을 느낍니다. 아주 달게 느낍니다. 들을 때마다 읽을 때마다 말씀이 너무너무 좋습니다. 말씀에서 하나님의 음성을 듣습니다. 성경 속에서 하나님의 말씀을 듣습니다. 듣고 깨닫습니다. 그것이 중요합니다. 소화능력이 좋아서 그 어느 말씀을 들어도 다 하나님의 말씀으로 들립니다. 성경 어디를 보아도 나에게 주시는 말씀입니다. 성령 안에서 내게 주시는 귀한 말씀으로 깨닫게 됩니다. 그렇게 입맛이 좋아지고, 그렇게 해석을 합니다. 그런가하면 또한 하나님의 사랑을 느낍니다. 어느 성경 어디를 보아도 읽는 동안 하나님께서 "내가 너를 사랑한다" 하시는 것을 느낍니다. 하나님의 사랑을 항시 느낍니다. 그래서 말씀을 사랑합니다. 이것을 '십자가중심적 복음'이라고 합니다. 십자가중심적으로 온 성경을 이해하게 됩니다. 사랑의 말씀으로 이해하게 됩니다. 제 기억에 아마 열네 살 때로 생각됩니다. 어머니의 권유로 성경을 읽는데 어려운 말씀이라 다 이해가 되는 것은 아니지만 꾸준히 읽었습니다. 읽을 때마다 마태복음 제일 장은 건너뛰었습니다. 아브라함이 이삭을 낳고, 이삭이 야곱을 낳고…… 줄줄이 누가 누구를 낳았다는 말씀이었습니다. 그래 이 부분은 읽지 않고 넘어가 제이 장부터 읽었거든요. 그러다가 한번은 생각하기를 '성경말씀인데, 이해가 안되더라도 다 읽어야지. 읽어야 어느 땐가는 이해될 것 아니겠는가' 싶어 정신을 차리고 읽기 시작하였습니다. 마태복음 제일 장도 차근차근 읽어내려가는데 깜짝 놀란 대목이 있었습니다. "다윗은 우리야의 아내에게서 솔로몬을 낳고"하는 6절말씀에서였습니다. 거기서 저는 얼마나 울었는지 모릅니다. 여러분, 다윗이 솔로몬을 낳았습니다. 지혜의 왕 솔로몬이 그 '요사스러운' 밧세바의 아들이다, 이 말씀입니다. 하나님께서 다윗을 얼마나 사랑하시고, 얼마나 용서하셨으면 밧세바의 몸에서, 남의 아내에게서 솔로몬이 태어나는 것입니까. 이것, 복음이 아닙니까. 그러고보면 성경 구절구절, 어디 어디 할것없습니다. 다 소중하고 소중한 말씀인 것입니다. 귀한 복음인 것입니다. 하나님의 말씀이 지닌 맛이 이렇습니다. 하나님의 말씀을 사랑하는 자의 고백입니다. 오늘 다윗은 본문에서 고백합니다. 하나님의 말씀을 내가 사랑합니다, 그 말씀은 나를 소성케 하기 때문입니다―죄로 인하여 영혼이 시들었습니다. 저주의식으로 인하여 영혼은 병들었습니다. 그런데 하나님의 말씀을 읽어가는 동안 말씀 속에서 죄사하심을 받고 영혼의 소생함을 얻었습니다. 소성케 하고―생기를 얻게 되더라는 말씀입니다. 그래서 나는 성경을 사랑합니다, 하는 것입니다.

또, 성경은 나를 지혜롭게 합니다. 오늘 우리 교인들 가운데도 이 어려운 때를 맞음으로 더욱 더 열심히 성경을 읽고 교회에 나오면서 하나님의 말씀 속에서 지혜를 얻어가지고 어려운 일 잘 처리하는 이가 있습니다. 그는 고백합니다. "이것은 말씀이 준 지혜입니다. 말씀에 의해서 구원도 받고, 사업도 하고, 성공도 하고…… 말씀의 지혜, 말씀이 나를 지혜롭게 합니다." 무척도 좋아하는 것을 보았습니다. 또한 말씀이 내 마음을 기쁘게 합니다. 신바람나게 합니다. 말씀이 나로하여금 소성(蘇醒)의 역사를 이루게 합니다. 아주 우스운

얘기입니다마는 8·15 해방 직후에는 종이가 귀했습니다. 종이공장이 다 없어졌으니까요. 그래 심지어는 신문도 귀했습니다. 그런데 담배 많이 피우는 사람들이 잎담배를 말아서 피워야 되겠는데 종이는 없고…… 그래서, 참 못할짓이지마는 교회나가는 아내의 성경책장을 찢어가지고 담배를 말아 피웁니다. 피우니까, 거 종이가 얇고 좋단말입니다. "여보, 대체 어찌 그럴 수가 있어요? 당신이 교회 안 나가는 것까지는 그렇다쳐도 감히 어떻게 성경을 찢어서 담배를 피운단말이에요?" 하고 아내가 나무랄라치면 "여보, 그 종이가 아주 좋은데?" 하고 남편은 여전히 성경책장을 찢어 그것으로 담배를 말아 피웁니다. 그러다가 한번은 그 짓 하다가 우연히 성경구절을 읽게 되고, 그 몇 절 읽다가 그만 깨져서 구원받은 사람이 있습니다. 성경책장으로 담배 말아 피우다가 구원받은 것입니다. 이렇듯 우리는 말씀을 읽을 때 마음에 큰 변화가 이루어지는 것입니다. 누구나 그렇습니다. 말씀을 읽으면 변화가 이루어집니다. 이보다 더 귀한 일이 없습니다. 또한, 하나님의 말씀은 내 눈을 밝게 합니다. 그래서 나를 보고, 세상을 보고, 내 운명을 보고, 미래를 봅니다. 영원한 미래세계를 바라봅니다. 답답한 세상을 살지마는 소망의 세계를 성경을 통하여 바라봅니다. 거기에 하나님의 약속이 있기 때문입니다. 여러분은 성경을 얼마나 사랑하십니까?

　얼마전 김진경 박사께서 나와 같이 북한에 갔다가 나는 나오고 그는 못나오고 한 40일 억류되어 있었습니다. 빈 방에 혼자 있는데 책도 읽지 못하게 하고 성경책도 다 빼앗겼습니다. 텅빈 방에 혼자 있으니 그저 생각나고 그리운 것은 성경책이었습니다. 암기하고 있는 말씀을 상기해보았더니 몇절 되지 않더라고 합니다. 이럴 줄 알

앉더면 성경말씀 좀 많이 외어둘 걸 싶더라고 합니다. 찬송을 부르려고 해보니 그도 '예수 사랑하심은(411장)' 밖에 생각이 안나더라고 합니다. 어쨌든 그 생각나는 것만 거듭거듭 외고 부르고 하면서 지냈다고 합니다. 어떤 사람은 자기가 사랑하는 성경을 select해서, 노트에 써가지고 자꾸 읽고 또 읽어 욉니다. 당신은 성경을 왜 그렇게 외려고 애를 쓰느냐, 했더니 "언젠가는 눈이 어두워져서 성경을 못 볼 것이므로 미리 외어두는 것이고 내가 세상떠날 때 다른 생각은 다 치매와 함께 잃어버려도 내 기억 속에 성경말씀은 있어야 되니까 그래서 이 몇몇 절의 성경을 깊숙이깊숙이 머리 속에 넣어두려고 합니다"하고 대답합니다. 얼마나 실제적입니까. 우리는 성경을 사랑합니다. 그러기에 행복합니다. 우리는 말씀을 잘 지켜서 여기서 용기를 얻고, 지혜를 얻습니다. 우리는 성경증거를 받아들임으로 구원에 이릅니다. 우리는 성경을 통하여 하나님의 약속을 확인합니다. 그런 고로 성경은 권능입니다. 능력입니다. 나를 이기고, 세상을 이기고, 죄악을 이기는 능력입니다. 오늘도 말씀이 육신이 되어 우리 가운데 거하시며 성경 안에서 우리를 부르시고 계십니다. 칼 바르트는 유명한 말을 하였습니다. 'The Word of God waits for us in the Bible(하나님의 말씀이 성경 안에서 우리를 기다린다).' 여러분, 성경 안에서 우리는 주님을 만납니다. 거기에 구원의 역사가 있습니다.

† 기 도

하나님의 말씀, 그 거룩한 은혜로 인하여 감사드립니다. 주여, 무한한 영광을 받으시고 새로운 은혜를 더하사 말씀을 사랑하며 말씀에서 구원을 받으며 말씀의 능력으로 인하여 항상 밝은 빛을 보며

늘 승리하는 주의 사람들 되게 하여주시옵소서. 예수님의 이름으로 기도하옵나이다, 아멘.

이러한 기쁨에 충만한 사람

　이 후에 예수께서 제자들과 유대 땅으로 가서 거기 함께 유하시며 세례를 주시더라 요한도 살렘 가까운 애논에서 세례를 주니 거기 물들이 많음이라 사람들이 와서 세례를 받더라 요한이 아직 옥에 갇히지 아니하였더라 이에 요한의 제자 중에서 한 유대인으로 더불어 결례에 대하여 변론이 되었더니 저희가 요한에게 와서 가로되 랍비여 선생님과 함께 요단강 저편에 있던 자 곧 선생님이 증거하시던 자가 세례를 주매 사람이 다 그에게로 가더이다 요한이 대답하여 가로되 만일 하늘에서 주신 바 아니면 사람이 아무 것도 받을 수 없느니라 나의 말한바 나는 그리스도가 아니요 그의 앞에 보내심을 받은 자라고 한 것을 증거할 자는 너희니라 신부를 취하는 자는 신랑이나 서서 신랑의 음성을 듣는 친구가 크게 기뻐하나니 나는 이러한 기쁨이 충만하였노라 그는 흥하여야 하겠고 나는 쇠하여야 하리라 하니라
　　　　　(요한복음 3 : 22~30)

이러한 기쁨에 충만한 사람

　세계의 50개국에서 출간된 베스트셀러에 「Being Happy」라고 하는 책이 있습니다. 한국에서도 번역출간되었는데 여러분 가운데도 읽은 분이 있으리라고 생각합니다. 많은 사람에게 감명을 준 책입니다. 앤드루 매튜스(Andrew Matthews)라고 하는 세계적인 일러스트레이터가 그 저자입니다. 기쁘게 살아가는 방법을 말해주는 책입니다. 어떻게 해야 행복할 수 있을까―저마다 생각을 해보는 이 문제에 대하여 여러 모로 공명을 일으키는 감동적인 내용을 담고 있어서 세계적으로 즐겨 읽히는 책입니다. 인간은 자기 삶의 패턴에 따라서 살아간다는 것입니다. 자기나름의 생각을 가지고 그 틀대로 살아갑니다. 패턴이라는 말을 쓰고 있습니다마는 달리 말하면 세계관이라고도 할 수 있고 혹은 'frame of reference' 라고도, 가치관이라고도 할 수 있고 요새 많이 쓰는 말로 패러다임, 공유하는 사고의 틀을 생각할 수 있겠습니다. 어쨌든 사람은 각자의 마음 속에 어떤 사고의 틀이 있다는 것입니다. 그 틀을 기준으로해서 사람들은 생각하고 그 틀을 기준으로해서 생각하는대로 불행하기도 하고 행복하기도 한 것입니다. 가령 '나는 작다' 하는 것은 큰 사람하고 비교하기 때문입니다. '나는 크다' 하는 것은 작은 사람하고 비교함으로 나오는 말입니다. 이렇듯 자기 속에 나름대로의 틀이 있는 것입니다. 그것이 문제라는 것입니다. 과거에 경험했던 것, 혹은 들어서 배운 것이 오랫동안 흘러오면서 되풀이되는 가운데 자기 안에 하나의 틀이 형성되고, 고정관념이 되고, 자기나름의 가치관과 철학이 됩니다. 그리고 이것을 기준으로해서 행복과 불행이 나타나는 것입니다. 이를테면 어떤 사람은 변명하기를 잘합니다. 변명한다는 것은 좋은 것이 아닙니다. 그것은 하나의 위선이요 또하나의 허영입니다. 사실대로 인정하면 그만인 것입니다. 남이야 어떻게 인정하든 나는 나대로 살면 되는데 꼭 변명을 합니다. 가령 운동하는 것을 보아도 그렇습니다. 잘될 때도 있고 안될 때도 있는 것인데 어떤 사람 보면 안될 때는 꼭 변명거리가 있습니다. 감기기운이 와서, 어디가 어때서, 아침에 나올 때 마누라가 잔소리를 해서…… 이렇게 꼭 어디다 갖다붙입니다. 꼭 이유를 듭니다. 몹쓸버릇입니다. 변명, 아주 좋지 않은 것입니다. 악습입니다. 그저 사실대로 인정하면 되는 것입니다. 잘한 것은 잘한대로, 못한 것은 못한대로, 또 남이야 뭐라고 하든 사실 그대로를 받아들이면 편하겠는데 굳이 변명을 하려고들 때 사람이 짤아지는 것입니다. 못돼집니다. 변명이 습관화하면 사람 아주 못쓰게 됩니다. 어떤 모임에 지각을 했으면 '내가 잘못해서 늦었다' 라고 생각해버리면 그만인데 그렇지를 않고 뭐가 어쩌고저쩌고 하면서 꼭 변명을 하고듭니다. 보아하면 이런 사람은 어느 때 어느 모임에든 항상 늦습니다. 그리고 항상 변명합니다. 변명내용도 꼭 같습니다. 예배시간에 늦는 사람 보면 5분 늦는 사람은 항상 5분 늦습니다. 더도 덜도 늦지 않습니다. 꼭 5분입니다. 늦는 사람이 늘 늦습니다. 그리고 꼭 변명이 있습니다. 이것이 얼마나 나쁜 성향이라는 것을 본인은 모르고 있습니다. 변명하는 사람은 불행합니다. 변명 없이 사는 사람은 자유합니다. 이것을 알아야 합니다. 심리적으로 대단히 중요한 것입니다. "아, 그 사람 또 늦을 거야" "오면 들어서자마자 또 변명을 할 거야" "거봐, 내 그럴 줄 알았지. 또 늦고 또 변명할 줄 알았지"—남들로부터 이런 소리 듣고 살 것이 아닙니다.

「Being Happy」의 저자는 말합니다. 사람들이 지닌 가치관에 두 유형이 있는데 하나는 부정적이고 하나는 긍정적입니다. 어떤 경우에든지 긍정적으로 보고 행복을 찾는 사람이 있는가하면 꼭 부정적으로만 보고 어둡게만 생각하여 스스로 불행해지는 사람이 있습니다. 문제는 여기 있습니다. 이런 사람 어떻게 하면 구제할 수 있는가, 부정적으로 기울어지는 이런 사람은 어떻게 하면 치료할 수 있을까, 그 잘못된 가치관을 어떻게 하면 바로잡을 수 있을까—이에 대하여 이 책에서는 참 지혜있는 서술을 하고 있습니다. 그래서 이 책이 유명해진 것입니다.

첫째로, 칭찬을 받아들이라, 합니다. 중요한 충고입니다. 남이 나를 칭찬할 때 순수한 마음으로 "고맙습니다"하고 받아들입니다. 남이 칭찬할 때 꼭 남을 비판하는 사람 있습니다. 당신이 뭔데 나를 칭찬하느냐—이렇게 나오는 사람도 있습니다. '이거, 칭찬이 아니라 날 비웃는 거 아니야? 나를 업신여기고 하는 소리 아닐까?' 이렇게 생각을 한단말입니다. 여러분 스스로 한번 생각해보십시오. 어떤 사람이 나를 칭찬할 때 액면 그대로 깨끗한 마음으로 "고맙습니다"하고 받아들이는 편입니까, 아니면 마음 속에 뭔가 못된 것이 깃듭니까? 여기에 당신의 존재가 있는 것입니다. 칭찬을 순수한 마음으로 받아들일 수 있어야 당신은 당신의 허영된 인격으로부터 구제받을 수 있습니다.

둘째로, 남을 칭찬하라, 합니다. 어떤 사람 보면 한평생 남을 칭찬해본 일이 없습니다. 아이들을 놓고도 잔소리만 했지 칭찬하는 것을 들어보지 못합니다. 이런 사람, 구제불능입니다. 못고치는 병입니다. 여러분도 스스로 한번 생각해보십시오. 나는 하루에 남을 몇 번이나 칭찬하는지. 칭찬하는 순간 내가 낮아진다고 생각하는 데 문제가 있는 것입니다. 남을 높이는 순간 나도 함께 높아진다는 것을 생각지 못하는 것, 이것은 병적인 심성입니다. 부디 열심히 칭찬할 것입니다. 칭찬하는 동안에 장점을 보게 되고, 칭찬하는 동안에 나도 더불어 함께 커진다는 것을 알아야 합니다. 아이들을 가르치는 일, 간단한 일입니다. 칭찬하면 되는 것입니다. 어떡해서든지 좋은 점을 보아가면서 계속 칭찬해나가면 교육은 저절로 됩니다. 복잡하게 생각할 것 하나도 없습니다. 칭찬보다 더 효과적인 교육은 없습니다. 남을 칭찬하면 그로 더불어 나 자신이 더 행복해진다는 것을 잊지 마십시오.

셋째로, 남한테 자신을 늘 좋게 말하라, 합니다. 무슨 말인고 하니, 다른 사람에게 자신을 소개할 때 자꾸 아픈소리 하지 말 것입니다. 괴로운 일 당했으면 나 혼자로 끝낼 것이지 남에게까지 드러낼 것은 아니지요. 그것이 남에게 무거운 짐을 지운다는 생각을 해야 됩니다. 남을 얼마나 괴롭게 하는 일인지 모릅니다. 몸이 아파요? 좀 참읍시다. 여기 아프다 저기 아프다, 하면서 온집안을 못살게 들볶아서는 안됩니다. 중생하여야 됩니다. 큰병입니다. 아픈 것 좀 참으면 될 일입니다. 소리지른다고 덜 아파지나요. 점점 더 아파집니다. 내가 어려운 것은 나 혼자서 당할 생각을 하고, 될 수만 있으면 다른 사람에게는 무거운 짐을 지우지 않겠다고 하는 배려의식이 필요합니다. 나는 언제나 좋은 빛을 보일 것입니다. 이것은 위선이 아닙니다. 걱정거리가 많아도 많은 사람을 대할 때는 화평스럽고 즐겁고 행복한 얼굴로 나타날 필요가 있습니다. 이것이 점점 쌓이면서 내 성격을 이루는 것입니다.

넷째로, 자기자신과 자기행동을 분리해서 생각하라, 합니다. 대단히 중요한 충고입니다. 여러분, 사업을 위해 힘씁니다마는 사업과 나는 별개입니다. 사업이 망하는 순간 내가 다 망하는 것이 아닙니다. 학생들 입학시험을 봅니다. 시험에 떨어질 수도 있고, 붙을 수도 있습니다. 떨어졌다고 해서 인생 끝났다, 가문 망했다, 하는데 이게 무슨 소리입니까, 상가집같이. 대학 오늘 못가면 내일 갈 것이요, 저기 아니면 여기입니다. 못가면 딴 직업 가지면 되지 거기에 운명을 겁니까. 얼마나 초라한 모습입니까. 이런 사람은 불행합니다. 사업은 사업이고 나는 나입니다.

또 중요한 것이 있습니다. 어떤 대접을 받고자 하는지를 상대방에게 알리라, 합니다. 결혼기념일이나 자기생일같은 때 남편이 알아주나 그냥 넘어가나 보자, 하는 분들이 있습니다. 가만히 기다렸다가 그냥 넘어가면 삐져서 한 달 동안 말도 안하고…… 남자가 이런 여자하고 살려면 피곤합니다. 그럴 것이면 아침에 "오늘이 우리 결혼기념일입니다. 잊어버리지 마세요. 작년에는 그런 선물을 주었으니 금년에는 메뉴를 바꾸어서 다른 선물을 주세요"—이렇게 할 것입니다. 그런 것을 놓고 뭐, 알아주나 안알아주나 하고, 안알아주면 나는 불행해, 나는 결혼 잘못했어, 하고 탄식을 하는 여자, 참 궁상맞은 여자입니다. 이런 사람하고 살려면 오래 살기 힘듭니다. 왜 이래야 됩니까. 남이 나를 어떻게 대해주기를 바라는가, 그것을 알리면 될 것 아닙니까. 좀더 솔직하고 좀더 깨끗하게—이것이 자유할 수 있는 길입니다. 이것이 행복할 수 있는 길입니다.

또한 좋은 친구도 사귀고, 좋은 책도 많이 읽어야 됩니다. 하나 더 중요한 것은 지금의 자기모습이 어떠한가를 생각하지 말고 어떠한 사람이 되고 싶은가, 그것을 생각하라는 것입니다. 항상 현재에 만족할 것이 아니라 '내가 바라는 사람은 이런 사람이다' 하고, 자기의 이상적 이미지를 앞에 두고 늘 생각하라는 것입니다. 사람은 생각하는 만큼 운명이 주어지기 때문입니다. 생각하는 방향으로 달라지기 때문입니다. 계속 생각하는 것입니다. 사람을 사귀어도 그런 유형의 사람과 사귀고, 그런 자기모습을 그리며 살아가라, 하는 것입니다. 다 털어 한마디로 말하면 항상 웃으라, 기뻐하라, 하는 말입니다. 그것이 행복할 수 있는 길입니다.「Analysis of Disease(병의 분석)」라고 하는 책이 있습니다. 노만 커즌이라는 사람이 쓴 유명한 책인데 다 읽어보면 별얘기는 아닙니다. 웃으라, 하는 것이 요지입니다. 위장병, 위궤양, 신경성 질병들은 호탕하게 몇 번만 웃어도 낳는다고 합니다. 웃지 않는 사람의 병을 고칠 수 있는 약이 없습니다. 끝이지요. 그저 웃어야 됩니다. 어떻게든 웃어야 됩니다. 기쁨이 건강의 유일한 비결이다, 라고 말하고 있습니다.

오늘 본문에 보면 저 모든 것보다 더 높은, 아주 높은 차원의 성경적 행복의 지름길이 있습니다. 비결이 여기 있습니다. 세례 요한이 말씀합니다. "나는 이러한 기쁨이 충만하였노라." '이러한 기쁨'이라는 것이 무엇입니까. 요한의 마음 속에 있었던 절대적인 기쁨, 넘치는 기쁨, 기본존재로부터 나오는 엄청난 기쁨이었습니다. 그는 이러한 기쁨으로 모든것을 소화합니다. 이러한 기쁨이 어디서부터 오는 것입니까. 먼저는 질투가 없는 마음에서 왔습니다. 질투하는 마음은 사람을 썩게 합니다. 잠언에 보면, 시기는 사람의 피를, 골수를 마르게 합니다. 어떤 일로든지 간에 기도하고 회개하고 질투 없이 살아야 됩니다. 질투하는 마음을 속에서 완전히 빼어버려야만 자유할 수 있습니다. 질투, 참 무서운 병입니다. 사람에게는 기본적으로 생리적 욕구가 있고, 안전하려고 하는 욕구가 있고, 소속하고자 하는 욕구가 있고, 인정받고자 하는 욕구가 있습니다. 가장 높은 차원의 인간적인 욕구는 자기실현의 욕구입니다. 자기를 실현하고자 하는, 자기존재를 확실하게 하고자 하는 정신적 욕구가 있는데, 이 욕구가 어떤 일로 인하여 방해받을 때, 침해될 때 이것이 질투로 작용하는 것입니다. 이것을 알아야 합니다. 이것을 극복하지 못하면 안됩니다. 흔히들 자유경쟁이라는 말을 입에 올립니다. 또 무한경쟁의 시대다 뭐다 하고, 경쟁에서 강한 자만 살아 남는다 하고…… 하도 이런 소리들을 해서 사람들 못쓰게 만들었습니다. 다 '병신' 만들어놓았습니다. 공부 잘해야 한다, 일류대학에 가야 한다, 결국 머리 좋은 사람, 강한 사람, 똑똑한 사람 몇 사람만 살아남는다, 생존 경쟁이다, 합니다. 생존경쟁이라는 말은 칼 마르크스의 이론입니다. 공산주의 마음입니다. 경쟁에서 강한 자만 살아남는다, 약육강식이다, 하는 것은 무서운 철학입니다. 물론 강한 자가 살지요. 그러나 강한 자는 하나가 아닙니다. 일 등이 삽니다.

그러나 일 등은 하나가 아닙니다. 경쟁할 때는 일 등은 하나이지만 무경쟁으로 갈 때는 모두가 일 등입니다. 한 사람은 운동을 잘하여 일 등이요, 한 사람은 음악을 잘하여 일 등이요, 한 사람은 얼굴이 예뻐서 일 등이요, 한 사람은 말을 잘하여 일 등입니다. 다 일 등 할 수 있게 만든 것이 하나님의 섭리입니다. 누구는 일 등 하고 누구는 패한다는 것이 아닙니다. 그것이 성경적 진리입니다. 그런고로 우리는 무한경쟁이 아니라 무경쟁으로 살아가야 한다는 것을 잊지 말아야 합니다. 나 나름의, 나만의 세계에서 나는 늘 이기고, 승리하는 것입니다. 결코 누구와 경쟁해서 하는 것이 아닙니다. 우리나라 경제가 왜 어려워졌습니까. 경쟁을 더티(dirty)하게, 더러운 경쟁을 했습니다. 내가 살자는 것이 아니라 남을 죽였다는 말입니다. 많은 중소기업을 죽여가면서 나를 크게 만들었습니다. 그래 저도 망하고 다 망했지 않습니까. 이것이 아닙니다. 남을 살려야 내가 사는 것입니다. 저를 살려야 내가 사는 것입니다. 나만 사는 경쟁, 이것은 공산주의식 경쟁입니다. 결국은 다 망하게 되는 것입니다. 이 경쟁하는 마음, 시기 질투하는 마음, 이로부터 구원받아야 합니다.

자, 세례 요한을 보십시오. 어떻게해서 그로부터 구원받았습니까. 그는 신앙적으로 해석합니다. 예수님께 세례 요한이 세례를 행하였습니다. 그런데 예수님께서 저곳에서 제자들과 함께 세례를 주시니까 사람들이 다 예수님께로 가더이다, 하는 소리를 들은 세례 요한—인간적으로 말하면 기분나쁘지요. 통계는 없지만 '모두'가 그리로 갔다 합니다. 내가 선배인데, 나에게 오던 사람이 다 저에게 가버린다는데 마음편하겠습니까. 그러나 그는 이렇게 해석을 합니다. "하늘에서 주신 바 아니면 사람이 아무것도 받을 수 없느니라." 다 하나님께서 주신 바다, 내게 주셨고 그에게 주셨고⋯⋯ 내게 주신 것처럼 그에게 주셨다고, 다 하나님께서 주신 것이라고 합니다. 어떤 사람에게는 재산을, 어떤 사람에게는 재주를 많이 주셨다, 어떤 사람에게는 특별한 건강을 주셨다. 모두에게 하나님께서 적당하게 주신 것이다, 하나님께서 주셔서 받은 것이다, 그런고로 나는 이 문제에 대해서 아무 이의가 없다, 그것입니다. 내게 오던 사람이 죄다 그에게 가도 상관이 없습니다. 하나님께서 하시는 일이니까 하나님께서 주신 분복 안에서 그는 만족할 수 있었습니다. 신앙적입니다. 나는 광야의 소리와 같다, 이것으로 내 사명을 다한 것이다, 그 주의 길을 예비하는 것으로 내 기능, 내 책임은 다하는 것이다, 이것이 하나님께서 내게 주신 바다, 합니다. 여러분, 하나님께서 나에게 주신 것이 무엇인지를 똑바로 압시다. 남에게 주신 것 시기, 질투할 것 없습니다. 그것은 나의 일이 아니니까요. 하나님께서 내게 주신 것, 내게 주신 은혜, 여기에 충실할 것입니다. 그러면 자유하고 질투로부터 벗어날 수 있습니다. 행복할 수 있습니다.

또하나는, 불변하여야 됩니다. 변화가 있으면 안됩니다. 시종일관이어야 됩니다. 이사야 26장 3절에 보면 "심지가 견고한 자를 평강에 평강으로 지키시리니"하고 말씀합니다. 심지가 견고하여야 됩니다. 사랑한다 하였으면 사랑하는 것입니다. 참는다 하였으면 끝까지 참아야 됩니다. 사람이 어떻게 했든 상관할 것 없습니다. 누가 무슨 말을 하건 이 이상 들을 필요가 없습니다. 부모님들이 자녀들 위해서 입버릇처럼 말합니다. "나는 너희들을 위해서 산다. 너희들만이 내 소망이다." 말들은 잘하는데, 혼사때 보니 그것이 아니더라고요. 아예 본전을 빼려고듭다. 그동안에 밑천 든 것이 얼만데, 내가 어떻게 키운 자식인데, 해가면서 혼수문제로 가정이 깨지는 것을 봅니다. 왜 이러는 것입니까. 주려고 했으면 끝까지 주어버리지 뭘 이제 와서 찾겠다고 듭니까. 마음이 변하면 안됩니다. 섬기기로 시작했으면 끝까지 섬기는 것입니다. 주기로들었으면 끝까지 주어버리는 것이지 이제와서 무얼 새삼 바라는 것입니까. 잘못된 마음입니다. 한번 충성을 맹세했으면 끝까지 충성하는 것입니다. 변함이 없는 자에게 평강이 있습니다. 환경에 따라, 대접받는 데 따라 이렇게저렇게 마음이 흔들려서는 절대로 행복할 수가 없습니다.

또하나는, 함께하는 기쁨이 있어야 합니다. sharing하는 것, 고난당하는 자와 함께 고난당하기도 하고, 아파하는 자와 함께 아파하고, 상대방이 기뻐할 때 내것이 아니지만 함께 기뻐할 줄 아는 사람이 행복합니다. 우리 교인 가운데 이런 분이 여러 분 있는 것을 고맙게 생각합니다. 다른 교회에 가면 내가 자랑을 합니다. 어느 구역에 학생들이 있습니다. 고등학교 3학년 학생 셋이 있었습니다. 온 구역원들이 그 셋을 위해서 함께 기도하는 것입니다. 이 세 학생이 이제 입학시험을 보게 되었습니다. "합격하게 해주시고 좋은 길을 열게 해주세요"하고 구역원들이 심지어는 교회에까지 나와서 열심히, 시험보는 날에도 기도하였습니다. 그런데 이상하게도 그 중 둘은 합격하고 하나는 떨어졌습니다. 합격한 학생들의 어머니들이 말을 못합니다. 떨어진 쪽 마음아프겠으니 말을 못하고 있는 것입니다. 자, 이제 말을 할 사람은 누구입니까. 떨어진 학생의 어머니만 말을 할 수가 있습니다. 그런데 그 떨어진 학생의 어머니가 합격한 두 학생과 구역원들까지 다 청해서 잔치를 하였습니다. 우리의 두 아들이 학교에 입학한 것을 축하한다, 내 아들은 떨어졌지만 두 아들 합격했으니 이 얼마나 좋은 일이냐, 하면서 잔치를 벌인 것입니다. 내가 다른 교회 가서 자랑할만하지요? 그런데 보통은 어떻습니까. 창피해서 밖을 나서지 못하겠다, 남의 아들들은 다 합격을 했는데 내 아들은 떨어졌으니 내 어찌 고개들고 살 수 있나, 합니다. 몹쓸심사입니다. 그런데 그 어머니는 마음을 열어서 내 자식은 떨어져도 다른 아이들 합격한 것을 기뻐해주었습니다. 이것, 그 떨어진 자의 어머니만 할 수 있는 일입니다. 그렇게 잔치를 했는데, 그 다음해에 그녀의 아들이 더 좋은 학교에 들어갔습니다. 당연히 그럴 것입니다. 아름다운 마음에 내리는 축복인 것입니다. 더불어 기뻐하는 것입니다. 내 손에 들어온 것은 없으나 저 사람 잘되는 것을 보고 기뻐합니다. 남 잘되는 것을 내가 잘되는 것처럼 좋아합니다. 그런 마음이라야 행복한 것입니다. 사촌이 땅을 사면 배가 아프다면서요? 그럼 배 아파서 죽어야 됩니다. 그래서는 안될 일이지요. 못사는 사람입니다. 남이 잘되는 것 행복해하고 축하하는 마음, 이 마음이 꼭 필요한 것입니다. 항상 더불어 기뻐하는 마음, 그것이 행복의 근본입니다.

좀더 중요한 것이 있습니다. 그것은 쇠하는 마음입니다. 세례 요한이 참 귀한 말씀을 합니다. "그는 흥하여야 하겠고 나는 쇠하여야 하리라" 합니다. 내가 물러나는 기쁨입니다. 물론 하나님나라가 이루어지는 데 자기의 사명을 다하고 이제 예수님께 바톤을 넘겨주는 시간입니다. 물론 행복하지요. 그러나 좀더 깊이 생각하면 이것은 물러서는 마음입니다. 시작하는 기쁨도 있습니다. 끝내는 기쁨도 있습니다. 나아가 물러서는 기쁨이 있습니다. 후배에게 물러섭니다. 여러분, 퇴직했습니까? 퇴직하는 기쁨이 있어야 됩니다. 직장에서 물러설 때, 내가 20년 동안이나 수고한 직장이야, 앞으로도 잘되기를 바란다, 하는 마음을 가져야지 돌아서면서 "에잇, 다 망해라!" 하고들 있습니다. 이런 마음들을 가지니 이 나라가 어떻게 되겠습니까. 저마다 저주를 하고 있으니 말입니다. 내가 애써서 수고하던 회사다, 앞으로 더 잘되기를 바란다, 나 아닌 누군가가 이 자리에 있어서 잘되기를 바란다, 하는 마음이어야 되겠는데, 이것이 행복의 비결인데, 보면 그렇지를 못한 것입니다. 너무 생각들이 좁아요. 물러설 때마다 저주요, 욕설입니다. 그래서는 이 나라가 살 수 없지요. 개인도 죽습니다. "그는 흥하여야 하겠고 나는 쇠하여야 하리라"—물러가면서, 은퇴하면서 기뻐하는 것입니다. 잘되기를 바라는 마음, 축복하는 마음, 바로 이것입니다. 이것이 행복의 길입니다.

성 프란체스코의 임종 시에 많은 교인들이 모여서 그를 지켜보고 있었습니다. 조용히 숨을 거둘 시간이 가까이 왔을 때 그는 갑자기 큰소리로 찬송을 부르기 시작합니다. 한 수도사가 옆에서 이렇게 말했다고 합니다. "신부님, 지금은 창밖에 많은 사람이 와 있습니다. 이 엄숙한 시간에 신중하게 처신하시는 것이 좋을 듯합니다." 말이 끝나기무섭게 프란체스코는 웃음을 머금고 말합니다. "미안하네, 내가 주책을 떨어서. 하지만 나는 도저히 참을 수가 없는 걸 어떡하나. 가슴깊이에서 솟구치는 기쁨을 감출 수가 없다네. 내가 오랫동안 그리워하던 주님을 두눈으로 볼 수 있게되었으니 말이네." 세상을 떠나면서 이렇게 기뻐하는 마음이 그리스도인의 마음입니다. 그는 흥하여야 하겠고 나는 쇠하여야 하리라—이 감사와 감격, 이것이 행복의 비결입니다.

† 기 도

하나님 아버지, 오늘 이렇게 늘 행복을 원하고 행복을 구하면서도 행복의 길을 잊어버리고 불행의 길로 치닫고 있는 저희를 불쌍히 여겨주시고 근본적으로 우리의 삶의 패턴을 바꾸게 하사 우리의 철학이, 우리의 생활관이 중생하게 하옵소서. 그리하여 세례 요한의 마음에 있었던 그 '이같은 기쁨'이 충만한, 그런 생을 살게 하옵소서. 예수님의 이름으로 기도하옵나이다, 아멘.

은혜의 사람

　내가 이런 사람을 위하여 자랑하겠으나 나를 위하여는 약한 것들 외에 자랑치 아니하리라 내가 만일 자랑하고자 하여도 어리석은 자가 되지 아니할 것은 내가 참말을 함이라 그러나 누가 나를 보는 바와 내게 듣는 바에 지나치게 생각할까 두려워하여 그만두노라 여러 계시를 받은 것이 지극히 크므로 너무 자고하지 않게 하시려고 내 육체에 가시 곧 사단의 사자를 주셨으니 이는 나를 쳐서 너무 자고하지 않게 하려 하심이니라 이것이 내게서 떠나기 위하여 내가 세 번 주께 간구하였더니 내게 이르시기를 내 은혜가 네게 족하도다 이는 내 능력이 약한 데서 온전하여짐이라 하신지라 이러므로 도리어 크게 기뻐함으로 나의 여러 약한 것들에 대하여 자랑하리니 이는 그리스도의 능력으로 내게 머물게 하려 함이라 그러므로 내가 그리스도를 위하여 약한 것들과 능욕과 궁핍과 핍박과 곤란을 기뻐하노니 이는 내가 약할 그 때에 곧 강함이니라

(고린도후서 12 : 5~10)

은혜의 사람

　미국의 「뉴스위크」지가 2000년 신년호에 특집으로 다룬 인물이 있습니다. 1999년에 '올해의 아시아인' 이라고 하는 사람으로 혼다나 미쓰비시나 소니 같은 큰 회사들을 제치고 일본의 5대 기업으로 부상한 '소프트방크'의 손정의 회장을 뽑았습니다. 그가 이렇게 아시아의 사람으로, 아시아인으로 세계적인 주간지에 유명하게 선발된 것은 권위주의와 연줄에 매여서 헤매고 있는 일본의 사회, 그 낡은 풍토를 부수고 '인터넷제국'을 일구는 데 크게 기여했기 때문이라고 합니다. 그러나 그런 명색의 이면에 사실은 숨은 비밀이 있습니다. 일반으로는 생각하지 못하는, 어쩌면 우리만이 알 수 있는 독특한, 숨은 이유가 하나 있습니다. 이 사람은 한국계 일본인입니다. 일본에서 태어난 한국사람입니다. 그래서 그는 공무원도 못되고 선거에도 출마하지 못하고 일류기업에 입사할 수도 없었습니다. 남달리 우수한데도 한국계라는 것 때문에 그에게는 길이 꽉 막혀 있었습니다. 할수없이 그는 미국으로 유학을 하여 인터넷을 공부하고 인터넷사업을 구상하던끝에 소프트방크를 설립해서 오늘과 같은 세계적인 기업을 이루었습니다. 만일에 손정의씨에게 길이 잘 열렸었다면, 우리 식대로 고등고시도 보고 또 출마도 할 수 있고 일류회사에 취직도 되고…… 이랬었다면 그는 오늘의 '손정의 회장'이 될 수 없었을 것입니다. 무릇 인생에서 작은 과거의 성공이 큰 미래를 망치는 경우는 허다합니다. 어쩌면 길이 앞뒤로 꽉 막혔었기 때문에 그는 이 시련을 딛고 오늘같이 명예로운 사람이 된 것입니다. 그 시련은 이제서 생각하니 확실히 그에게 주어진 특별한 은혜였습니다.

성도 여러분, 여러분의 마음 속에 두려움이 있습니까? 혹은 사람들과 좋은 관계를 이루지 못해서 왠지 사람들과 만나기가 싫고 스스로 고독을 느낍니까? 혹 내가 하고 있는 일이 영 마음에 안들어서 허무하고 허전하고 무가치한 생을 사는 것같아 자신을 비하시키고 있습니까? 세상이나 혹은 되어지는 많은 사건, 걷잡을수없이 밀어닥치는 사건 사건들 속에서 나는 초라하고 약하다고 생각하십니까? 그 원인이 뭐라고 생각하십니까? 세상이 잘못된 것입니까? 이웃이 잘못된 것입니까? 도대체 나의 불안과 공포는 어디에서 오는 것입니까? 여러분, 혹 그것이 나의 교만 때문이라고 생각해보았습니까? 그 모든 해결의 길이 내가 조금만 더 겸손하면 풀릴 수 있는 문제라고는 생각해보지 않았습니까? 언젠가 제가 가르친 제자목사 한 사람이 저를 찾아와서 이런 고민을 털어놓았습니다. "저는 요새 용기를 잃어버렸습니다. 아무리 생각해도, 아무리 몸부림쳐도 교회는 부흥되지 않습니다. 나 자신에 대해서 아주 실망입니다. 낙심입니다. 이제 더는 뭘 어떻게 할 수가 없습니다. 정말 빨리 어떻게든 그만뒀으면 싶을 때가 있습니다. 제가 생각해도 이렇게나 허약할 수가 없습니다. 무슨 방도가 없겠습니까?" 저는 이 후배한테 이렇게 일러주었습니다. "겸손을 배워라. 좀더 겸손해보아라. 네 낙심의 원인이 교만에 있다는 것을 잊지 말라. 또 하나, 성취욕을 버려라. 이제까지 못한 것 앞으로인들 하겠느냐. 이미 다 끝난 것이니 뭘 좀 굉장하게 하고, 되고, 그런 것 다 잊어버려라. 성취욕으로부터 깨끗이 자유하여라. 그러면 소생함을 얻을 것이다." 듣고 가만히 생각하더니 눈물을 흘리면서 고마워합니다. "다시 시작해보겠습니다." 그렇게 헤어졌습니다. 여러분, 성 베르나르라고 하는 유명한 분이 있습니다. 그분은 덕으로서 가장 높은 덕은 겸손이다, 생각하였습니다. 겸손하면 능할 수 있고 강할 수 있고 용기도 있을 수 있다, 어느 구석에 조금이라도 교만이 싹트기 시작하면 아주 망친다, 하는 것을 깨달았습니다. 그래서 스스로 자기가 자기를 점검해서 이것이 겸손이다, 이 프레임에서 떠나면 안된다, 꼭 이 범주에서 살아야 한다, 라고 생각하고 자기가 자기를 다스리는 자기규례를 만들었습니다. 그 첫째는 자기죄를 알고 비천에 처하라, 하는 것입니다. 이 세상의 모든 사람들 중에서 내가 가장 큰 죄인이다—그렇게 알고 자기를 가장 낮게 비천한 존재로 생각하라, 합니다. 자기가 자기에게 하는 말입니다. 두 번째는, 자기 죄를 통회하고 사실로 고백하라, 하는 것입니다. 죄가 드러나는 일에 대해서 두려워하지 마라, 합니다. 잘못한 것 잘못했다는데 뭐가 고까우냐, 실수해서 실수했다는데 무엇이 부끄러우냐, 그것입니다. 죄가 노출되는 것에 대해서 절대로 변명하지도 말고 부끄러워하지도 말라, 회개에 진실하고 정직하라, 이것이 겸손이다, 그렇게 생각하였습니다. 또 한 가지는, 누가 내 결점을 알고 나를 업신여길 때 그 굴욕을 달게 받아들이라, 하는 것입니다. 잘못한 것 잘못했다고 하는데 언짢을 것 없는 것입니다. 오히려 나에게 충고하는 사람을 고맙게 여기라, 합니다. 어제저녁 TV를 보니 아주 재미있는 것이 있었습니다. 여러분도 보았는지 모르겠습니다마는 초등학교 1, 2학년 쯤 되는 꼬마가 나와서 어른들을 상대로 저희들 사이에 통하는 은어를 말하는 것입니다. 수수께끼하듯이 어른들을 테스트합니다. 알아맞추나 못알아맞추나, 하고요. 열 가지를 테스트하는데 그 중에 이런 질문이 있었습니다. "싸운 다음에 하는 것이 뭐게요?" 싸운 다음에 하는 것이라니, 가만있자, 용서? 사과? 화해?…… 어른들이 왔다갔다하는 참인데 이 아이가 답을 말합니다. "반성이에요." 싸운 다음에는 반성하는 것이다, 합니다. 또하나가 아주 재미있습니다. "모든 사람이 다들 하는 건?" 아이가 이런 문제를 내자 어른들은 또다시 고개를 갸우뚱거리면서 왔다갔다합니다. 장가가는 것? 시집가는 것? 출세하는 것? 일하는 것?…… 이건가 저건가, 답을 찾아 헤매는데 꼬마는 방글방글 웃고 말합니다. "정답은요, 실수." 그렇습니다. 모든 사람이 실수를 합니다. 나도 실수를 합니다. 그렇다면 실수를 무서워할 것도 없고 두려워할 것도 없지 않겠습니까. 실수 안하겠다고 맹세할 것도 없습니다. 그것이 겸손입니다. 실수하는 존재로 나타나는 것입니다. 그런고로 남의 실수 당연하게 받아들이고 내 실수도 용서받아야 합니다. 어떻게 실수 없는 생을 살겠다고 건방진 생각을 할 수 있습니까. 그런 마음 자체가 교만인 것입니다. 또 한 가지, 사람들이 나를 비난할 때, 그리고 모욕을 줄 때 내가 이것을 어떻게 받아들이느냐입니다. 하나님을 생각하면서 조용히 참아넘기라, 모욕을 당할 때 모욕당한다고해서 자신을 생각하고 비굴할 것도, 그렇다고 나를 욕하는 사람을 미워할 것도 없다, 그 속에도 하나님의 뜻이 있는 것이라고 생각하여 그를 조금도 미워하지 않고 원망하지 않고 나 자신을 두고도 실망하지 않는 것, 이것이 겸손이다, 이렇게 생각을 합니다. 또 한 가지는 이것입니다. 전쟁이며 공포며 역경이며 고민거리며…… 많은 사건들이 몰려오는데 그 앞에서 나는 의연하여야 한다는 것입니다. 근심도 말고 걱정도 하지 말아야 한다는 것입니다. 어차피 내 힘으로 하는 것이 아니기 때문입니다. 과거도 미래도 하나님의 능력 가운데 살아가는 것인데, 오직 은혜로 사는 것인데 내가 뭐라고 걱정을 하는 것인가―걱정하는 것 그것이 교만이라는 것입니다. 겸손한 마음은 아무 걱정 하지 않고 하나님께 다 맡기는 것이다―이렇게 베르나르는 겸손의 덕을 스스로 정리하고 있습니다.

여러분, 오늘 본문에 보면 참으로 귀한 은혜의 사람이 있습니다. 아마도 성경에 나타난 모든 은혜의 사람 가운데 대표적인 분이 사도 바울이라고 저는 생각합니다. 은혜를 신학적으로 정립하고 또 복음적으로 은혜의 의미를 해석해준 대단히 소중한 은혜의 사람이라고 생각합니다. 특별히 그는 율법과의 관계에서, 율법주의자들과의 대결에서, 오직 우리는 은혜로 구원받는 것이다, 행함으로 구원얻는 것이 아니라 오직 은혜, 거저 주시는바 하나님의 은혜, 오직 믿음, 오직 긍휼로, 오직 은혜로 구원얻는 것이다, 라고 역설, 그 신학을 정립하였습니다. 또한 모든 형식주의로부터 벗어납니다. 외식주의, 형식주의, 업적, 이런 것 다 소용없다, 우리의 내심, 하나님께서는 우리의 중심을 아시니까 우리의 내적인 자세, 내적인 영적 자세 안에 은혜가 있다, 은혜란 결코 외적인 것이 아니고 내적인 것이다, 하고 그 깊은 면에서 은혜를 설명하고 있습니다. 또한 그는 은혜중심적 세계관을 말씀합니다. 은혜받은 자, 구원받은 자, 은혜의 참뜻을 아는 사람은 모든것을 은혜로 볼 수 있고 모든것을 은혜로 받아들일 수 있다, 그래서 은혜의 사람이 되는 것이다, 합니다. 바울 자신으로 볼 때 특별히 이 문제는 더 심각합니다. 내가 구원받은 것이 은혜요, 내가 사는 것도 은혜요, 내가 오늘까지 살아온 생애가 모두 은혜 안에 있음을 말씀합니다. 고린도전서 15장 10절에서 그는 말씀합니다. "나의 나된 것은 하나님의 은혜로 된 것이니…… 오직 나와 함께하신 하나님의 은혜로라"―내 존재 자체가 은혜다, 합니다. 오직 은혜를 말씀합니다. 모든것을 은혜로 해석하고 은혜로 받아들이고 은혜로 이해하게 됩니다. 갈라디아서에 보면 어머니의 태로부터 태어난 것, 길리기아 다소에서 태어났다는 그 사실 자체가 은혜였습니다. 출생이 은혜요 그 살아온 생애가 은혜일 뿐만 아니라 선택하심받은 것입니다. 내가 하나님을 선택한 것이 아니고 하나님께서 나를 선택하신 것이다—그 은혜, 하나님의 일 하는 그것이 특별히 은혜인 것입니다. 주의 사람으로 일하는 것, 이방인의 사도가 된 것, 이것은 철두철미하게 은혜다, 라고 받아들입니다. 그 은혜가 나를 강권적으로 붙들어서 내가 있고 또 하나님의 일을 할 수 있었다는 것입니다. 제가 사도 바울을 이해하면서 가장 귀하게 여기는 말씀이 바로 이 말씀입니다. "내게 주신 은혜"—바울은 언제나 '내게 주신 은혜' 라고 하는 독특한 말씀을 사용합니다. 내게 주신 하나님의 은혜—이것은 지극히 주관적이고 간증적입니다. 철저하게 신앙고백적입니다. 로마서 12장 3절, 고린도전서 15장 10절, 갈라디아서 2장 9절, 에베소서 3장 7절…… 여러 곳에서 그는 이 독특한 표현을 쓰고 있습니다. 내게 주신 은혜, 나만이 아는 은혜—그 은혜가 어떤 것이냐, 이것이 헛되지 아니해서, 은혜의 결과로 오늘 내가 있다, 라고 그는 고백합니다. 큰 사역을 할 수 있게 하신 은혜는 물론이고 특별히 계시받아, 하나님께서 내게 큰 계시를 주셔서 삼층천에 올라가 천당을 구경하고 온 사람이다, 합니다(12:2). 희한한 능력을 많이 받았고 또한 능력을 행사하기도 하였습니다. 많은 계시를 받았습니다. 그런데 가만히 성경을 엿보면 그는 이거 좀 자랑하고 싶은 것입니다. 그거 자랑하면 또 효험도 괜찮겠거든요. 그것을 자랑하면 사람들이 얼마나 사도 바울을 높이 보겠습니까, 우러러보겠습니까. 그런데 바울은 그 자랑을 하지 않았습니다. 오늘도 보니 자랑하고 싶고 또 자랑한 다고해도 잘못이 아니다, 사실이니까, 그러나 지나치게 생각할까해서 그만두노라―딱 끊습니다. 가끔 우리는 이런 경우를 보지 않습니까. 기도해서 병이 낫든가 특별한 은혜 받은 분들 있습니다. 이를테면 폐결핵 3기가 되어 피를 토하다가 의사는 더 못산다고 했는데 산에 올라가 기도하고 크게 피를 토해내면서 큰 충격을 받고 병이 나았다―이런 것 말입니다. 그래 그 뒤 돌아다니면서 그것을 간증합니다. 정말 그것은 희한한 일이지요. 그런데 간증을 자꾸 하다보니 같은 간증을 여러 번 하게 됩니다. 내가 들어보니 내용이 점점 과장되는 것이었습니다. 간증내용이 점점 더 부풀려집니다. 그리고 어느 결에 자기 스스로가 높아집니다. 문제는 여기에 있는 것입니다. 사도 바울은 이 사실을 알고 있었습니다. 그래서 '내가 놀라운 경험을 했지마는 말하지 아니하노라' 합니다. 바울은 자신을 잘 알고 있습니다. 자랑하기 시작하면 걷잡지못할 사람이라는 것을 압니다. 곧 교만해질 수 있는 사람이라는 것을 스스로가 압니다. 자기실수를 아는 사람입니다. 자기약점을 압니다. 그런데 더 놀라운 것은, 내가 나를 겸손하게 지킬 수 없는 사람이기 때문에 하나님께서 나를 겸손하게 만드신다고 말씀하는 것입니다. 그것이 바울이 받은 은혜입니다. 은혜로 은혜되게 하시는 은혜, 은혜를 지켜갈 수 있게 하시는 은혜, 은혜로 능력되게 하시는 은혜, 이 은혜는 바로 나를 겸손하게 하는 것입니다. 은혜를 보전하게 하는 것입니다. 어느 순간에라도 내가 받은 은혜 때문에 삐꺽해서 교만해지면 은혜 다 버리고 말 것이다―그것을 알고 있습니다. 그런고로 나를 겸손하게 하신 은혜, 그것이 으뜸의 은혜입니다. 바울이 깨달은 은혜, 으뜸가는 은혜가 나를 겸손하게 만드시는 은혜입니다. 내가 못하니까 하나님께서 하게 만드시는 것입니다. 그래서 그는 감옥에 들어가는 것, 그것을 은혜로 받아들였습니다. 예수의 이름으로 매맞고 능욕당하고 비판받고 욕먹는 것, 그것도 은혜요, 환난도 핍박도 은혜입니다. 그러나 가장 귀한 은혜는 바로 나를 겸손하게 만드신 은혜입니다. 그는 그것을 생각하였습니다. 여러분, 깊이 생각해봅시다. 오늘 성경은 다시 이렇게 말씀합니다. 그는 육체에 '가시'가 있었습니다. 이 육체의 가시가 무엇을 가리키는 것인지는 아무도 모릅니다. "사단의 사자"라고 부르는 것 보면 하나님의 일을 하는 데 막대한 지장을 주는 것입니다, 이 '가시'는. 그 정체가 궁금하여 제가 한때 50페이지에 달하는 논문을 써보았습니다. 제가 연구하고 짐작하는대로는 이 가시라는 것이 간질병입니다. 간질병을 가리켜 사단이 주는 병이라고 옛날사람들은 생각하였습니다. 가령 갈라디아서에 보면 그는 갈라디아교회에서 설교하다가 거품을 물고 쓰러진 일도 있는 것같습니다. 어쨌든 이 '가시'가 문제였습니다. 사도 바울이 다른 것은 몰라도 건강은 있어야 하나님의 사람으로 역사할 것이 아닙니까. 그래 하나님 앞에 세 번이나 그것에 관한 기도를, 특별기도를 드렸는데 하나님 주신 응답은 이러하였습니다. "내 은혜가 네게 족하도다(My grace is sufficient for you)." 만족하다, 하시는 것이 아닙니다. 충분하다, 하십니다. 충분하다—네게 있는 은혜가 충분하다, 하실 때 그는 그대로 온전히 받아들입니다. 아멘으로 받아들이고 맞습니다. 이것이 은혜입니다. 육체의 가시가 있기 때문에 그는 겸손합니다. 겸손할 수밖에 없었습니다. 아무 자랑도 할 수 없었습니다. 그대로 쓰러질 것이니까요. 그런데 하나님께서는 또 참 이상하십니다. 육체의 가시, 사단의 사자, 그

병은 고쳐주시지 않고 한평생 누가(Luke)라고 하는 의사를 동반하게 해주셨습니다. 하나님께서는 역시 손해보시고 싶지 않으셨던 것같습니다. 여기에 하나님의 놀라운 은혜가 있는 것입니다. 바울은 이것을 받아들입니다. 요새 다들 감기 때문에 고생하시지요? 우리집에도 온통 감기 다 걸렸습니다. 손녀아이가 나한테 시비를 겁니다. 우리집에는 언제든지 할아버지만 감기 안걸리고 다 걸린다, 하면서 "할아버지는 왜 안걸리죠?"하고 눈을 반짝입니다. 그래 제가 "바쁘다. 나는 바빠서 감기 못걸린다" 그랬습니다마는 여러분, 목사라고 감기 걸리지 말라는 법이 어디 있습니까. 목사라고 병들지 말라는 법이 어디에 있습니까. 그러나 병들어서 콜록거리면 영 은혜가 안되거든요. 그렇다고 '하나님, 나는 절대로 병걸리지 말게 해주십시오' 하는 기도도 안되는 것입니다. 여러분, 이것을 잊지 말기 바랍니다. 바울은 매맞는 것, 고생하는 것, 병드는 것, 다 합해서, 심지어는 육체의 가시까지도 나를 겸손하게 만든다, 하나님의 은혜만 의존하게 만든다, 하나님께서는 오직 주의 강하심만 의뢰하도록 그렇게 나를 강권으로 역사하신다, 합니다. 그런고로 나를 겸손하게 하시는 은혜, 그것이 으뜸가는 은혜인 것입니다. 바울이 생각하는바 "내게 주신 은혜"의 핵심은 나를 겸손하게 만드는 은혜입니다. 겸손하여야 그 많은, 그 받은바 모든 은혜가 은혜될 수 있기 때문입니다. 겸손—으뜸가는 은혜입니다. '겸손' 하면 늘 저는 성 프란체스코를 생각합니다. 그의 한 제자가 환상중에 하늘나라 구경을 하였습니다. 보니 많은 보좌가 있는데 드높이에 빈 보좌가 하나 있는 것을 보고 "저건 누구 것입니까?"하고 물었더니 "세상에서 가장 겸손한 사람 성 프란체스코가 앉을 자리다"하는 대답이었습니다. 아무리 나의 스승이라해도 이건 너무 높아지는 것 아닌가—그는 은근히 질투가 났습니다. 결국 조용한 시간에 이 제자는 프란체스코에게 물었습니다. "선생님, 선생님은 스스로를 어떤 사람이라고 생각하십니까?" 프란체스코는 서슴지않고 대답합니다. "이 세상에서 가장 악한 사람이라고 생각한다." 이때다, 하고 제자는 반박합니다. "선생님, 그건 교만입니다. 위선입니다. 세상에서는 선생님을 성자라 부르고 있습니다. 강도니 살인자니, 뭐 갖은 죄인들이 넘쳐나는 세상인데 어떻게 선생님이 가장 악하다는 말씀입니까? 그렇게 말씀하는 것은 위선입니다." 프란체스코는 빙그레 웃으면서 일러줍니다. "자네가 나를 몰라서 그래. 나는 사실로 악한 자이거든. 오직 하나님께서 내게 주신 은혜가 너무 커서 그 은혜 가운데 오늘 내가 있을 따름이야. 만약 나에게 주신 은혜를 하나님께서 다른 사람에게 주셨다면 그 사람은 분명히 나보다 훨씬 훌륭한 사람이 되었을 것이야." 프란체스코는 너무도 진지하게 말하는 것입니다. 마침내 제자는 마음으로부터 무릎을 꿇었다고 합니다.

가장 겸손한 것, 그것이 가장 강한 것입니다. 사도 바울은 '내게 주신 은혜'를 알았기에 은혜 충만한 은혜의 사람이 되었습니다. 그리고 보십시오. 은혜의 사람이기에 은혜를 끼칠 수가 있었습니다. 내가 행복하지 않고 남을 행복하게 만들 수 없습니다. 내가 은혜에 충만하지 않고 그 누구라도 은혜받게 할 수 없습니다. 사도 바울은 스스로 은혜가 충만하였습니다. 그리스도 닮게 하는 것, 나로 하여금 그리스도 닮게 하기 위해서 주어지는 모든것이 은혜인 것입니다. 겸손의 은혜를 가장 큰 은혜로 알고, 이제 겸손해서 은혜가 은혜되고, 은혜가 능력되고, 은혜가 보전되고, 그래서 또한 은혜베푸는 사람으로 살아갈 수 있었습니다. 이 신년벽두에 여러분은 무엇을 생각하고 있습니까? 아무쪼록 금년은 가장 겸손한 사람으로, 그리고 가장 큰 은혜의 사람으로, 그렇게 살아갈 수 있기를 바랍니다.

✝기 도

하나님 아버지, 주께서 한량없는 은혜를 베풀어주시건만 우리는 은혜를 은혜로 깨닫지도 못하고 은혜를 감당하지도 못합니다. 그 모든 것의 깊은 원인은 아직도 교만한 마음을 청산하지 못했기 때문인 줄 압니다. 간구하옵는 것은 사도 바울의 마음에 있었던바 그 깊은 은혜, 은혜에 대한 그 깊은 이해, 그리고 겸손함을, 겸손하게 하심을 가장 큰 은혜로 받고 그리고 가장 큰 능력의 사람으로 살았던 것같이 우리 또한 은혜의 사람이 되게 하여주시옵소서. 예수님의 이름으로 기도하옵나이다, 아멘.

믿음의 사람

사십 일 동안에 땅을 탐지하기를 마치고 돌아와 바란 광야 가데스에 이르러 모세와 아론과 이스라엘 자손의 온 회중에게 나아와 그들에게 회보하고 그 땅 실과를 보이고 모세에게 보고하여 가로되 당신이 우리를 보낸 땅에 간즉 과연 젖과 꿀이 그 땅에 흐르고 이것은 그 땅의 실과니이다 그러나 그 땅 거민은 강하고 성읍은 견고하고 심히 클 뿐 아니라 거기서 아낙 자손을 보았으며 아말렉인은 남방 땅에 거하고 헷인과 여부스인과 아모리인은 산지에 거하고 가나안인은 해변과 요단 가에 거하더이다 갈렙이 모세 앞에서 백성을 안돈시켜 가로되 우리가 곧 올라가서 그 땅을 취하자 능히 이기리라 하나 그와 함께 올라갔던 사람들은 가로되 우리는 능히 올라가서 그 백성을 치지 못하리라 그들은 우리보다 강하니라 하고 이스라엘 자손 앞에서 그 탐지한 땅을 악평하여 가로되 우리가 두루 다니며 탐지한 땅은 그 거민을 삼키는 땅이요 거기서 본 모든 백성은 신장이 장대한 자들이며 거기서 또 네피림 후손 아낙 자손 대장부들을 보았나니 우리는 스스로 보기에도 메뚜기 같으니 그들의 보기에도 그와 같았을 것이니라

(민수기 13 : 25~33)

믿음의 사람

1999년 12월 31일자「타임」지 커버에는 아인슈타인의 그 독특한 얼굴이 커다랗게 실렸습니다. 그리고 'Person of the Century' 라는 타이틀이 붙어 있습니다. 본문에는 25페이지에 달하는 긴 논문으로 아인슈타인에 대해서 이야기한 것을 보았습니다. 20세기를 대표하는 인물로 선정된 것입니다. 20세기를, 그 많은 사건을 요약하면 세 가지로 집약할 수 있다고「타임」지는 설명합니다. 'the century of democracy' 곧 민주주의의 세기입니다. 민주주의를 위해서 싸우고 투쟁하고 애쓴 백 년이었다고 말합니다. 또 'the century of civil rights' ─소위 인권, 개인, 이런 문제에서 세계는 소득을 얻었고 얼마간의 발전을 본 그러한 백 년이었다고 말합니다. 세 번째로 'the century of science and technology' 즉 과학과 기술의 세기였다, 라고 모든 사상을 집약하였습니다. 인문분야를 생각할 때 인권분야에서는 대표적인 인물로 인도의 간디가 선정되고 정치분야에서는 미국의 전대통령 루즈벨트가 뽑혔으며 과학, 기술 분야에서는 아인슈타인이 가장 큰 영향을 준 인물로 평가받고 있습니다. 그리고 다시 많은 사람들의 여론, 연구를 집약해서 20세기에 가장 큰 영향을 준 가장 큰 인물은 누구일까, 한 사람만 뽑아보자, 한 결과 아인슈타인이 여기에 뽑힌 것입니다. 그는 과학분야에만이 아니라 정치, 문학, 예술 그리고 도덕, 종교, 심지어는 신학에까지도 큰 영향을 끼쳤습니다. 여러분도 잘 아시는 그의 '상대성원리(Theory of Relativity)' 는 소위 'absolute rest' 즉 절대마진과 여백과, 그리고 'absolute time'─절대시간을 폐기처분하게 됩니다. 알거나모르거나 우리는 그의 상대성원리에 많은 영향을 받고 그 속에서 살아가게 된 것이다, 이렇게 설명을 하고 있습니다. 절대적인 것은 없고 상대적인 것만 존재한다—상대성원리는 깊은 철학의 세계에서 새로운 시각으로 세상을 보게 하였습니다. 아인슈타인은 말합니다. "과학의 기초는 진리이다. 과학하는 자세는 믿음이다." 믿음이라고 하는 것이 없이는 아무것도 존재하지 않는다, 하였습니다. 유명한 그의 명언입니다. 모든 거짓과 불신이 사라져갈 때 비로소 진리에 대한 믿음을 가지게 되고 믿음을 가질 때 거기서 힘을 얻고 능력을 얻고 지혜와 평화도 얻는 것이다, 라고 말합니다. 다행히 저는 프린스턴신학대학과 인연이 있습니다. 그래서 아인슈타인이 살던 집, 제가 공부할 때 그 가까이에, 바로 옆에 있어보았습니다. 그가 새벽마다 기도를 했는지 명상을 했는지, 그것은 모릅니다. 그러나 생전에 프린스턴 채플에 나가서 기도하고 나오는 그의 모습을 많은 사람들이 보았었습니다. 특별히 그 주변에 아인슈타인에 얽힌 여러 가지 일화가 남아 있어서 들을 수 있었습니다. 바로 얼마전에 프린스턴에 가서 아인슈타인 박사의 연구실, 소위 'Einstein Institute'라고 하는 데를 들러보았는데 저한테 누가 이렇게 말해주었습니다. 그분이 조금 더 살아계셨더라면 교회와 우리 신학계를 위해서도 크게 공헌하였을 것이다, 그는 말년에 더욱 깊은 신앙을 얻었고, 그리고 모든 힘을 한데 모으는 생각을 하게 되었다, 하나님의 세계, 영원한 세계, 신앙의 세계를 향해서 꾸준히 생각하고 글을 쓰다가 결국은 그 글을 마치지 못하고 세상을 떠났다, 참 유감스러운 일이다, 라고 말하는 것이었습니다. 지금 미국에는 재미있는 학문이 많이 나타나는 중에 '성공학 이론'이라는 학문도 있습니다. 어떻게 하여야 성공을 하는가—성공 자체를 연구하는 연구논문, 연구서들이 많이 나오고 있는데, 성공학 이론을 가장 성공적으로 보급하는 출판사가 있습니다. 나이팅게일 콘란트 코퍼레이션이라고 하는 회사인데 그 두 분에게 물었습니다. "그 많은 책, 그 많은 이론 다 종합해서 성공의 비결을 간단히 말한다면 어떻게 말할 수 있겠습니까?" 그러자 한마디로 'attitude and goal'이라고 대답하였습니다. 자세! 삶의 자세와 목표라고 말하였습니다. 대체로 우리는 좋은 환경을 바랍니다. 그러나 좋은 환경이 성공을 가져다주는 것은 아닙니다. 성공은 좋은 환경과는 아무 관계가 없습니다. 오히려 어려운 환경이 성공의 지름길이 되는 것입니다. 오히려 역경이 성공의 계기가 되는 것입니다. 그런고로 주변환경을 탓하는 사람은 구제불능입니다. 문제는 그 모든 환경과 사건을 대하는 나의 자세입니다. 나 자신에게 문제가 있습니다. 내가 어떤 자세로 임하느냐가 중요합니다. 두 번째는 목표입니다. 뚜렷한 추상적 목적이 세워져 있고 그 목적을 지향하는 구체적 자세가 분명하여야 한다는 것입니다. 다시 묻습니다. 두 가지로 이야기하는 것이 복잡하다면 하나만, 하나로 종합해봅시다. 성공의 비결은 무엇이겠는가—그것은 믿음입니다. 확신이 없는 어떤 성공도 기대할 것이 없습니다. 우리가 슬퍼하는 것도 믿음이 없기 때문이고, 믿을 수 없기 때문이고, 믿음이 날로 약해지기 때문입니다. 믿음—거기에 성공의 길이 있고 삶의 힘이 있고 능력이 함께하는 것입니다. 이것을 분명히 알아야 합니다.

이스라엘백성이 애굽에서 나와 가나안으로 지향하는, 그 출애굽 역사는 계시적 역사요 상징적 역사요, 그리고 그 속에 무궁무진 살아 있는 진리가 있습니다. 그 속에 구원론이 있고 교회론이 있고 성령론이 있고, 그리고 모든 문제에 해답을 주는 사건들이 있습니다.

여러분, 우리 한 사람 한 사람이 그 시대에 바로 그 자리에 있다고 가정하고 한번 생각을 해봅시다. 여러 가지로 많은 것을 생각하는 중에 저는 이런 생각을 해봅니다. 참으로 믿음은 귀한 것이요 믿음을 얻기가 어렵다—그런 생각을 합니다. 보십시오. 이스라엘백성이 애굽에서 열 가지 재앙을 보았습니다. 4백여 년 노예생활을 하다가 하나님의 신기하고 놀라운 능력을, 열 가지 재앙 내리시는 것을 보고 다시금 조그마한 믿음을 얻어가지고, 다시 홍해로 나와서 홍해가 갈라지는 기적을 보고, 반석에서 물이 나오는 기적도 보았습니다. 여러 가지 사건들을 통하여 하나님께서 그들에게 하나님을 믿는, 하나님만 믿는 믿음을 주시려고 하시는데 참으로 믿음 얻기 어려웠습니다. 힘들었습니다. 예수님의 제자들도 보십시오. 예수님과 3년 동안 동행할 때, 성경에는 대표적인 사건 몇 가지만 기록합니다마는 얼마나 많은 이적, 얼마나 많은 말씀 들었겠습니까. 신기하고 놀라운 것, 기적을 많이도 보고 보고 보았는데, 그러고도 또 한다는 소리가 이것입니다. "믿음을 더하소서." 주님 앞에 이렇게 간구합니다. 죄송하지마는 나같았으면 제자들을 꾸짖었겠습니다. "이 한심한 사람들아! 이 많은 사건을 보고도 아직도 믿음을 얻지 못하였느냐, 아직도 바른 믿음을 얻지 못하였느냐!" 어디 이스라엘뿐입니까. 우리는 지금 개인적으로나 민족적으로 얼마나 숱한 사건을 겪고 있습니까. 그러고도 아직도 믿음을 가지지 못하였습니다. 바른 믿음을 가지지 못하였습니다. 이 얼마나 슬프고 안타깝고 어려운 이야기입니까. 믿음보다 귀한 것이 없습니다. 믿음은 하나님께서 주시는 소중한 선물입니다. 사건을 통해서, 기적을 통해서 믿음이 생기지는 않는 것같습니다. 여러분도 잘 아시지요? 엔도르핀이라는 것이 무엇입니까. 인터모르핀입니다. 마치 모르핀 맞은 때와도 같이 마음을 평안하게 만드는 것입니다. 마음에 믿음이 생깁니다. 이런 일이 있어도 저런 일이 있어도 당황을 하지 않습니다. 그 엔도르핀이 물씬물씬 솟아오르는 것과 같은, 그런 상태에 살면 남이 뭐라고 하건 나는 나대로 조용한 믿음에 살아갈 수 있는 것입니다, 몸도 마음도. 여러분 잘 아시는대로 제가 결혼주례를 많이 하는데 주례사에 대하여 교인들이 제게 주문을 합니다. 제가 주례본 여러 결혼식에 참석들 해보았을 것이므로 저는 좀 달리 해보려고 해보았더니 차별대우 한다고 싫어하는 것입니다. 똑같이 해달라고 요구해요, 똑같게. 그리고 주문을 하는 한마디가 있습니다. 그것은 우리 이미 결혼한 사람들에게도 많은 은혜가 되므로 그 말씀은 꼭 추가해주십시오, 그러는 것입니다. 그 주문이 무엇인고하니 제가 신부보고 으레 이야기하는 당부의 말 한마디입니다. 신랑이 저녁에 늦게 들어오더라도 왜 늦었느냐고 따져묻지 말라, 그러거든요. 그 말을 꼭 해달라는 주문입니다. 이것이 꼭 필요하다는 것입니다. 왜 필요하다는 것인지 아십니까? 봅시다. 남편의 귀가가 늦었을 때 딴에는 사랑한답시고 어디 갔었느냐, 왜 늦었느냐, 전화도 못하느냐, 뭘 했느냐 뭘 했느냐…… 이렇게 형사취조 하듯이 물어보면 이런 취조 당하는 쪽은 마음에서 믿음이 싹 가십니다. 그때는 그 눈에 절대로 미인이 없습니다. 예쁜 여자 없습니다. 이렇게 의심받으면서까지 내가 이 집에 들어와야 되나, 이렇게 된다고 합니다. 믿음밖에 없습니다. 전적으로 믿어두는 법입니다. 믿으면 편안하고 좋은 것을, 공연히 의심해가지고 어쩌자는 것입니까. 여러분, 무릇 의심이라는 것은 무서운 바이러스입니다. 이것이 들어가면 다 망칩니다. 나도 불행해지고 저도 불행해지고, 잘

못하면 다 죽는 것입니다. 믿음—어리석을 정도이어야 합니다. 어린아이가 부모를 믿듯이 티없게, 깨끗하게 믿어두면 여간 좋지 않습니다. 하나님께서는 우리 인간이 당신 자신을 향한 믿음을 가지도록 하시기 위해서 백방으로, 갖은 방법으로 역사하십니다. 그런데 그 믿음을 얻기가 그다지도 어려웠다는 것입니다.

하나님께서는 우리가 믿음을 가졌을 때, 아, 위대한 역사를 나타내십니다. 믿음으로 출애굽 하고 믿음으로 홍해를 건너고…… 그렇지 않습니까. 홍해가 갈라지고 길이 나면서 양쪽으로 물벼랑이 섰을 때 그 사이의 길로 발을 들여놓는 것이 보통믿음입니까. 들어간 다음에 양쪽 물이 딱 합치면 어떡하나? 그런데 들어갔으니 이거 보통믿음이 아니지요, 이것만도. 사건마다, 믿음이 있을 때마다 용기가 있고 평화가 있고 찬양이 있었습니다. 그것은 놀라운 역사였습니다. 믿음으로 모든 역사를 이길 수 있었습니다. 그런데 이 믿음을 지켜나가기가 어려웠습니다. 모처럼 믿음을 가지고 큰 역사를 이루었다가도 조금 어려운 일만 당하면 또 원망하고 또 의심하고…… 그렇게 그렇게 엎치락뒤치락한 것이 출애굽의 역사입니다. 홍해가 갈라지는 기적을 본 다음에 이스라엘백성은 온통 그야말로 감사, 찬송, 축제로 바꾸어졌습니다. 믿음으로 충만하였습니다. 그러나 굳이 계산을 해보면 저들은 꼭 열나흘만에 원망을 합니다. 뭐가 어렵고, 뭐가 못마땅하고, 물이 마음에 안들고 또…… 원점으로 다시 돌아가는 것입니다. 그렇게들 원망하는 모습을 볼 수 있습니다. 믿음 가지기도 참 어렵고 키워나가기도 참 어렵고 지켜나가기도 참 어렵다, 하는 생각을 합니다.

이스라엘백성이 가데스 바네아까지 왔습니다. 이제 요단강만 건너가면 대망의 가나안땅입니다. 바로 이 시간에 하나님께서 그들을 시험하십니다. 그들의 믿음이 자격미달입니다. 믿음 없습니다. 믿음 부족합니다. 결국 그들은 가나안을 눈앞에 두고도 들어가지 못합니다. 방향을 돌려서 저들을 다시 광야로 돌려보내십니다. 그 행적을 연구해보면 하나님께서 그들을 다시 광야로 내모시고 거기서 40년 동안 훈련시키십니다. 그 다음에야 가나안땅에 들여보내십니다. 문제는 믿음입니다. 그런데 오늘 본문에 보면 가데스 바네아에 왔을 때 하나님의 분부를 좇아 이스라엘의 열두 대표가 가서 저 가나안땅을 탐지하게 됩니다. 그런데 여기에 두 맥락이 있습니다. 이 민수기에는 '탐지(探知)'라고 되어 있습니다. 탐지하도록 열두 사람을 보내라, 하나님 명하십니다. 그런데 신명기 1장 22절에는 '정탐(偵探)'이라고 되어 있습니다. 정탐과 탐지는 다릅니다. 히브리어 원문을 보면 탐지란 '토우르'라고 하는 말입니다. 알아본다, 한번 가본다, 구경한다, 그런 뜻입니다. 한번 알아보는 정도입니다. 그러나 정탐이란 여기서는 '뤼가르'라고 하는 말인데, 이것은 갈 수 있을까 없을까, 전략을 세우는 것입니다. 의심을 가지고 보는 것입니다. 할 수 있을까 없을까, 이길 수 있을까 이기지 못할까, 이것을 생각하는 것입니다. 탐지란 '우리가 갈 곳이니 참 좋은 땅일 것이다' 생각하고 믿음으로 보는 것입니다. 그러나 하나님께서는 '탐지'하라고 하셨는데 이 사람들은 정탐을 하고 왔습니다. 여기서 문제가 일어나는 것입니다. 보십시오. '정탐'하고 온 사람들이 회보하는데 열 명의 대표가 그 땅에 대하여 악평을 합니다. 그 땅은 거민을 삼키는 땅이다, 사람이 못살 곳이다, 거기에는 아낙자손 대장부들이 있다, 하였습니다. 본래 유대사람들이 키가 좀 작은 편입니다. 그런데 그렇게 큰 사람들을 보고 '그 사람들 앞에 우리는 스스로 보아도 메뚜기같더라' 고 자신들을 비하시킵니다. 바로 이 시간에는 과거에 하나님께서 이 스라엘에게 베푸신 모든 은혜에 대한 믿음이 온데간데없는 것입니다. 기적으로 여기까지 왔는데 믿음이 전혀 없는 것입니다. 그래서 이렇듯 두려워하게 되었습니다. 하나님의 약속에 대한 믿음도 없습니다. 하나님 믿는 마음, 하나님말씀을 믿는 마음, 하나님의 능력을 믿는 신앙이 터럭만큼도 없는 것입니다. 그래서 그들은 원망을 토하게 됩니다. 사회심리학에 '원인귀속'이라고 하는 용어가 있습니다. 어떤 사건에 대한 원인을 어디로 돌리느냐입니다. 내게로 돌리느냐 사회로 돌리느냐 세상으로 돌리느냐입니다. 이 사람들이 여기까지 와서 이제 어려움을 당하게 될 때 원인을 모세한테 돌립니다. 왜 여기까지 우리를 인도했느냐, 죽이겠다, 합니다. 애굽으로 돌아가자고 합니다. 원망, 불평입니다. 마지막에는 하나님을 원망하게 됩니다. 이것이 믿음 없는 사람의 모습입니다. 그리고 절망하게 되었습니다. 심지어는 죽었더면 좋았을 걸, 합니다. 그래서 민수기 14장에 보면 하나님께서 대답을 해주십니다. "너희 말이 내 귀에 들린 대로 내가 너희에게 행하리니(민 14:28)" 아, 무서운 말씀입니다. 그래 이스라엘백성은 많이 광야에 엎드러집니다. 믿음이 없었기 때문입니다. 열두 사람 중 믿음있는 사람, 믿음의 사람 여호수아와 갈렙은 그렇지 않습니다. 그 땅은 젖과 꿀이 흐르는 땅이다, 합니다. 포도 한 송이를 둘이 막대기에 꿰어 메고 와서 보라, 하고 자랑을 합니다. 어렸을 때 저는 이 성경을 읽으면서 의심을 하였습니다. 포도가 얼마나 컸으면 한 송이를 둘이 메고 왔다는 것인가, 이것은 좀 과장이다, 생각하였습니다. 그랬었는데 제가 미국에서 공부할 때 언젠가 한번 그곳의 농산물전시회에 가보았습니다. 그리고 깜짝놀랐습니다. 포도 한 송이가 얼마나 큰지, 또 포도 한 알이 굵은 밤톨보다도 컸습니다. 이런 것을 보고서야 아, 이 정도라면 포도 한 송이를 둘이서 메고 왔겠다, 생각을 하고 그때부터 이 말씀을 내가 믿었습니다. 포도도 이렇게나 푸짐한 땅, 아름다운 땅이다―여호수아와 갈렙은 그런 좋은 것만 본 것입니다. 우리가 들어가 살 땅이니까, 그리고 이기리라, 하였습니다. 그리고 "그 땅 백성을 두려워하지 말라 그들은 우리 밥이라"합니다. 이제 밥상 차려져 있으니 먹으면 된다, 이것입니다. 곧 믿음입니다. 이런 믿음, 놀라운 것입니다. 하나님께서 우리와 함께 하시고 하나님께서 기뻐하시면 저 땅은 우리의 것이다, 축제하자, 기뻐하자, 감사하자―이것이 여호수아와 갈렙의 믿음입니다. 그런데 백성들은 이 믿음의 사람들 말을 듣지 않았습니다. 여호수아와 갈렙은 긍정적이고 소망적이고 적극적입니다. 믿고보면 이렇게 아름다운 세상을 볼 수 있는 것입니다. 여러분, 이 세상에 문제가 많습니다. 우리나라에도 문제가 많습니다. 무엇이 문제입니까? 믿음이 문제요, 그 믿음이 주는 신뢰가 문제입니다. 하나님을 믿을 때 믿을 수 있는 사람이 되는 것입니다. 오늘 우리는 무엇을 걱정하는 것입니까? 도대체 믿을 수가 없어서 걱정이 아닙니까. 누구를 믿습니까? 믿을만한 일이 하나도 없는 것같아서, 그래서 낙심합니다.

하나님의 능력, 하나님의 지혜, 하나님의 사랑, 하나님의 약속, 이것을 믿게될 때 과거에 역사하신 하나님, 나와 함께 계시고 또 미래에 함께하실 하나님의 역사를, 그 능력 그 약속을 믿을 때 우리는 평안합니다. 아름다운 세상을 볼 수 있습니다. 그 능력 안에서 생각하고 보게될 때 나 자신도 소중합니다. 나를 통해서 큰 역사를 이룹니다. 여기에 가능성이 있고 여기에 오직 형통함이 있는 것입니다. 믿음의 사람 여호수아와 갈렙, 그들을 오늘 생각합니다. 모든 사람이 불신앙으로, 그때문에 멸망할 때 믿음의 사람들, 이 두 사람만이 믿어서 구원에 이르렀습니다. 요단강을 건너가는 축복을 누렸습니다. 여러분, 믿음을 새롭게 하고 여호수아의 뒤를 따라 믿음으로 저 앞에 있는 가나안을 바라봅시다. 저 땅은 우리에게 주신 것입니다. 미래를 보는 자는 오늘을 이길 수 있습니다.

† 기 도

하나님 아버지, 주께서 우리에게 은혜주시고 이만큼의 믿음도 주신 것을 감사합니다. 믿음 없이는 우리는 두려워 살 수 없고 약해져서 살 수 없고 단 한순간도 버틸 수 없는, 그런 무서운 세상에 살고 있습니다. 하나님이여, 믿음을 주시고, 더욱이 위대한 믿음을 주시사 여호수아처럼 저 요단강 건너편에 있는 아름다운 땅을 바라보며 기뻐하며 감사하며 힘을 더하여 약속의 땅을 바라보는 주님의 사람들, 그러한 믿음의 사람들 되게 하여주시옵소서. 예수님의 이름으로 기도하옵나이다, 아멘.

소망의 사람

　찬송하리로다 우리 주 예수 그리스도의 아버지 하나님이 그 많으신 긍휼대로 예수 그리스도의 죽은 자 가운데서 부활하심으로 말미암아 우리를 거듭나게 하사 산 소망이 있게 하시며 썩지 않고 더럽지 않고 쇠하지 아니하는 기업을 잇게 하시나니 곧 너희를 위하여 하늘에 간직하신 것이라 너희가 말세에 나타내기로 예비하신 구원을 얻기 위하여 믿음으로 말미암아 하나님의 능력으로 보호하심을 입었나니 그러므로 너희가 이제 여러 가지 시험을 인하여 잠간 근심하게 되지 않을 수 없었으나 오히려 크게 기뻐하도다 너희 믿음의 시련이 불로 연단하여도 없어질 금보다 더 귀하여 예수 그리스도의 나타나실 때에 칭찬과 영광과 존귀를 얻게 하려 함이라 예수를 너희가 보지 못하였으나 사랑하는도다 이제도 보지 못하나 믿고 말할 수 없는 영광스러운 즐거움으로 기뻐하니 믿음의 결국 곧 영혼의 구원을 받음이라

(베드로전서 1 : 3~9)

소망의 사람

　1951년, 압록강변까지 진격했던 유엔군에 속하는 해병대의 장병들은 중공군의 개입으로 인하여 부득이 후퇴할 수밖에 없었습니다. 아시는대로 진격작전보다 후퇴작전이 더 어렵습니다. 많은 병사들이 희생되고, 포위당한 가운데서 쫓기던 중 그들은 잠시 바위틈에 은신하여 피곤에 지친 몸들을 쉬고 있었습니다. 비참한 모습들이었습니다. 종군기자가 한 병사에게 물었습니다. "What can I do for you(내가 당신을 위해서 무엇을 할 수 있겠습니까)?" 병사는 대답했습니다. "Give me tomorrow(내일을 주십시오)." 이 대답은 아주 유명한 말이 되었습니다. 필요한 것은 돈과 명예가 아닙니다. 내일입니다. 내일! 즉 미래의 문제요 소망의 문제입니다. 내게 내일을 주십시오, 내게 미래를 주십시오, 내게 소망을 주십시오—이것이 그의 외침이었습니다. 여러분, 인간은 그가 아는 만큼 사는 것이 아닙니다. 인간은 그가 가진 만큼 사는 것도 아닙니다. 그가 바라는 만큼 사는 것입니다. 얼마나 아느냐, 얼마나 가졌느냐에 행복이 걸려 있는 것이 아니라 얼마나 소망을 가지고 있느냐, 어떠한 소망을 지니고 사느냐에 따라서 행복은 좌우되는 것입니다. 우리는 현대젊은이들이 타락해가는 것같아서 걱정을 합니다. 도덕적으로 사회적으로 이렇게 걷잡을 수없이 타락하는 것같아서 걱정을 합니다마는 타락하기 때문에 절망하는 것이 아닙니다. 절망하기 때문에 타락하는 것입니다. 이 사실을 알아야 합니다. 무엇이 잘못되어서 소망이 없다는 이야기가 아닙니다. 소망이 없기 때문에 타락하는 것입니다. 이것이 문제입니다. 젊은이들이 고생하는 것을 봅니다. 공부하느라 고생하고 경쟁으로 고생하고…… 여러 모로 시달리고 고생하는 것을 보지마는 여기 나이많은 분들은 그 젊은이들 고생하는 것 하나도 안쓰럽지 않습니다. 왜 그렇습니까? 젊은이의 고생과 나이많은, 돈많은 할머니의 생활과를 비교해보십시오. 여러분은 어느 쪽입니까? 잘살면 뭐합니까, 시간이 없는데. 여기에 무슨 의미가 있습니까. 그러나 고생하는 젊은이는 보십시오. 젊었다는 것 하나만 가지고도 충분히 행복합니다. 나이든 사람은 이렇게 말하고 싶습니다. "이 사람들아, 걱정할 것도 슬퍼할 것도 없다. 하루종일 찬송을 불러도 모자랄 것이다. 젊다는 것 하나만으로 충분하다." 왜요? 미래가 있지 않습니까. 미래가 있고 소망이 있다는 것이 얼마나 중요한 것입니까. 미래가 없다면 가져서 뭘 하고 알아서 뭘 합니까. 건강하다면 또 그것은 뭘 합니까. 어떤 분들이 제게 농반진반으로 이런 인사를 합니다. "목사님, 전보다 더 건강해보입니다." 그러면 저는 대답합니다. "건강하게 보이면 뭘 하나? 실속이 있어야지." 그렇지 않습니까. 지금 미래가 눈앞에 있습니다. 카운트다운에 들어갔습니다. 좀더 건강하면 뭘 하고 덜 건강하면 뭘 합니까. 내가 지닌 미래, 이것이 나의 행복이요 나의 나됨을 평가하는 것입니다. 유명한 신학자 폴 틸리히는 「궁극적 관심(Ultimate Concern)」이라고 하는 책을 썼는데, 제가 아주 젊었을 때 이 책을 탐독하였습니다. 궁극적 관심, 바로 그것이 종교라는 것입니다. 그리고 궁극적 관심에 붙잡혀서 사는 것이 신앙이다, 하였습니다. 그렇게 정의하고 있습니다. 여러분, 여러분은 관심이 어디에 있습니까? 현실에 있습니까, 물질에 있습니까, 무상한 이 생활 속에 있습니까, 혹은 순간적 쾌락에 있습니까? 그런 데 관심을 두는 사람이라면 속물이요 동물같은 인간입니다. 인간이라면 언제나 그 다음을 생각하는 법입니다. 봄에는 여름을 생각하고 여름에는 겨울을 생각합니다. 젊어서는 늙었을 때를 생각합니다. 그 다음을 생각하고 좀더, 좀더 나아가서 궁극적인 일에 관심을 가집니다. 그 관심에 이끌리어 오늘을 사는 것이 그리스도인입니다.

우리 몸은 분명히 현재에 삽니다. 그러나 우리의 관심은 저 궁극에 있어야 합니다. 네 가지 궁극을 생각합니다. 첫째는 궁극적 목적입니다. 우리에게 분명히 목적이 있습니다. 우리 젊은사람들 대학에 입학하느라고, 십수 년 공부하느라고 고생을 합니다. 도시락 둘씩 싸들고 다니면서 새벽부터 밤까지 고생을 많이 합니다. 그들에게 묻습니다. "네 목적이 뭐냐?" "대학에 입학하는 것입니다." "그래? 입학을 하고보니 또 어떠냐?" "아, 이거 별것도 아닌 것 가지고 그 고생 했습니다." 결국 이렇게 대답합니다. 그렇지요. 그것은 목적이 될 수가 없습니다. 젊은사람들 또, 저가 원하는 사람하고 결혼을 하려들면 부모가 반대를 하는데도 불구하고 죽기살기가 됩니다. 저 여자하고 결혼 못하면 죽는다며 약을 세 번이나 먹고…… 별짓 다 합니다. 이렇게 목숨을 걸고 야단을 피우지마는 원대로 결혼을 하고나더니 또 이혼을 합디다. 목숨걸만한 것이 아니더라는 것입니다. 그런 것은 목적이 못되는 것입니다. 궁극적인 것이 못되기 때문입니다. 최종, 궁극적 목적이 뭐냐, 그걸 알고 살아가야 되는 것입니다. 또하나, 궁극적 상태, 마지막에는 어떤 모습으로 변하는가, 어떤 모습으로 나타나게 될 것인가를 생각하여야 합니다. 유명한 이야기가 있습니다. 프랑스 파리의 어느 수도원에는 입구에 큰 돌비석이 있습니다. 그 비석의 비문은 이렇습니다. 'apres cela, apres cela, apres cela' — 이렇게 불어로 씌어 있습니다. 해설 없이는 도저히 알 수 없는 이상한 문구올시다. 그 뜻인즉 '그 다음은, 그 다음은, 그 다음은' 입니다. 유래가 여기 있습니다. 법과대학 졸업반에 다니던 학생이 고학을 하느라고 애쓰다가 이제 한 학기 남았는데 도저히 학자금을 조달할 수가 없어서, 학교를 쉬게 될 것같아서, 너무 마음이 아파서 어느 신부님께 찾아가 "저를 좀 도와주십시오. 마지막 학기인데 학비를 좀 도와주시면 고맙겠습니다"하고 호소하였습니다. 그 신부님은 "마침 조금전에 어떤 교인이 좋은 일에 써달라고 돈을 한뭉음 갖다놓고 갔는데 이건 분명히 자네를 위한 것일세"하고 돈을 세어보지도 않고 한줌 딱 붙들어서 그냥 건네주었습니다. 청년은 답답했던 중에 소원이 갑자기 이루어지니까 당황해가지고 오히려 걱정이 되었습니다. "이거 가져도 되는 것입니까?" "아, 그럼. 자네 거야, 그것은. 하나님께서 자네한테 주시는 걸세." "감사합니다, 감사합니다." 인사를 하고 돌아서는데 "잠깐만"하고 신부님이 불러세웁니다. "내가 하나 묻겠네. 자네 그거 가지고 가서 뭘 하려나?" "아 그게 무슨 말씀입니까, 등록금을 치러야지요." "그 다음은?" "공부해야지요." "공부하고나서는?" "졸업해야지요." "그 다음은?" "변호사가 되어 억울한 사람들을 위하여 의로운 변호를 하겠습니다." "좋은 생각이구만. 그래주었으면 좋겠네." "그 다음은?" "돈 좀 벌겠습니다." "그 다음은?" "장가가겠습니다." "그 다음은?" 심상치 않은 질문에 그는 더이상 대답을 못합니다. 신부는 빙그레 웃고 말하였습니다. "그 다음은 내가 말하지. 자네도 죽어야 되네. 그 다음은 자네도 하나님의 심판대 앞에 설 것일세. 알았는가?" "알겠습니다." 무심히 인사를 드리고 나오는데 귓가를 떠나지 않고 계속 때리는 음성이 있습니다. apres cela, 그 다음은, 그 다음은, 그 다음은…… 견딜 수가 없이 계속 들려옵니다. 마침내 그는 그 돈을 내던지고 수도원으로 들어갑니다. 수도를 하고 훌륭한 수도사가 되어 한평생 귀한 일을 많이 하였습니다. 그의 묘비에 그가 한평생 자기 책상 앞에 써놓고 좌우명으로 외던 세 마디, "apres cela, apres cela, apres cela"를 새겨놓았습니다. 여러분에게도 이런 질문이 있습니다. 그 다음, 궁극적 상태가 무엇인지를 알아야 합니다. 당황할 것도 없고, 깊이 알려고 할 것도 없고, 슬퍼할 것도 없습니다. 당연히 이 길로 가야 됩니다. 궁극적 상태, 이것을 모르고 사는 사람은 미련한 사람입니다. 또한 궁극적 주인이 누군가를 알아야 합니다. 나도 주인이 아니고 너도 주인이 아닙니다. 나는 지금 누구에게 끌려 살고 있습니까? 마르틴 루터의 유명한 말이 있습니다. "기수에게 조종을 받는 말과 같은 것이 인간이다." 여기에 말이 있습니다. 말에 올라탄 기수가 있습니다. 기수가 말을 채찍질하면서 말고삐를 잡고 자기가 원하는 데로 몰아갑니다. 세우기도 하고 뛰기도 합니다. 자, 나라고 하는 인간을 끌고가는 주인은 누구입니까? 돈입니까, 명예입니까, 질투심입니까, 증오심입니까, 끝없는 욕심입니까? 도대체 나는 누구의 노예입니까? 궁극적 주인은 악마입니까, 천사입니까? 성령입니까, 아니면 씻을 수 없는 과거의 죄악입니까? 무엇에 끌려 그렇게 허덕허덕 살아왔습니까? 궁극적 주인이 누구냐, 그것을 생각하여야 합니다. 궁극적 가치를 생각하여야 됩니다. 도대체 가치있는 것이 무엇입니까. 옷입니까, 다이아몬드입니까? 정말로 가치있는 일이 무엇입니까? 영원히 후회하지 않을 수 있는 것, 두고두고 기억해도 잘했다 싶은 것, 그러한 높은 가치, 궁극적 가치, 이것을 잊어서는 안됩니다. 여기에 끌려서 오늘을 살아야 하는 것입니다.

사도 베드로는 본래 갈릴리 어부였습니다. 예수님의 부르심을 받아 그 제자가 되고, 수제자가 되었습니다. 삼 년 동안 예수님과 동행합니다마는 성경을 읽어서 아는 바와 같이 그는 계속적으로 세속적 욕망을 버리지 못합니다. 예수님께서 큰 능력을 행하실 때마다 저 능력을 가지면 이 나라를 통일할 수 있을 것이다, 구원할 수 있을 것이다, 저같은 희한한 능력과 지혜라면 분명히 이 나라를 구출할 수 있는 지도자 메시야가 될 것이라고, 그렇게만 생각하였습니다. 그가 신앙을 고백합니다. 마태복음 16장 16절에 보면 "주는 그리스도시요 살아계신 하나님의 아들이시니이다"하고 고백했을 때 예수님께서 "내가 천국열쇠를 네게 주리니"하십니다(마 16:19). 너는 베드로다, 칭찬하십니다. 바로 그때 베드로의 본색이 드러났습니다. 예수님께서 십자가를 지신다고 하실 때 '절대로 지지 마십시오, 그런 일은 있을 수가 없습니다' 합니다(마 16:22). '유대나라의 왕이 되실 분이 십자가와 같은 불길한 것을 다 생각하십니까' 합니다. 이에 예수님께서는 "사단아 내 뒤로 물러가라 너는 나를 넘어지게 하는 자로다"하고 단호하게 책망하십니다. 너는 베드로다, 내가 천국열쇠를 네게 준다, 말씀하시고 곧 돌이켜서 사단아, 하고 꾸짖으십니다. 보십시오. 베드로는 세속적 욕망, 세속적 관심에서 벗어나지 못하고 있습니다. 예수께서 십자가를 지시고 부활하신 다음에, 그리고 그가 성령에 충만하게될 때 비로소 그는 하늘이 열리는 것을 체험합니다. 그것이 아니었구나, 깨닫게 됩니다. 영원한 가치, 궁극적 관심을 가지게 됩니다. 그래서 오늘 본문에 "산 소망"이라는 말씀이 나옵니다. living hope, '엘피다 죠산' ─이 한마디는 베드로신학의 핵심입니다. 베드로전서·후서, 베드로의 신앙의 극치가 바로 여기에 있습니다. 산 소망! 오늘 본문에서 그는 소망의 근거를 어디에 두느냐하면 예수 그리스도의 부활사건에 둡니다. 부활신앙, 십자가에 죽어지는 것같은데 아닙니다. 부활하시더라, 이것입니다. 또한 우리도 부활할 것이다—이제 그의 생각은 영원한 세계로, 궁극적 관심으로 방향이 확 돌아갑니다. 그래서 그는 '베드로'가 됩니다. 그리고 로마에서 십자가에 거꾸로 못박혀 죽는 것, 그는 사양하지 않습니다. 하나님의 능력, 하나님의 재창조의 능력, 위대한 능력을 그는 눈 앞에 보면서 산 소망 그 속에 살았습니다. 소망과 소원은 다릅니다. 우리 인간들이 '소원'을 합니다마는 그것은 내 마음이고 소망은 하나님께서 약속해주신 바를 말합니다. 하나님의 약속에 대한 우리의 응답이 바로 믿음입니다. 믿음으로 그 약속을 받아들이게 되는 것입니다. 받아들이는 순간 그 약속이, 그 산 소망이 우리 자신의 마음과 생각을 지배하게 됩니다. 우리 인격을 완전히 붙들고 나갑니다. 이 사람이 그리스도인입니다. 유엔 사무총장을 지낸 더그 함마슐트 총장이 쓴 에세이에 이런 말이 있습니다. 재미있는 비유입니다. 아메리카대륙을 발견한 콜롬부스가 탄 배, 그 배를 타고 지금 아메리카 신대륙을 발견하게 되는데, 그 배 안의 선원 한 사람이 걱정과 근심에 빠져 있습니다. 고향에서 그는 어떤 구두수선 하는 집에 직공으로 있었는데 그 주인이 나이많아서 이제 그가 이 배를 타고 신대륙까지 갔다가 돈을 좀 벌어가지고 돌아가 그 가게를 인계받으려는 것이 그의 소원입니다. 그래서 풍랑이 일어날 때마다 아이고 이거, 죽으면 어떡하나, 좀 시간이 지체되면 아이고 이거, 늦으면 안되는데 이거 어떡하나, 내가 가기 전에 그 노인 죽으면 어떡하나…… 걱정이 태산이었습니다. 생각해보십시오. 신대륙을 발견하는 이 귀한,

위대한 역사에 동참한 사람이 그래 그까짓 가게 하나에 매여가지고 걱정하고 있습니다. 이 불쌍한 청년을 생각해보십시오. 콜룸부스는, 콜룸부스가 가진 소망은 저 앞에 있는 것이고 이 청년이 가진 소망은 저 과거에, 뒤에 있는 것이었습니다. 여러분, 우리는 이 시점에서 어디로 향하고 있습니까?

  밝은 소망을 가지고 살게될 때는—오늘 본문에 세 가지로 말씀합니다. 구체적으로, 이제 여러 가지 시험을 당한다, 하였습니다. 소망을 가진 사람이 시험을 당합니다. 왜요? 그 소망을 계속 순수한 소망으로 지켜가기 위해서입니다. 이것을 알아야 합니다. 소망을 가진 사람에게는 시련이 있습니다. 당연한 것입니다. 그 시련 중에 더 확실한 소망의 사람으로 살아갈 수 있기 때문입니다. 그리고 이 시련은 잠깐으로 지나가는 것입니다. 오늘 본문에도, 잠깐 여러 가지 시험을 당하지 않을 수 없다, 하였습니다. 당연사로 받아들여야 합니다. 참소망을 위하여 소망의 사람들은 시련을 겪습니다. 고린도후서 4장 17절에 사도 바울도 말씀합니다. 우리의 잠시 받는 환난의 경한 것이 영광의 중한 것을 이룬다, 하였습니다. 잠시 받는 환난의 경한 것—이것이 사도 바울의 말씀입니다. 이 시련, 잠깐 있는 이 시련, 있을 수밖에 없고 위대한 소망 앞에서 생각할 때 이 시련은 잠깐으로 지나가는 것입니다. 또한 7절에서 "믿음의 시련이"라고 말씀합니다. 믿음의 시련이 믿음을 순수하게 하고, 믿음을 온전하게 하고, 믿음을 강하게 합니다. 시련의 초점은 믿음입니다. 황금보다 귀한 믿음, 이 믿음을 주시기 위하여 시련은 있는 것입니다. 그런고로 이 소망에 사는 사람은 저 앞을 바라보면서 기뻐하고 즐거워하는 것입니다. 그렇습니다. 벅찬 기쁨으로 앞에 있는 시련을 쉽게 넉넉하게 이

겨가는 것입니다. 보신 분도 계시겠습니다마는 요새 널리 알려진 수퍼 베스트셀러 책이 있습니다. 「Tuesdays with Morrie」—「모리와 함께한 화요일」이라는 책입니다. 모리 슈워츠(Morrie Schwartz)라고 브랜다이스대학의 교수님으로 연세가 높은 분인데 루게릭이라고 하는 특별한 불치병에 걸렸습니다. 근육이 자꾸만 굳어지는 병입니다. 이것을 풀 방도가 없습니다. 근육이 자꾸만 굳어져서 마지막에는 심장이 멎는 것입니다. 이런 병에 걸려서 병원에 있는데, 여기에 미치라고 하는 학생이 화요일마다 찾아옵니다, 교수님을 위로하기 위해서. 화요일마다 찾아와서 대화를 나눕니다. 그렇게 대화하는 중에 이 학생은 그분으로부터 참 귀한 말들을 많이 들었습니다. 마지막을 가는 교수와 젊은 학생과의 대화입니다. 이것을 그 학생이 편집해서 책으로 낸 것입니다. 아주 생생한, 생동감이 있는 그런 대화입니다. 인생의 궁극을 같이 이야기하는 것입니다. 이런 말이 마지막에 나옵니다. "어떻게 죽어야 하는지를 알면 어떻게 살아야 하는지도 알 수 있느니라." 어떻게 죽어야 할 것인가를 알게되면 어떻게 살아야 할 것인가를 알 수 있다, 합니다. 여러분, 나는 어떤 모양으로 죽을 것인가, 나는 어떤 모습으로 생을 끝낼 것인가, 그것을 똑바로 알고 살면 내가 오늘 어떻게 살아야 할 것인가는 자연히 쉽게 풀리는 의문입니다. 이것을 잊지 말아야 합니다. 참소망은 여기에 있습니다. 소망을 하늘에 두고 사는 사람은 땅의 것을 얻을 수 있습니다. 미래에 두고 사는 사람은 현재의 것을 얻을 수 있습니다. 영원한 것을 추구하고 사는 사람은 세상적인 것도 다 얻을 수 있습니다. 불변의 진리를 통달하고 거기에 이끌리어 사는 사람은 변화무쌍한 세상에서도 달관을 할 수 있습니다. 희망과 소원은 결코 소망이 아닙니다. 궁극적인 소망! 확실한 약속! 그것이 크게 확실하게 내 마음에 들어올 때, 내가 당한 조그마한 현실, 그것은 별로 문제될 것 없습니다. 모든 문제의 근본은 소망입니다. 산 소망, 산 소망의 포로가 되어서 살아갈 때 그 앞에 영광과 승리가 있는 것입니다.

† 기 도

하나님 아버지, 복잡하고 어려운 세대를 잠깐 살아가고 있습니다마는 우리는 미련해서 순간적인 것, 세속적인 것에 매여 우리의 관심마저 거기에 붙들리어 헤어나지 못하는 어리석음을 용서하여주시옵소서. 주여, 원하옵는 것은 보다 궁극적인 가치, 궁극적인 것에 관심을 두고 위에서 부르시는 상, 주님의 약속을 바라보면서 그 부르심에 응답하며 사는 확실한 주의 사람들 되게 하여주시옵소서. 예수님의 이름으로 기도하옵나이다, 아멘.

가장 온유한 사람

모세가 구스 여자를 취하였더니 그 구스 여자를 취하였으므로 미리암과 아론이 모세를 비방하니라 그들이 이르되 여호와께서 모세와만 말씀하셨느냐 우리와도 말씀하지 아니하셨느냐 하매 여호와께서 이 말을 들으셨더라 이 사람 모세는 온유함이 지면의 모든 사람보다 승하더라 여호와께서 갑자기 모세와 아론과 미리암에게 이르시되 너희 삼 인은 회막으로 나아오라 하시니 그 삼 인이 나아가매 여호와께서 구름 기둥 가운데로서 강림하사 장막문에 서시고 아론과 미리암을 부르시는지라 그 두 사람이 나아가매 이르시되 내 말을 들으라 너희 중에 선지자가 있으면 나 여호와가 이상으로 나를 그에게 알리기도 하고 꿈으로 그와 말하기도 하거니와 내 종 모세와는 그렇지 아니하니 그는 나의 온 집에 충성됨이라 그와는 내가 대면하여 명백히 말하고 은밀한 말로 아니하며 그는 또 여호와의 형상을 보겠거늘 너희가 어찌하여 내 종 모세 비방하기를 두려워 아니하느냐

(민수기 12 : 1~8)

가장 온유한 사람

　베스트셀러가 된「The Power Principle」이라고 하는 유명한 책이 있습니다. 우리말로는「지도력의 원칙」이라고 번역되고 있습니다. 이것은 블래인 리(Blaine Lee)라고 하는 교수가 쓴 것인데, 그는 저 유명한「성공하는 사람들의 7가지 습관」이라고 하는 책을 써서 세계에 널리 알려진 코비박사가 경영하는 '코비 리더십 센터'의 부회장으로 있는 분입니다. 많은 연구와 경험을 통하여 지도력의 원칙에 관한 중요한 교훈을 주고 있습니다. 그는 지도력에 대하여 세 가지로 분류해서 말하고 있습니다. 그 첫째는 'coercive power'라고 하는 것입니다. 강압적 지도력, 곧 강제적 수단을 사용해서 상대방으로하여금 내 명령에 따르게 하는 그러한 지도력이 있다는 것입니다. 가령 걸핏하면 세무사찰 한다, 벌금을 물린다, 형무소에 보낸다, 하고 협박하는데 이는 강압적으로 하여 억지에 못견뎌서 이쪽 뜻에 따라오게 하는 지도력에 속합니다. 주로 독재자들이 그러했고 오늘도 이러한 지도자들은 많이 있습니다. 그래서 일시적 순종은 있습니다마는 마음속에 계속 반항만 누적시키는 지도력입니다. 그래 언젠가는 터져나가고 맙니다. 이런 강압적 지도력, 한번 생각해볼만합니다. 우리 어른들이 자녀들에게도 툭하면 큰소리 꽝 칩니다마는 이것이 교육이 되는 것은 아닙니다. 두 번째로 'utility power'라고 하는 것이 있습니다. 실리적 지도력입니다. 네가 내 말을 들으면 네게 유익할 것이다, 하는 지도력입니다. 내가 하라는대로 하면 보너스를 주겠다, 승진을 시켜주겠다, 특별한 보상을 하겠다, 하는 것으로 상대방을 유도합니다. 당근을 주는 것입니다. 조련사가 말을 훈련시킬 때

한 손에는 채찍, 한 손에는 당근을 들고 가르친다 하는데 당근이 utility power입니다. 고분고분 내 말을 들으면 네게 좋을 거다, 이렇게 해서 인도하는 것입니다. 이것은 일종의 거래입니다. 이런 유의 지도력이 있습니다. 이것도 사실 알고보면 어느 순간에 가서는 그 당근 가지고 만족시키지 못하게 됩니다. 세 번째로 'principle-centered power' 라는 것이 있습니다. 원칙중심의 지도력입니다. 이 대목에서 우리는 크게 감동을 받습니다. 원칙중심입니다. 내게 이롭고 해롭고가 아닙니다. 지도자가 원칙대로 하면 우리는 그를 존경하게 됩니다. 원칙이 원칙이기 때문에 내가 따르고, 진리를 따라가니까 내가 따라가는 것이지 그 사람을 따라가서 내게 득이 되느냐 해가 되느냐의 계산에서가 아닙니다. 그런 얄팍한 계산가지고는 그 지도력이 지도력될 수도 없고 우리가 그를 신뢰할 수가 없기 때문입니다. 문제는 지도자 자신이 먼저 원칙대로 살아가야 한다는 것입니다. 원칙대로—그것이 지도력을 생산하는 것입니다. 존경심에 바탕을 둔 지도력입니다. 이유 없습니다. 그가 진리대로 살고 그가 원칙대로 사는 것을 보고 나 또한 양심 깊은 데서부터 그를 존경하고 그를 따르게 됩니다. 이러한 존경심은 그분의 온유함과 덕성으로부터 연유하는 것입니다. 온유함과 덕성이라고 하는 깊은 성품으로부터 유래하는 것입니다. 이것은 지식이나 능력의 문제가 아닙니다. 그 인간성에서 풍기는 것입니다. 그것이 신뢰성, 존경심을 불러일으킵니다. 마침내 사람들은 그에게 충성을 다하게 되는 것입니다. 최근 우리나라에서 매우 중시하는 문제가 하나 있습니다. 바로 감성지능이라고 하는 것, emotional intelligence입니다. 자, 이제 봅시다. 좀 지능이 있는가 하면 약아빠져서 못쓰겠고, 또 사람이 좀 좋다싶으면 이건 또 멍청

합니다. 어떡하면 좋겠습니까? 그래서 감성지능이 중요한 것입니다. 성품화한 그 지능, 이것이 필요합니다. 이런 인간을 우리는 만나야 하겠습니다. 이런 인간이 되어야 하겠다는 것을 바야흐로 이 사회가 온통 생각하고 걱정하고 또 그쪽으로 지향하고 있습니다. 자기를 존중할 줄 알고, 자제력이 있고, 일관성도 있고 지구력도 있고, 자기동기를 부여할 줄 아는, 그런 지능을 말하는 것입니다.

오늘 본문에 보면 하나님께서 모세를 가리켜 말씀하십니다. "이 사람 모세는 온유함이 지면의 모든 사람보다 승하더라." 이 세상 모든 사람 중 모세가 가장 온유하다, 이렇게 칭찬하시고, 그를 도우시고 붙들어주시고 높여주십니다. 이것이 오늘 본문의 내용입니다. 이제 중요한 것은 이 말씀을 하시게되는 바로 그 시점입니다. 지금이 어느 시간입니까. 모세가 지금 범죄하였습니다. 잘못을 범하였습니다. 하나님의 종이요 아주 높은 위상을 가진 이 어른이, 나이도 지긋한 이분이 어쩌자고 에티오피아 여자를 소실로 맞았습니다. 이것은 결정적인 실수입니다. 실수는 실수이지마는 다른 사람들은 다 속으로만 언짢아하고 있을 뿐인데 그 누나와 형은 정면으로 그를 탓합니다. 어찌 네가 그럴 수 있느냐, 하나님의 사람, 네가 어찌 그럴 수 있느냐, 그리고 이것을 또 신학적으로도 풀이합니다. 너도 보통사람 아니냐, 하나님께서 너하고만 말씀하셨느냐, 우리에게도 말씀하셨느니라, 너만이 지도자냐, 나도 지도자다—이렇게 된 것입니다. 말하자면 모세의 영적 지도자 된 권위를 여지없이 깎아내립니다. 이런 비방을 받는 바로 그 순간, 바로 그런 시간에 하나님께서 말씀하십니다. 아니다, 모세는 모든 사람 중에서 가장 온유한 사람이다, 그는 내 사람이다—그의 충성은 으뜸이라고 칭찬하시면서 모세를 편들어주십니다. 놀랍고 감격스러운 시간입니다. 그런데 모세의 생애를 우리가 알지 않습니까. 그는 혈기가 있는 사람입니다. 다혈질의 사람입니다. 애굽사람이 마음에 안든다고 이유야 어쨌든 애굽사람을 쳐죽이는, 당석에서 쳐죽이는 혈기의 사람입니다. 하나님께서 새겨주신 소중한 십계명 돌판을, 이스라엘백성이 우상 섬기는 것을 보고 분기탱천하여 그대로 던져 깨뜨려버리는 다혈질의 사람입니다. 이렇게 실수가 많습니다. 또 이스라엘백성이 물이 없다고, 가나안땅에 들어갈 수 없게 되었다고 하면서 모세를 원망하고 그럴 때 모세는 버럭 역정을 냅니다. 불끈하여 반석을 탁탁 두 번 내려치는, 그런 죄를 범하는 사람입니다. 이런 실수가 있습니다. 이렇듯 굉장히 혈기 넘치는 사람이요 다혈질의 사람인데, 오늘 하나님께서는 그 모든 허물을 다 덮으시고 말씀하십니다. 저의 온유함이 지상의 모든 사람보다 승하더라—이 혈기의 사람을 가리켜 온유한 사람이라고 말씀하십니다. '온유'란 히브리말로 '아나바'인데 어원은 '안와'라고 하는 말입니다. 「70인역」에서 이것을 '프라오테스' — '온유'라고 번역하고 있습니다. 굽힌다, 굴복한다, 절을 한다, 구부린다, 낮아진다, 하는 뜻입니다. 그런데 여기에 단서가 붙습니다. 무엇에 굴복해서 굽히는 것이 아니고 스스로 굽히는 것입니다. 무엇이 무서워서도 아니고 보상을 바라서도 아니고 수단이 아닙니다. 스스로 자기를 낮추고 스스로 자기를 굽히는 마음, 이것이 온유입니다. 타의에 의해서가 아니고 자의적으로 굽히는 마음이 온유입니다. 겸손이라는 말은 사람에게만 쓰이는 덕목입니다. 그러나 온유라는 말은 하나님께도 쓰이는 덕목입니다. 하나님의 속성을 지칭할 때도 쓰이는 소중한 덕목입니다. 사무엘하 22장 36절에 보면 "주의 온유함이 나를 크게 하셨나이다"라는 말씀이 있습니다. 주님께서도, 하나님께서도 온유하시다—이렇게 말씀합니다. 여러분, 사람의 몸은 살아 있을 때 부드럽습니다. 오히려 건강한 사람, 젊은 사람이 부드럽습니다. 그래서 허리도 유연하고 팔다리도 유연합니다. 살도 부드럽습니다. 그런데 나이많아지면 굳어집니다. 죽은 사람은 아예 뻣뻣합니다. 단적으로 말해서 생명은 부드러운 것입니다. 오히려 여유가 있을 때 더 부드럽습니다. 마음도 죽은 마음은 굳습니다. 죽어가는 사람은 굳습니다. 여기서 우리는 온유함이 무엇인지를 생각할 수 있습니다. 마태복음 11장 29절에 보면 예수님께서도 당신 자신을 가리켜 이렇게 말씀하십니다. "나는 마음이 온유하고 겸손하니 내 멍에를 메고 내게 배우라." 나는 온유하다, 라고 말씀하십니다. '성령의 아홉 가지 열매'를 여러분은 잘 압니다(갈 5:22). 그 가운데 여덟 번째 열매가 온유입니다. 성령받은 사람 온유합니다. 사도행전에 보면 성령 충만한 사람들 온유하였습니다. 시편 37편 11절을 비롯한 구약이나 마태복음 5장 5절을 비롯한 신약에서도 '온유'를 말씀합니다. 온유한 자가 땅을 차지한다고 말씀합니다. 어찌생각하면 온유한 사람은 나약해보이지 않습니까. 나약하게 보이지마는 사실은 그것이 아닙니다. 오히려 온유한 자가 권력을 얻습니다. 땅을 차지합니다. 이는 곧 왕권을 얻는다는 뜻입니다. 이 사실을 잊지 말아야 합니다. 강곽한 자가, 강경한 자가 권력을 얻는 것이 아닙니다. 언제나 온유한 자가 왕권을 얻겠다고 주께서 말씀하십니다. 예수님께서 겟세마네동산에서 기도하신 바를 우리는 잘 압니다. "나의 원대로 마옵시고 아버지의 원대로 하옵소서(마 26:39)." 바로 여기에 온유함의 극치가 있습니다. 나는 나대로의 생각이 있습니다마는 내 뜻을 포기하고 아버지의 뜻을 그대로 받아들입니다. "아버지의 원대로" — 바로 십자가 지실 것을 의미하는 것입니다. 그럼에도 불구하고 아버지의 뜻대로 하옵소서, 하시는 것이니 이것이 온유의 극치입니다.

    오늘 본문에 나타난 모세의 온유를 상고해봅시다. 그는 자기의 정체를 잃지 않았습니다. 하나님 앞에서 그는 온유한 사람이었습니다. 하나님께서 부르시어 이스라엘백성을 애굽에서 구원하라, 하실 때도 사실은 그가 이 능력을 받아들일 수 없는 사람입니다. 그래서 말씀드리고 싶은 것이 있는데 끝까지 그러지 못하고 있는 것이 하나 있었습니다. 나는 애굽에서 사람을 죽였습니다, 그런고로 애굽에 갈 수가 없습니다, 또 애굽에서 40년 동안 바로의 궁전에서 사랑을 받고 신세를 졌는데도 그것을 배신한 사람입니다, 그런고로 나는 바로의 궁전에 들어갈 수 없는 사람입니다 — 이 말씀을 올려야 되겠는데 그러지 못합니다. 절대로 갈 수 없습니다. 그래서 '나는 언변도 시원찮은 사람입니다' 라는 핑계를 댑니다마는(출 4:10) 하나님 말씀하시기를 "누가 사람의 입을 지었느뇨"하십니다. 가라면 가라 — 이 말씀입니다. 이리하여 모세는 자기생각, 두려워하는 마음, 인간적인 지식, 판단, 이런 것을 다 버리고 스스로를 굽힙니다. 그래서 소명을 받는 것입니다. 하나님의 부르심을 받는 그 순간 그는 참으로 온유한 사람이었습니다. 자신의 부족함이나 허물을 다 생각지 않고 하나님의 말씀만 그대로 수용합니다. 이것이 온유함입니다. 또 그는 많은 능력을 행하였습니다. 그러나 자신이 능력을 행한다고는 여기지 않았습니다. 그래서 전설에 따르면 그는 평생토록 보좌에 앉아본 적이 없다고 합니다. 평범한 옷차림에 언제나 돌 위에 앉았다고 합니다. 이스라엘백성이 범죄함으로 하나님께서 진노하시어 '이들을 다 진멸하고 너와 네 후손만 번성하게 해서 가나안에 들어가도록 해주겠다'고 하나님 말씀하실 때 그는 뭐라고 말씀드립니까. 정히 그러시려거든 나도 저들과 함께 죽게 해주십시오, 라고 말씀드립니다(출 32:32). 이같은 온유함이 있는 사람입니다. 자기중심적 욕망이 전혀 없습니다. 참으로 온유한 사람입니다. 또한 오늘 본문에 보면 그가 구스여자를 취한 것으로해서 비방을 받는데 이는 사람으로서는 참을 수 없는 일입니다. 사람이란 칭찬받을 때는 자기 페이스를 잃어버리기 쉽습니다. 비방을 받을 때는 자기정체를 잃어버리기가 쉽습니다. 그러나 모세는 자기정체를 곧게 지켰습니다. 자기위치를 망각하지 않습니다. 잘못했으니 잘못했다는 것이지, 할말없지 ― 그는 고이 받아들였습니다. 스스로 자기방어를 하려들지도 않고, 자기변명을 하려들지도 않았습니다. 초조해하지도 않았습니다. 그 참기 어려운 비방을 다 그대로 받아들였습니다. 공격하는 자를 공격하려 하지도 않고 비방하는 자를 비방하지도 않았습니다. 제가 모세 대신 한번 반박을 해볼까요? 하려고들면 할말 많은 것입니다. 자, 나는 실수했다 치자, 그러나 형님은 뭐요? 금송아지 섬긴 주도자가 아닙니까 ― 할말 있는 것입니다. 그러나 그런 말도 하지 않습니다. 비방하는 자를 비방하지 않았습니다. 그대로 조용히 받아들입니다. 그리고 그는 정직하였습니다. 일본 게이오대학의 설립자이자 일본근대화의 정신적 지주였던 후쿠자와 유키치(福澤諭吉)라고 하는 분이 있습니다. '후쿠자와 유키치의 7훈'이라고 하는 일곱 가지의 교훈이 있습니다. '세상에서 가장 멋진 것은 일생을 바칠만한 일을 가지고 있는 것이다. 세상에서 가장 비참한 것은 인간으로서 교양이 없는 것이다. 세상에서 가장 쓸쓸한 것은 할일이 없는 것이다. 세상에서 가장 추한 것은 남을 부러워하는 것이다. 세상에서 가장 존귀한 것은 봉사하고 보상을 바라지 않는 마음이다. 세상에서 가장 아름다운 것은 사물에 대하여 애정을 가지는 것이다. 세상에서 가장 슬픈 것은 거짓말을 하는 것이다' —여러분, 온유하지 않고 교만한 자는 거짓말을 합니다. 교만 때문에 거짓말을 하게되는 것입니다. 온유해지고 스스로를 낮추고보면 거짓말할 필요가 없습니다. 그래서 정직할 수 있는 것입니다. 온유한 자는 정직합니다. 정직하기 때문에 용기가 있습니다. 이것을 알아야 합니다. 모세는 충분히 변명할 여지가 있습니다. 상황을 따라 변명할 수가 있습니다. 제가 모세 대신 좀 변명을 해보겠습니다. 그가 장가들 때가 언제인고하니 애굽에서 피난을 나와 미디안 광야에 방랑객으로 돌아다닐 때이거든요. 정처없이 떠도는 나그네 신세로 이드로의 집에서 양을 치기 시작하면서 그 집 머슴으로 삽니다. 그러던 중에 그 집 딸하고 결혼한 것입니다. 그것도 하루이틀이 아닌 40년 동안이나 처가살이를 하였습니다. 이 지경이니 무능하기로보면 형편없는 남자입니다. 그런 중에 그 집 딸 십보라가 이 남자와 결혼을 하였으니 어쩌면 이 여자는 이 남자를 '하늘같은' 남편으로 보지 않았을 수도 있습니다. '우리집 머슴' —이런 정도로만 여겼는지도 모릅니다. 모든 사람이 우러러보는 때도 이 모세의 아내만은 남편을 우습게 보았을 법한 것입니다. 그래 아마도 집에서는 지아비 된 재미도 없었을 것같습니다. 그러니 지금 '나 이래서 이 구스여자를 취하게 됐다' —이렇게 변명 좀 하고 싶은 것입니다. 그러나 모세는 그런 내색 전혀 없습니다. '인간인고로' 실수하였노라, 하지 않습니다. 왜요? 내 마음속에서부터 된 일이기 때문입니다. 일시적인 실수가 아니라 나는 본래 이런 사람이다, 이것입니다. 그는 또 누구한

테도 원망을 하지 않습니다. 누구를 미워하지도 않습니다. 업적을 내세우지도 않습니다. 나쁜 놈 나쁘다고 하는데 뭐, 아, 죄인보고 죄인이라고 하는데 어쩐단말인가, 나는 본래 이런 사람인데, 하고 묵묵히 그 험한 비방을 다 수용하게 됩니다. 그 참는 모습을 보시고 하나님께서 이 사람은 온유하다, 하십니다. 나아가 여기에 더 높은 차원의 신비로운 온유함이 있습니다. 보십시오. 그는 직무유기 하지 않았습니다. 맡겨진 사명에 대하여 흔들림이 없었습니다. 사람이란 이렇게 비방을 당하고보면, '좋아! 그러면 나 이 자리 내놓겠다, 너희가 해보아라, 난 모른다' 하고는 어디론가 사라져버리기까지 할 수 있습니다. 그러면 어떻게 되겠습니까. 그것은 교만입니다. 그러나 모세는 생각합니다. 하나님의 부르심을 받을 때도 나는 죄인이었습니다. 오늘까지 하나님의 일을 하고 있는 동안도 나는 여전히 죄인이었습니다. 지금 내가 실수하였다고 하지만 이것은 별일 아닙니다. 나는 본래 그런 사람인 것입니다. 그러나 하나님께서 나를 쓰시고 나를 통하여 위대한 역사를 이루시는데, 이는 하나님의 역사일 뿐 전혀 나 자신의 의가 아니라는 것입니다. 그렇기 때문에 그에게 분노가 없는 것입니다. 변명이 없는 것입니다. 이것, 위대한 점이 아닙니까. 그 참기 어려운 비방을 받으면서도 자신에게 맡겨진 거룩한 사명은 그대로 지켜가려 합니다. 하나님께서 이것을 '온유'라고 하신 것입니다. 여기서 저 다윗도 한번 봅시다. 그는 씻을수없는 큰 죄를 진 사람입니다마는 선지자로부터, 백성으로부터 질책과 비난을 받을 때 왕관은 벗어던지지 않았습니다. 초야에 묻힐 생각 하지 않았습니다. 그는 고백합니다. 나는 어머니의 태로부터 죄인이로소이다, 어머니가 죄 중에 나를 낳았습니다, 어렸을 때부터 나는 죄인입니다, 사건은 지금 있는 것이지마는 내가 본래 그런 사람입니다—
그래서 그는 여기서 이상한 행동을 취하지 않습니다. 나는 다윗을
이래서 존경합니다. 회개하는 다윗도 훌륭하지마는 회개하고 왕된
현직을 그대로 지켜갔다고 하는 것, 얼마나 위대합니까. 이것이 온
유함입니다. 오늘 모세는 처음부터 지금까지 그 어느 때도 자기 의
는 없다고 생각합니다. 그런고로 하나님의 사람 된 본분을 다하고
충성을 다합니다. 그런고로 하나님께서 저는 온유함이 으뜸이요 충
성이 으뜸이라고 칭찬하십니다. 온유함에서 정직함이 나타나는 것입
니다.

「역사의 연구」라고 하는 유명한 책의 저자 아놀드 토인비가 권
력의 시작과 장악과 몰락에 대해서 중요한 이야기를 합니다. 역사라
는 것은 권력이 세워졌다가 몰락하고 올라갔다가 떨어지고…… 그
런 것이 아닙니까. 여기서 권력이란 과식, 거만, 재난, 이 세 단어에
서 끝난다고 그는 말하였습니다. 음식을 과하게 먹는 것처럼 분에
넘치는 욕심을 부린다, 이것이 첫째입니다. 그 다음에 거만해지고
교만해지고 포악해진다, 그리고는 재난을 당한다, 역사는 이렇게 돌
아가는 것이다, 하였습니다. 오직 온유한 사람, 그만을 하나님께서
사랑하시고 그에게 권력과 능력을 더해주시는 것입니다. 모세는 정
직하였습니다. 온유하였기 때문에 정직하였습니다. 변명을 할 수 있
는데도 하지 않고 사실을 시인하였습니다. 그런고로 하나님께서 저
를 도우셨습니다. 잘못을 저지른 것은 사실입니다. 그러나 그는 온
유하였습니다. 하나님께서는 이 온유한 믿음을 보시고 그를 의롭다
하십니다. 하나님께서 모세를 편드시고 누이 미리암을 치셨습니다.
놀라운 이야기입니다. 온유한 마음, 온유한 믿음이 하나님 앞에 상

달될 때 하나님께서는 그를 의롭다 하십니다. 온유한 자에게 주시는 모든 축복이 우리 모두에게 함께하기를 바랍니다.

†기 도

하나님 아버지, 때로 우리의 마음속에 근심 걱정이 있고 불안한 마음이 있습니다마는 이 모든 일들이 내가 온유하지 못함으로해서 오는 것이라고 하는 것을 오늘 다시 생각하게 됩니다. 바라옵는 것은 모세의 온유함이 우리에게도 있어서 온유한 자에게 주시는 모든 축복을 우리 다 함께 누리도록 하여주시옵소서. 온유한 자에게 주시는 강함과 그 놀라운 지도력 또한 우리에게 허락하여주시옵소서. 예수님의 이름으로 기도하옵나이다, 아멘.

온전한 인내의 사람

내 형제들아 너희가 여러 가지 시험을 만나거든 온전히 기쁘게 여기라 이는 너희 믿음의 시련이 인내를 만들어 내는 줄 너희가 앎이라 인내를 온전히 이루라 이는 너희로 온전하고 구비하여 조금도 부족함이 없게 하려 함이라 너희 중에 누구든지 지혜가 부족하거든 모든 사람에게 후히 주시고 꾸짖지 아니하시는 하나님께 구하라 그리하면 주시리라 오직 믿음으로 구하고 조금도 의심하지 말라 의심하는 자는 마치 바람에 밀려 요동하는 바다 물결 같으니 이런 사람은 무엇이든지 주께 얻기를 생각하지 말라 두 마음을 품어 모든 일에 정함이 없는 자로다

(야고보서 1 : 2~8)

온전한 인내의 사람

근래 이정현이라고 하는 어린 테크노가수가 불러서 아주 선풍적인 인기를 모으고 있는 '바꿔'라고 하는 노래가 있습니다. '모두 제 정신이 아니야/다들 미쳐가고만 있어/어느 누굴 믿어/어찌 믿어/더는 못믿어/누가 누굴 욕하는 거야/그러는 넌 얼마나 깨끗해/너나할 것없이 세상 속의 속물들이야/바꿔 바꿔 바꿔/모든 걸 다 바꿔/사랑도 다 바꿔/거짓도 다 바꿔/세상을 다 바꿔' —노래가 너무 빠르게 진행되기 때문에 '바꿔'라는 소리밖에 들린 것이 없다 싶으나 참 절묘하게 이 세태를 풍자한 노래라 하겠습니다. 마이크로소프트사의 빌게이츠라고 하는 유명한 사람을 여러분도 다 아십니다마는 그가 「생각의 속도」라고 하는 책을 써서 작년에 세계적으로 많이 읽히었던 때가 있습니다. 이 책에서 그는 1980년대를 가리켜 퀄리티(quality)의 시대라고, 1990년대를 가리켜 리엔지니어링(reengineering)의 시대라고, 2000년대를 내다보면서 스피드(speed)의 시대라고 말합니다. 2000년대를 속도의 시대라고 예언하고 있습니다. 다시말해서 변화의 속도를 말하는 것입니다. 변화에 속도를 가합니다. 이 변화속도, 모든것이 빠르게 변하고 있는데 문제는 생각의 속도입니다. 사물과 세상은 빨리 변하는데 내 생각의 속도가 그것을 따라가지 못하면 여기서 문제가 생기는 것입니다. 안정이 없어집니다. 불안하게 되고, 절망하게 됩니다. 그런고로 생각에 속도를 가해야 한다, 하는 이론입니다. 그것만이 아니지요. 생각건대 인식의 속도가 문제고, 조화의 속도가 문제입니다. 다 소화하고 균형을 잡아야 되겠는데 그렇지 못하고 그대로 달려가면 어떻게 되겠습니까. 밸런스를 잃어버리면 안되는 것입니다. 이 철학의 속도가 중요합니다. 그러나 여기서 더 크게 문제되는 것이 있습니다. 바로 방향입니다. 이렇게 변해나갈 때 어느 방향으론가 가고 있단말입니다. 어느 방향으론가 가고 있는데 도대체 어디로 가는 것이냐가 문제입니다. 동시에 변화의 목적이 문제이고 변화의 동기가 문제입니다. 변화의 동기가 미래냐, 과거냐, 현재냐 입니다. 저 앞에 있는 밝은 미래를 바라보면서 급하게 변화하고 있는 것이냐, 아니면 과거에 묻혀서 그저 막연하게 아무것도 모르는 가운데 변화가 다가오고 있는 것이냐, 아니면 현재라고 하는 것이 지겨워서 에라, 모르겠다, 아무렇게나 바꿔보자, 못살겠다 바꿔보자, 하고 있는 것이냐, 입니다. 결국 최종목표, 궁극적 가치, 여기에 문제가 있는 것입니다. 변화에 속도가 가해진다, 그런데 우리의 생각이 여기에 미치지 못한다, 우리의 철학이 이것을 따라잡지 못한다, 할 때, 우리의 도덕이 이에 발맞춰가지 못하고 소화하지 못할 때 세상은 아주 망가지고 마는 것입니다. 인생도 다 망가지고 맙니다.

인내를 온전히 이루라고 오늘 본문은 말씀합니다. 대단히 중요한, 오늘 이 세대를 향한 메시지입니다. 큰 속도가 가해진 무서운 변화 속에서 나는 무엇을 생각하고 있느냐, 이 변하는 세대의 속도와 함께 나는 어느 정도의 속도로 생각을 변화시키고 있느냐—그 변화의 속도와 생각의 속도가 일치할 때 거기에 안정이 있습니다. 그러면 내 마음은 어디에 있는 것입니까. 여기 자동차가 달립니다. 내가 서 있을 때 지켜보면 자동차가 급하게 달립니다. 그러나 내가 핸들을 잡고 빨리 가는 차와 똑같은 속도로 가면 두 차 사이에 균형이 이루어집니다. 저는 재미있는 것을 늘 느낍니다. 내가 운전을 할 때는 내가 모는 차의 속도와 내 생각의 속도가 같이 가기 때문에 아무리 빨리 가도 빨리 간다고 느끼지를 않습니다. 그런데 이상하게도 다른 사람이 운전하는 차를 타보면 '이거 안되겠는데' 싶어 좀 천천히 가자고 말합니다. 속도에 불안해지는 것입니다. 이것이 생각의 속도입니다. 가장 큰 성공의 비결은, 안정의 비결은 변화를 당연한 것으로 수용하는 것입니다. 그리고 변화와 함께 내 생각의 속도에 가속을 붙이는 것입니다. 능동적으로 적극적으로 대처하고 어엿하게, 때로는 고요하게 넉넉하게 수용할 수 있는 여유가 우리에게 있어야 합니다. 인내란 단순한 반항이나 저항이나, 혹은 거부라든가 증오라든가 혹은 굴복한다는 이야기가 아닙니다. '인내'의 헬라말 '휘포모네'는 어엿하게 대처한다, 넉넉하게 수용한다, 그리고 사랑으로 대한다, 하는 뜻입니다.

이제, 우리는 인내를 생각하면서 먼저 하나님의 인내를 생각합니다. 인내의 뿌리가 하나님께 있습니다. 하나님의 인내를 우리는 성경 전체에서 누누이 읽을 수 있습니다. 특별히 예수님께서 하나님께 대하여 말씀하신바 가장 중요한 비유, 탕자의 비유를 보십시오. 아버지 하나님께서는 이렇게 참으신다고 말씀하십니다. 탕자가 탕자 됩니다. 아버지는 그 탕자됨을 참아줍니다. 그가 집을 나갑니다. 재산을 나누어주면서 참아줍니다. 그가 나가면 어떻게 될 것을 뻔히 알고 있습니다. 그 변화를 참아줍니다. 그가 깨닫고 아버지께 돌아올 때 그를 영접해줍니다. 탕자의 아버지의 인내—이것이 아버지 하나님의 인내를 우리에게 보여주는 계시입니다. 여러분, 그 좋은 아버지를 생각해보십시오. 얼마나 넉넉합니까. 얼마나 어엿하게 인내합니까. 다시 성경은 말씀합니다. 그리스도의 인내를 배우라고.

히브리서 12장에 보면 역력히 말씀합니다. 그리스도의 인내는 두 가지입니다. 먼저 "십자가를 참으사"하였습니다(히 12:2). 십자가를 참으시는 예수님을 보십시오. 그 모순과 부조리의 십자가, 그리고 빌라도 법정에서 말이 없으신 예수님—빌라도가 뭐라고 하든, 제사장이 뭐라고 하든 예수님께서는 벌써 뜻하신 바가 있어서 조용하게 참으시고 오히려 저들을 불쌍히 여기고 계십니다. 십자가 상에서까지 당신을 죽이는 자들의 운명을 생각하고 기도하십니다. 이 인애하심, 여기에 그리스도의 인내가 있습니다. 이것을 본받으라, 합니다. 또 있습니다. 죄인들이 거역한, 죄인들의 거역함을 참으시는 예수님을 생각합니다. 베드로가 예수를 세 번이나 모른다고 부인합니다. 그래도 멀리서 바라보고 계십니다. 그렇게도 사랑하시는 제자들이 지금 본직책을 버리고 갈릴리에 물고기잡으러 갔습니다. 그러나 찾아가시어 아무 말씀도 없이 조반을 대접하시면서 네가 나를 사랑하느냐, 내 양을 먹이라, 말씀하십니다. 여기에 그리스도의 인내가 있습니다. 우리의 부족함, 우리의 허물, 우리의 나약함을 다 참아주셔서, 엄청나게 참아주셔서 오늘 우리가 여기에 있는 것입니다. 그의 인애하심, 깊이깊이 생각하여야 합니다.

야고보서는 두 가지의 비유를 들어 인내를 가르치고 있습니다. 먼저, 농부의 인내를 배우라고 말씀합니다. "농부가 땅에서 나는 귀한 열매를 바라고 길이 참아 이른비와 늦은비를 기다리나니(5:7)." 그리고, 욥의 인내를 배우라고 가르칩니다(5:11). "선지자들로 고난과 오래 참음의 본을 삼으라(5:10)" 말씀합니다. 물질과 가정과 재산과 건강과 의를 다 잃어버렸습니다. 얼마나 고생을 합니까. 그 많은 고생을 치르나, 그러나 하나님께서 주신 약속을 믿고 꾸준히 기다립니다. 인내합니다. '욥의 인내'입니다. 이제 그 결말을 봅니다. 욥은 다시 큰 축복을 받는 사람이 됩니다. 그래서 욥의 인내를 배우고, 그 결말을 보고, 그를 따르라고 말씀하는 것입니다. 여러분, 믿음 없는 인내는 고통입니다. 소망이 없는 인내는 절망에 잇닿습니다. 결국은 믿음과 소망, 이것이 있을 때 넉넉하게 어엿하게 참아나갈 수 있는 것입니다.

오늘 본문은 인내의 지혜를 말씀합니다. 어떻게 참을 것이냐— 먼저는 시련의 원인이 나 자신에게 있음을 알아야 합니다. 오늘 어려운 일 당할 때 그 이유가 나 자신에게 있다는 것을 먼저 생각하라는 것입니다. 미국의 저명한 정신과의사 스코트 펙(M. Scott Peck)이 쓴 책으로 「The Road Less Traveled」 곧 「아직도 가야 할 길」이라고 하는 것이 있습니다. 정신병에 왜 걸렸을까, 어떻게 해야 정신병자가 낫나, 어디서부터 치료가 되기 시작하나—그는 많은 정신병자들을 치료한 경험과 지식으로 이렇게 요약해서 말합니다. 맨먼저, 중요한 것은 책임이 나에게 있다는 것을 인정하게되면 그때부터 벌써 50%는 병이 낫는다는 것입니다. 내 불행의 원인이 남에게 있다고, 세상에 있다고, 남을 원망하는 동안은 절대로 병이 낫지 않습니다. 치유 불능입니다. 애시당초 정신병걸린 이유가 바로 거기에 있는 것입니다. 불행의 원인이 나 아닌 다른 데 있다고 생각하면서부터 병에 걸리는 것입니다. 억울하고 분해서. 그러나 '이것은 나 자신의 문제다'라고 생각하는 순간부터 벌써 치료가 되기 시작합니다. 이 사실을 말하고 설득하는 데 그렇게 어려운 시간이 걸립니다. 두 번째는, 이 고통은 나에게 필요한 것이다, 내가 당하는 고통은 내게 꼭 있어야 하는 것이다, 나의 인간을 위하여, 나의 생각을 위하여, 나의 철학을 위하여 꼭 필요한 것이다, 그리고 이 시련은 유익한 것이다, 하고 그 시련을 긍정적으로 대하게되면 이것을 통해서 발전하고, 이것을 통해서 나는 새로운 궤도의 인간으로 살아가게 된다는 것입니다. 사건 앞에 진실해지고, 그리고 삶의 균형을 잡게 됩니다. 자기가 당한 지금의 어려움에 집착하지 아니하고 좀더 멀리 떠나 현실을 객관적으로 보면서 마음의 균형을 잡게될 때 치유는 가능하게 되더라, 하는 것입니다. 다시 말씀하거니와 시련의 원인이 나 자신에게 있는 것이다, 그것을 인정하는 것이 인내의 시작입니다.

또 3절에서는 "믿음의 시련이"라고 말씀합니다. 초점을 믿음에 맞추어야 합니다. 믿음을 가지게 하고, 믿음을 순수하게 하고, 믿음을 온전케 하는, 그것이 시련이 있는 이유입니다. 이스라엘백성 애굽에서 나와 광야에서 40년을 헤맵니다. 왜 그렇습니까? 하나님께서 그들에게 믿음을 주시려고해서입니다. 하나님께서 만나를 일 년분 한꺼번에 주지 아니하시고 매일매일 주십니다. 아침마다 거둬들여서 식사하게 하셨습니다. 이에 대해서 성경, 신명기에서 이렇게 말씀합니다. 일용할 양식을 통해서 하나님을 의지하게 하기 위함이라고. 하나님께서 하나님만 의지하게, 시간시간 매일매일 하나님만 의지하게 하기 위해서 이 시련을 주셨다고 말씀합니다. 깊이 생각하여야 합니다. 믿음, 하나님께 향한 믿음을 주시기 위하여입니다. 우리는 때때로 물질이 중요하고, 명예가 중요하고, 건강이 중요하지만 좀더 달관된 세계에서 생각을 해보십시오. 하나님편에서 생각하면 오직 믿음만이 중요합니다. 깨끗한 믿음, 하나님을 의지하는 순수한 믿음, 그것을 주시고자 하는 것입니다. 이것이 시련이 있어야 하는 이유입니다. 그것을 인정하여야 하고, 또 한 가지는 이 시련은 시련이지 시험이 아니라는 것입니다. 같은 개념같아보이지마는 시험이란 부정적인 의미를 가졌고, 시련이란 긍정적인 의미를 가졌습니다. 시험에는 남을 넘어뜨리게 한다고 하는 그런 의미가 있는가하면 시련이라면 이것을 통해서 강하게 만든다는 뜻이 있습니다. 마치 훈련과도 같은 것입니다. 그런고로 이 사건 속에 의미가 있고, 하나님의 의지가 있는 것입니다. "구비하여 조금도 부족함이 없게 하려 함이라"라고 말씀합니다(4절). 구비한다는 말의 헬라원문이 뜻하는 것은 완전무장 한다는 것입니다. 군인이 무장을 하고야 일선에 나갑니다. 제가 최일선에서 군인으로 있을 때 보니 이제 전쟁에, 실전에 나가게되면 탄약을 죽 갖다놓습니다. 수류탄 등속을 많이 갖다놓고 가지고 갈 수 있는 데까지 가지고 가라 합니다. 무장한 군인들의 복장이 그래서 얼기설기한 것입니다. 수류탄을 여기저기 걸고, 허리에도 띠고, 또 탄알을 될수있는대로 많이 가져갈 생각이거든요. 어떤 사람은 욕심많게 많이 가져다 넣고 일어서지를 못합니다. 왜요? 어떻게든 그렇게들 가지고 가야 하거든요. 맨손으로 싸우겠습니까. 마찬가지로 우리는 구비하여야 합니다. 시련을 통하여 계속 훈련을 받아서, 강인하게 훈련을 받아서 채워나가야 되는 것입니다. 여기에 의미가 있습니다. 고칠 것을 고치고, 버릴 것을 버리고, 취할 것을 취하고, 깨달을 것을 깨닫고, 사랑할 것을 사랑하게 만드는 것입니다, 시련을 통해서. 하나님께서 이것을 아시고 인내하시는 것입니다. 우리가 이것을 알 때에 시련을 참을 수가 있는 것입니다. 유익한 것이니까. 나를 위하여 꼭 필요한 것이니까.

오늘 본문말씀에 아주 중요한 요절이 또하나 있습니다. "여러가지 시험을 만나거든 온전히 기쁘게 여기라." 기쁘게 여기는 것, 그것이 참는 것입니다. 참는다는 것이 '두고보자' 하는 것이 아닙니다. 이를 갈면서, 눈물을 흘리면서, 신세타령 하면서…… 이는 참는 것이 아닙니다. 찬송을 불러야 참는 것입니다. 기쁘게 여겨야 참는 것입니다. 사도 바울은 로마서 5장 3절로 4절에서 말씀합니다. "환난 중에도 즐거워하나니 이는 환난은 인내를, 인내는 연단을, 연단은 소망을 이루는 줄 앎이로다." 인내가 필요합니다. 소망이 필요합니다. 그런고로 우리는 환난 중에도 기뻐하는 것입니다. 더욱 중요한 것을 얻게되기 때문에 하는 말씀입니다. 여러 가지 시련을 당할 때 두려워하지 말 것입니다. 기뻐할 것입니다. 그것이 인내할 수 있는 비결입니다. 사도 바울은 로마서 8장 37절에서 말씀합니다. "우리를 사랑하시는 이로 말미암아 우리가 넉넉히 이기느니라." 넉넉히 이기느니라―이것이 인내입니다.

　사람은 임종시에 세 가지를 후회한다고 합니다. '좀더 베풀 걸' '좀더 즐길 걸' '좀더 참을 걸'―참지 못한 유감이 우리 마음을 임종시에 괴롭힌다고 합니다. 잘 참고 견디어야 합니다. 대만의 사학자요 작가인 백양이라고 하는 분이 쓴 글에 나오는 우스개입니다. 일본사람과 미국사람과 중국사람, 이렇게 세 사람이 상금을 걸고 돼지가 있는 밀폐된 돼지우리 속에 들어가 인내심시합을 하게 되었습니다. 누가 오래 참나 보자, 하는 게임입니다. 일본사람은 들어가자마자 "아이고, 숨막혀 못견디겠다" 하고 뛰쳐나옵니다. 미국사람은 어지간히 견디더니 "아이고, 더 있다가는 실신하겠다. 더는 못견디겠다" 하고 뛰쳐나왔습니다. 아무리 기다려도 중국사람이 안나옵니다. 심사위원들이 들어가보니 이 중국사람은 떡하니 돼지를 베개하고 누워서 자고 있더라고 합니다. 이 중국작가는 말합니다. 이것이 중국사람이라고. 이것이 중국사람의 저력이라고. 여러분 인내로써 승부가 결정납니다. 얼마나 참느냐, 얼마나 잘 참느냐, 얼마나 넉넉하게 참느냐, 얼마나 어엿하게 느긋하게 참아내느냐, 입니다. 세상이 어떻게 변하든 내가 어엿하게 대처하면 그것이 생각에 속도를 가하는 것입니다. 변화를 즐겨야 합니다. 겁내지 맙시다. 파도타기 하는 청년들 보십시오. 파도가 밀려오면 타고 즐기는 것입니다. 세상파도 무서워하지 맙시다. 우리 앞에는 확실한 약속의 땅이 있기 때문입니다. "인내를 온전히 이루라 이는 너희로 온전하고 구비하여 조금도 부족함이 없게 하려 함이라."

† 기 도

하나님 아버지, 생각건대 넉넉히 참을 수 있었던 일에 참지 못한 일이 너무도 많았습니다. 인내가 부족함으로해서 많은 실수가 또 있었습니다. 간절히 바라옵는 것은 이 급변하는 세대에서 우리의 마음은 고요하게 하시고 넉넉하게 잘 수용하고 참고 견디는 가운데서 하나님께서 약속하신 저 미래를 바라보면서 오늘도 승리할 수 있는 주의 사람들로 살게 하여주시옵소서. 넉넉히 이기는 지혜와 용기를 주시옵소서. 예수님의 이름으로 기도하옵나이다, 아멘.

담대한 사람

　다니엘은 뜻을 정하여 왕의 진미와 그의 마시는 포도주로 자기를 더럽히지 아니하리라 하고 자기를 더럽히지 않게 하기를 환관장에게 구하니 하나님이 다니엘로 환관장에게 은혜와 긍휼을 얻게 하신지라 환관장이 다니엘에게 이르되 내가 내 주 왕을 두려워하노라 그가 너희 먹을 것과 너희 마실 것을 지정하였거늘 너희의 얼굴이 초췌하여 동무 소년들만 못한 것을 그로 보시게 할 것이 무엇이냐 그렇게 되면 너희 까닭에 내 머리가 왕 앞에서 위태하게 되리라 하니라 환관장이 세워 다니엘과 하나냐와 미사엘과 아사랴를 감독하게 한 자에게 다니엘이 말하되 청하오니 당신의 종들을 열흘 동안 시험하여 채식을 주어 먹게 하고 물을 주어 마시게 한 후에 당신 앞에서 우리의 얼굴과 왕의 진미를 먹는 소년들의 얼굴을 비교하여 보아서 보이는대로 종들에게 처분하소서 하매 그가 그들의 말을 좇아 열흘을 시험하더니 열흘 후에 그들의 얼굴이 더욱 아름답고 살이 더욱 윤택하여 왕의 진미를 먹는 모든 소년보다 나아 보인지라 이러므로 감독하는 자가 그들에게 분정된 진미와 마실 포도주를 제하고 채식을 주니라
　　　　　　　(다니엘 1 : 8~17)

담대한 사람

　　인도사람들에게 전해져내려오는 재미있는 설화가 있습니다. 어떤 마술사가 쥐 한 마리를 아주 주의깊게 관찰하고 있습니다. 보니 이 쥐가 두려워서인지 이리 보고 저리 살피고, 영 안정을 잃은 채 발발떨고만 있습니다. 하도 불쌍해서 쥐한테 물어보았습니다. "어째서 그렇게 안절부절못하고 발발떠는 거냐?" 쥐는 대답합니다. "저 고양이 때문입니다. 저 고양이가 언제 나를 물어버릴는지 알 수가 없어서 이렇게 늘 불안합니다." "그래? 그럼 내가 그것을 면하게 해주마" 하고 그 쥐를 고양이로 만들어주었습니다. 그랬더니 이 고양이가 또 벌벌떨고 있습니다. 여전히 불안해하고 있습니다. 잠시도 평안하지를 못합니다. "너 왜 또 벌벌떠느냐?" "아, 개 때문입니다. 개가 언제 또 나를 찾아와 물어버릴는지 몰라서 이렇게 불안합니다." 그래, 이번에는 또 개로 만들어주었습니다. 그래도 여전히 또 벌벌떱니다. "왜 그러느냐?" "호랑이 때문입니다. 그저 눈만 감으면 호랑이꿈을 꾸고 눈뜨면 호랑이가 찾아오는 거같고, 그래서 잠시도 나는 평안할 수가 없습니다." 그래서 이번에는 또 호랑이로 만들어주었습니다. 호랑이가 되어서도 녀석은 여전히 벌벌떱니다. "또 왜 그러느냐?" "포수 때문입니다. 사냥하는 포수가 불쑥 나타나 나를 쏠 것만 같아서 그렇습니다." 마술사는 말합니다. "내가 아무리 해보아도 네 마음에 있는 두려움을 끝내게 할 수가 없구나. 별수없이 너는 다시 쥐로 돌아가야겠다." 그래서 도로 쥐가 되었다고 합니다. 우리 마음에 있는 안정과 평안, 그것이 외적 조건에 따라서 달라지는 것이 아닙니다. 잘 보십시오. 걱정하는 사람은 항상 걱정합니다. 평안한 사람은 어떤 일에도 평안할 수 있습니다. 마음의 안정과 불안은 외적인 환경과는 아무 관계가 없다는 사실을 확실하게 말해주는 설화였습니다. 만성질환이라는 것이 있습니다. 만성적으로 병이 있어서 오래오래 치료되지를 않고, 낫는 듯하면 또 아프고 낫는 듯하면 또 아프고…… 이런 만성질환의 90%가 그 원인이 두려움에 있다고 합니다. 마음에 안정이 없어서 생기는 병입니다. 그러므로 이는 약물로 고칠 수 없습니다. 언젠가라도 그 마음에 진실한 안정을 얻을 때에만 치료될 수 있는 병이라고 합니다. 의사들이 하는 말입니다. 깊이 생각할 문제입니다.

오늘 본문에 보는 다니엘과 그 친구들, 담대합니다. 용기가 있습니다. 아주 멋진 사람들입니다. 그들의 용기와 그 평안, 그래서 그들에게는 능력과 권세가 있습니다. 그 담력, 그 담대함이 무엇이냐—먼저는 호의를 거절하는 용기가 있었습니다. 이 사람들은 예루살렘에서 바벨론으로 포로되어온 사람들입니다. 바벨론 왕이 포로되어온 소년들 중에서 아주 똑똑한 사람들을 발탁하여 잘 양육하고 훈련시켜 장차 그 나라의 지도자로 삼으려는 속셈입니다. 여기에 발탁된다는 것은 굉장한 특권입니다. 자, 이런 시간에 그들에게 좋은 음식을 줍니다. 왕이 먹는 진수성찬을 이들에게 주어서 그것으로 이들이 건강해지고 잘 공부하고 훈련받아서 그 나라 바벨론을 위해서 일해다오, 하는 요망입니다. 그러나 그 기름진 음식들을 이 소년들은 거절합니다. 원래 호의를 거절한다는 것은 어려운 일입니다. 인생처세에 있어서 가장 하기 쉬운 말이 '예스'라고 하는 말이다, 하는 재미있는 말이 있습니다. 가장 하기 어려운 말은 '노우'라고 합니다. 그런데 이 거절하는 말, '노우'를 잘할 줄 알면, 또 잘하면 그는 그 인생에 있어서 성공할 수 있다는 것입니다. 모름지기 불의에 대해서, 거짓에 대해서, 잘못된 일에 대해서 "노우!"하는 용기가 있어야 합니다. 단 이렇게 거절할 때, 여기에 이기심이나 피해의식이 있어서 감정적으로 하는 말이어서는 안됩니다. 기분나빠서, 내가 마음이 좋지 않아서 무조건 거절해버리는 식의 거절은 합당치 못합니다. 또하나 유념할 것이 있습니다. 거절을 잘하려면, 처세학적으로 볼 때 거절하면서도 거절당하는 사람의 마음이 상하지 않게 할 수 있어야 합니다. 이것이 중요합니다. 어떤 남자가 어떤 여자를 사랑해서 "내가 당신과 결혼하고 싶습니다"하고 말을 합니다. 그런데 여자쪽은 그럴 수가 없는 입장입니다. 그렇다고해서 그냥 "NO!"하면서 이를테면 "남자는 늑대다"라고 말해서는 안되는 것입니다. 거절은 하면서도 아주 기분좋게 "나도 그러고 싶지만 내 형편이 그렇지 못해요. 어쩌면 당신은 나하고 결혼하지 않는 것이 당신을 위해서 좋을 것입니다"해가지고 잘 설득해서 그 남자가 기분좋게 물러설 수 있어야 합니다. 박절하게 거절하고, 모독적으로 거절을 해서 저 사람을 절망케 한다든가 그 사람이 악의를 품게 만든다면 이런 여자, 시원치 않은 여자입니다. 거절은 하되 상대방의 마음을 아프지 않게 할 수 있는 기술, 지혜, 이것이 필요합니다.

    그런데 오늘 본문에 나타난 이야기는 너무나도 아름다운 이야기입니다. 사람마다 고통과 핍박에 대해서는 강합니다. 그러나 성공과 평안에 대해서는 약합니다. 욕을 당할 때는 강합니다. 칭찬을 받을 때는 약합니다. 선심과 호의와 선물과 칭찬과 명예, 이런 것을 내게 약속한다고 할 때 나는 그 앞에 초라한 존재가 되는 것이 보통인간들의 모습입니다. 다니엘은 포로된 신세입니다. 이제 특별등용이 되없는데 왕의 호의를 거절한다는 것은 인지상정으로도 있을 수 없는 일입니다. 보통사람으로는 어려운 일입니다. 야고보서 1장 27절에서 말씀합니다. "하나님 앞에서 정결하고 더러움이 없는 경건은…… 자기를 지켜 세속에 물들지 아니하는 이것이니라." 오늘 다니엘은 자기를 지켰습니다. 아주 중요한 이야기입니다. 노예신세, 노예처지에 무슨 도덕이 있을 수 있겠습니까. 로마에 유명한 말이 있었습니다. '두 주인을 섬기면 그때부터 벌써 노예가 아니다.' 노예는 오로지 주인의 말에 순종할 것뿐입니다. 스스로 선택할 일이란 아무것도 없습니다. 노예에게 도덕성은 쓸데없습니다. 그런데 지금 노예가 왕 앞에 섰습니다. 어찌 저가 왕을 거역할 수 있겠습니까. 그런데 다니엘은 작정합니다. "자기를 더럽히지 아니하리라." 나 자신을 더럽히지 아니하리라—거역하는 이유가 이것입니다. 노예 주제에 '자기'가 어디에 있고, 자존심이 어디에 있겠습니까. 그런데 팔려간 노예이지마는 그는 자기정체감이 분명합니다. 나는 하나님의 백성이다, 그런고로 나 자신을 더럽히지 아니하리라—이때문에 거역합니다. 그런데 음식을 먹는 일은 사소한 일입니다. 여기서 문제가 됩니다. 어차피 음식은 음식인데 그저 먹으면 되는 것이지 그걸 가지고 굳이 까다롭게 굴어야 하느냐, 그 정도가지고 뭘 그러느냐, 아, 당장 우상 앞에 절을 하겠느냐 안하겠느냐, 아니하면 죽인다, 이러는 정도라면 몰라도 음식 좀 먹으라는데 뭘 그걸가지고, 사소한 일을 가지고 고집을 부리나, 하겠지요. 그러나 다니엘은 그렇지 않습니다. 자기가 이 음식을 거역함으로해서 오는 불이익을 어떠한 것이라해도 다 당할 각오가 되어 있습니다. 뜻을 정하였습니다(8절). 정결이 먼저이기 때문입니다. 자기를 절대로 더럽힐 수가 없습니다. 구차하게 살려고 하지 않습니다. 유대사람은 본래 유목민입니다. 그런고로 주식이 양고기입니다. 고기를 안먹는 채식주의자가 아닙니다. 본래가 육식주의자입니다. 그럼에도 불구하고 여기서 이 기름진 음식을 거절하는 것은 그것이 우상의 제물이기 때문입니다. 당시의 바벨론사람들에게는 음식으로 나도는 것이 전부 우상의 제물이었습니다. 저희 신에게 바친 물건을 가져다가 다시 먹는 것이었습니다. 그런 우상의 제물이기 때문에 못먹는다는 것입니다. 고기라서 거절하고 있는 것은 아닙니다. 사소한 일이지마는 그는 이 더러운 일로 인해서 자기 자신을 더럽게 할 수 없다, 하는 것입니다.

"뜻을 정하여"라고 말씀합니다. 뜻이 확정된 자는 마음이 평안한 법입니다. 이사야 26장 3절에 보면 "주께서 심지가 견고한 자를 평강에 평강으로 지키시리니"라고 말씀합니다. 심지가 견고한 사람의 마음속에 평안이 있습니다. 흔들리는 마음에는 언제나 불안이 따릅니다. 헬라사람들에게 '에포케'라고 하는 말이 있습니다. '판단중지'라는 뜻입니다. 철학적 용어인데 재미있는 말입니다. 우리가 어떤 문제를 가지고 이럴까 저럴까, 저럴까 이럴까, 마냥 이렇게만 생각해서는 안됩니다. 아무래도 우리는 완전한 결론을 내리기란 어렵습니다. 그런고로 어느 순간까지, 어느 달 어느 날 몇 시까지만 걱정하기로 하자, 하고 딱 정하고 말아야지 한평생 이럴까 저럴까 하면 어떻게 되겠습니까. 학생들을 보니 이 대학을 갈까 저 대학을 갈까, 시험당일까지 걱정을 하는 학생이 있습니다. 미련합니다. 내가 무엇을 전공할까, 이것으로 결단을 내려야 하는 것입니다. 제가 오래전에 본 재미있는 책이 하나 있습니다. 노처녀가 시집 못가는 이유 열가지를 드는데 그 중의 하나가 이것입니다. 결단력이 없기 때문이라고 합니다. 이 사람은 외모가 잘났고 저 사람은 돈이 많은데, 돈많은 사람한테 갈까 사람좋은 데 갈까, 왔다갔다 하다가 세월 다 갔습니다. 어느 순간에는 한 가지를 버려야 됩니다. 이것을 잊지 말아야 합니다. 어느 한 가지는 버리고 어느 한 가지를 취해야 되는 것입니다. 둘 다 손에 쥐려고 하면 다 잃어버리게 됩니다. 결단이 필요합니다. 나를 따라오려거든 자기십자가를 지고 좇을 것이니라, 예수님 말씀하십니다. 자기십자가, 이것이 무엇입니까? 예수님 따르려면 버릴 것이 많습니다. 끊어버려야 될 것이 많습니다. 잃어버려야 될 것이 많습니다. 잃어버리지 않고 예수를 믿으려 해서는 안됩니다. 골프치러 갈까 교회 갈까 하다가 간신히 교회에 나오는 사람들이 있습니다. '나는 주일날은 안돼!' 딱 끊어버립니다. 그때문에 친구를 잃어버리든지 사업이 망하든지 I don't care. 이만한 결단이 없이 신앙생활 못합니다. 여기도 좋게 저기도 좋게—이런 멍청한 사람들 때문에 세태가 흔들리는 것입니다. 거기에는 안정이 없습니다. 평안한 마음, 그것은 뜻을 정하여 결정을 본 사람, 다니엘과 그 친구들과 같은 사람에게 있습니다. 그들은 미리 딱 결정을 하고, 그리고 시작을 합니다. 여유가 있습니다. 평안함이 있습니다. 특별히 죽을 각오까지 하였습니다. 자기정결을 지키기 위해서, 깨끗하게 살기 위해서 죽을 각오까지 하였습니다. 세상에 중요한 것이 생명이 아니겠습니까마는 생명보다 더 중요한 것이 있습니다. 그것이 믿음입니다. 그것이 정결입니다. 더럽고 구질구질하게 살기보다는 깨끗하게 오늘 죽는 것이 좋습니다. 생명보다 더 중요한 가치의 것을 그들은 알고 있었습니다. 이것을 확고하게 깨닫고 있었습니다. 그런고로 모든것을 버릴 생각입니다. 참 위대한 일입니다. 헬렌 켈러 여사의 명언이 있습니다. '우리들은 이론을 위해서는 용기가 풍부하지만 실천을 위해서는 용기가 미흡하다.' 말을 하고 자기주장을 하는 데 있어서는 굉장한 용기가 있는 것같은데 실천능력에 가서 보면 제로입니다. 아무것도 아닙니다. 현대지성인들이 말은 많은데 실천하는 데는 그렇게도 초라할 수가 없습니다. 누가 통계를 내어보았습니다. 신년 초에 사람마다 결심을 합니다. 금년에는, 더구나 2000년이니까 이렇게 살겠다, 하였는데 그 다음에 그 결심들이 얼마나 갔나해서 통계내어보니 태반이 열흘 갔더라고 합니다. 열흘밖에 못간 것입니다. 이래가지고 무엇을 기대하겠습니까. 그런데 오늘 다니엘과 세 친구는 죽기를 결심하였습니다. 정결하기 위해서. 모리 슈워츠(Morrie Schwartz)라고 하는 분이 병으로 죽어가면서 그 제자와 만나 나눈 이야기, 얼마전에 말씀드렸습니다. 「모리와 함께한 화요일」이라고 하는 그 책 속에 나온 이야기입니다. 그는 죽어가는 사람으로서 젊은사람에게 이렇게 말합니다. '살아가는 법을 배우시오. 그러면 죽는 법을 알게 될 것입니다. 죽는 법을 배우시오. 그리하면 살아가는 법을 알게 될 것입니다.' 죽음의 문제부터 해결하고 그리고 오늘을 살아야 넉넉하게 여유있게 살아갈 수 있는 것입니다. 다니엘과 세 친구들에게는 신앙적 용기가 있었습니다. 하나님을 믿는 신앙을 따라 그들은 살았습니다. 하나님께 모든것을 의뢰하였습니다. 하나님께 위탁하고 하나님의 처분대로 하기로 작심하였습니다. 그래서 다니엘 6장 16절에 보면 다니엘은 사자굴 속에 던져지는 일도 당하게 됩니다. 또한 세 친구는 풀무불에 던져넣음당하는 시간에도 이렇게 말합니다. "우리가 섬기는 우리 하나님이 우리를 극렬히 따는 풀무 가운데서 능히 건져내시겠고 왕의 손에서도 건져내시리이다 그리 아니하실지라도 왕이여 우리가 왕의 신들을 섬기지도 아니하고 왕의 세우신 금신상에게 절하지도 아니할 줄을 아옵소서(단 3:17-18)." 하나님께서 우리와 함께 하심으로 우리를 구원하실 줄로 믿는다, 그러나 하나님의 뜻이 있어서 그리하시지 아니할지라도 우리는 우상에게 절할 수 없다―이것은 명언입니다. 그리하지 아니할지라도―풀무불에서, 사자굴에서 내가 죽어 없어지는 한이 있어도 저 우상 앞에 절은 못한다―깨끗한 결단입니다. 위대합니다. 1953년, 그 솔직한 논평으로 이름난「시카고 뉴스」지의 칼럼니스트 해리스가 '대통령을 위한 기도'라고 하는 칼럼을 써서 세계적으로 유명해졌습니다. 그 칼럼에는 이렇게 씌어 있습니다. "오, 주여! 그에게 그의 신념이 아니라 당신의 계율을 지킬 수 있는 용기를 주십시오. 왕이, 혹은 대통령이, 권력자가 자기 신념이 아니라 하나님의 계율을 지킬 수 있는 용기를 주십시오." 유명한 기도문입니다. 하나님의 말씀을 지킬 수 있는 용기, 이것이 필요합니다. 1985년, 미국 테네시주의 메이슨이라고 하는 마을에 있었던 실화입니다. 한 탈옥수가 총을 들고 새벽에 어떤 집을 찾아들었습니다. 총을 들이대고 그 집 가족들을 위협하면서 옷을 내라, 밥을 내라, 합니다. 그 집 남편은 발발떨고 있는데, 정신이 나갔는데, 그 부인은 어인 일인지 전혀 두려워하지를 않습니다. "아이구, 그렇게 서 계시지만 말고 여기 앉으세요. 제가 다 해드릴께요. 목욕물도 드리고, 음식도 드리지요. 절대로 고발은 하지 않을 테니 걱정하지 마세요. 새벽에 찾아온 손님이니 잘 대접하겠습니다." 부인의 이 천연덕스러움 앞에 총을 겨누어보이면서 탈옥수가 이거 무섭지 않느냐고 엄포를 놓자 부인은 대답합니다. "사람이야 어차피 한번 죽는 건데요, 뭐. 저는 예수를 믿고, 죽음을 두려워하지 않는 사람입니다." 그리고 거듭 '새벽에 찾아온 손님'이라 하면서 반가운 손님 대하듯 하였습니다. 이윽고 부인은 그 탈옥수와 마주앉아 다정스레 이야기를 나누는 데 다섯 시간, 마침내 이 탈옥수는 제 손으로 전화를 걸어 자수하고 새 사람이 되었다고 합니다. 여러분, 두려워하지 않는 사람, 담대한 사람, 용기있는 사람은 그 자신의 마음도 편할 뿐만 아니라 이 탈옥수와 같은, 거친 사람의 마음까지도 평안하게 만드는 법입니다. 이것을 알아야 합니다. 이같은 신앙적 담력이 필요합니다. 오늘 본문에 말씀합니다. 17절에 보면 저렇듯 용기있는 사람들에게 하나님께서 은총을 내리시는데, 환경을 변화시키시는 것이 아닙니다. "지식을 얻게 하시며 모든 학문과 재주에 명철하게 하신 외에" 또 겸하여 영감을 주셨다고 합니다. 하나님께서 그들의 마음에 안정을 주실 뿐만 아니라 창의력과 명철과 영감을 겸하여 주셨습니다. 이제 우리에게 기도가 있습니다. '주여, 정결함에 용기를 주시옵소서. 실패를 두려워하지 않게, 끝까지 진실하게 하시고 비겁한 승리보다는 의로운 패배를 선택하게 하시고 불의와 타협하며 성공하기보다는 신앙적으로 실패하게 하소서. 더러운 명예보다는 정직한 생을 살게 하시고 수치스러운 번영보다는 의로운 가난을 선택하게 하소서.' 여러분, 담대한 믿음, 담대함에서 오는 신앙적 용기, 그것이 삶의 원천임을 알아야 하겠습니다.

†기 도

하나님 아버지, 불의와 타협하며 살아보려고 몸부림쳤으나 우리는 초라하게 되었고, 아무것도 얻은 바 없이 스스로의 비겁함에 스스로 실망하고 있습니다. 주여, 불쌍히 여기시고 이제 모든것을 십자가 밑에 묻어두고 저 다니엘과 그 세 친구들같이 담대한 사람, 용기있는 사람, 그리고 하나님께서 주시는 지혜와 능력으로 충만한 사람, 그런 사람으로 살아가게 하시옵소서. 예수님의 이름으로 기도하옵나이다, 아멘.

영원한 자유인

　그러므로 예수께서 자기를 믿은 유대인들에게 이르시되 너희가 내 말에 거하면 참 내 제자가 되고 진리를 알지니 진리가 너희를 자유케 하리라 저희가 대답하되 우리가 아브라함의 자손이라 남의 종이 된 적이 없거늘 어찌하여 우리가 자유케 되리라 하느냐 예수께서 대답하시되 진실로 진실로 너희에게 이르노니 죄를 범하는 자마다 죄의 종이라 종은 영원히 집에 거하지 못하되 아들은 영원히 거하나니 그러므로 아들이 너희를 자유케 하면 너희가 참으로 자유하리라 나도 너희가 아브라함의 자손인 줄 아노라 그러나 내 말이 너희 속에 있을 곳이 없으므로 나를 죽이려 하는도다 나는 내 아버지에게서 본 것을 말하고 너희는 너희 아비에게서 들은 것을 행하느니라
　　　　　　(요한복음 8 : 31~38)

영원한 자유인

러시아의 문호 도스또예프스키의 작품에 「대심판관(Great Inquisitor)」이라고 하는 유명한 소설이 있습니다. 다시 세상에 오신 예수님을 체포하고 대심판관이 여기서 예수님의 잘못을 지적하는, 그런 내용으로 전개됩니다. 심판관이 이런 말을 합니다. "당신은 인간을 너무 존귀한 존재로 과대평가 하고 있소. 인간이란 바로 유치한 아이와 같아서 권위와 기적으로 영도되기를 바라고 있소. 인간들에게 빵을 주었다면 당신은 쉽게 성공했을 것이오. 인간은 빵만 쥐어주면 누구에게나 복종하는데 자유란 것이 무슨 가치가 있단말이오? 인간에게 자유를 주어도 결국은 그 자유를 발 아래 내동댕이치고 다시 노예로 삼아달라고 애걸복걸할 것이 뻔한데." 아주 의미심장한 말입니다. 사람들은 빵만 주면 누구에게나 순종한다, 자유를 주었댔자 그 자유의 소중함을 모르기 때문에 바로 다시 또다른 어떤 것에 스스로 노예가 되어버리고 만다, 인간은 근본적으로 노예성이 있는 구제불능의 존재라고 고발하고 있습니다. 여러분, 여러분은 스스로 얼마나 자유하다고 생각하십니까? 얼마나 스스로 자유를 누린다고 생각하십니까? 정치적 자유, 아주 중요한 것입니다. 그러나 이보다 더 중요한 것은 경제적 자유입니다. 가난한 자는 자유인이 아닙니다. 한 조각의 빵을 위해서 양심을 팔아야 되니까요. 또 지식의 자유가 없는 자도 자유인이 아닙니다. 우스운 이야기입니다마는 제 경험담입니다. 퍽 오래전에 대만을 처음 갔었습니다. 거리를 구경하고 싶어서 혼자서 이 골목 저 골목 다니다가 배가 고파서 식당을 찾아들어갔습니다. 그런데 내가 중국말 모르지요, 식당사람이 한국말 모르지요, 내가 영어를 하지마는 저 사람은 영어를 모르지요, 해서 말이 전혀 안통하는 것입니다. 메뉴, 차림표라고 가지고 왔는데 빨간 글씨로 중국말로만 써놓았으니 어떤 음식들인지 하나도 모르겠는 것입니다. 어서 끼니는 때워야겠는데 이런 형편이니 정말 답답합니다. 그래서 '할수없다' 하고, 주문받는 사람 소매를 잡아끌고 가서 남 먹는 걸 보고 저 사람 먹는 것 좀 달라고 손짓 발짓 동원해서 겨우 한끼 얻어먹고 나온 일이 있습니다. 말이 통하지 않는다는 것, 지식이 통하지 않는다는 것, 얼마나 답답한 일인지, 뭐 감옥이 따로 없다 싶었습니다. 이런 것이 바로 부자유인 것입니다. 자유함이 없는 것입니다. 그런데 이보다 더 무서운 것은, 내가 얼마나 비참한 노예적 상황에 있다는 것을 스스로 모르고 있다는 사실입니다. 아픈 줄 모르는 병이 죽을병이듯이 이렇게 자기가 지금 얼마나 구제불능의 노예상태에 있는지를 모르고 있는 것입니다. 그런데 오늘 본문말씀에 보면 예수 그리스도께서 자유가 무엇인지를 모르는 그 유대인들을 향하여 정면적으로, 아주 직선적으로 저들의 어리석음을 꾸짖는 내용이 있습니다. 저들은 정신적으로, 문화적으로, 도덕적으로, 신학적으로 아주 불쌍할 정도로 철저하게 노예상태에 있었습니다. 유대사람들이 말합니다. 우리는 아브라함의 후손이다, 노예된 적이 없거늘 우리를 어째서 자유케 한다고 하느냐—소가 웃을 일입니다. 아, 애굽에서 400년 노예생활 했지요, 바벨론 70년 포로생활 했지요, 역사 속에 노예생활 한 것이 얼마나 많은데, 우리는 자유인이다, 노예된 적이 없다, 하는 것이니 이는 허상이요 벌써 선민이라는 협소한, 스스로의 민족우월감에 빠져 있음입니다. 문화적으로, 정신적으로 노예적입니다. 비참할 정도의 노예생활을 하고 있는 것입니다.

더 중요한 것은 신학적 문제입니다. 율법주의의 노예가 되어서 그 결과로 외식주의자들이 되어 많은 종교예식과 함께 허상, 거짓, 위선에 빠져 있는 것입니다. 율법에 매여서 벌벌떨고 있습니다. 그 많은 계율에 노예가 되어 사는 그 비참한 모습을 스스로들 모르고 있는 것입니다. 그뿐입니까. 기득권에 대한 아집이 있습니다. 예수를 영접할 수 없는 것입니다. 현재의 자기처지, 바로 여기에 집착하고 있기 때문에 예수를 영접할 수 없었고 마침내 예수를 십자가에 못박게 됩니다. 자기고집을 못버립니다. 자기라고 하는 것에 매여 있습니다. 기득권을 양보하고 싶지 않습니다. 그래 소중한 예수 그리스도의 복음을 저들은 받아들일 수가 없었습니다. 자기네가 얼마나 비참한지 스스로들 모르고 있습니다. 때로는 좀 압니다. 깨닫기도 합니다. 보기도 합니다. 예수님의 이적기사를 옆에서 보았습니다. 그래 상당한 깨달음도 느낌도 있지마는 그러나 현재의 자기처지에서 물러서고 싶지 않습니다. 그래서 메시야를 영접하지 못하고 마침내 회개 없이 예수를 십자가에 못박는 엄청난 죄를 범하게 됩니다. 보십시오. 이 사람들이 자유인입니까? 엄청난 죄악의 노예 상태에 있지 않습니까. 그럼에도 불구하고 '우리는 자유인이다' 하니 얼마나 한심한 일입니까. 여러분, 여러분은 지금 얼마나, 얼마만큼 자유를 누리고 있습니까?

　예수님께서 대단히 중요한 전제를 내어놓으십니다. '자유 문제는 죄 문제다' —이렇게 결론지으십니다. 정치, 경제의 차원이 아니라는 것입니다. 교육의 차원도 아닙니다. 자유의 문제는 바로 죄 문제라는 것입니다. 죄를 짓는 자마다 죄의 종이 되기 때문입니다. 잘살고 못살고의 문제가 아닙니다. 이제 우리는 잘살고 못살고는 더이상 이야기하지 맙시다. 얼마나 제대로, 바르게 사느냐, 여기에 문제가 있습니다. 바르게 사는 자유를 잃어버린 것입니다. 어떤 사람이 셋방살이로 이리저리 다니면서 삽니다. 그래 한평생 소원이 제발 내 집 쓰고 살았으면 좋겠다, 하는 것이었습니다. 그러면 이사 안할 수 있으니까 신앙생활도 좀 자유롭게 할 수 있을 것이라고 생각했습니다. 어찌어찌해서 집을 하나 장만했습니다. 기분이 썩 좋습니다. 그 만족스러움이 비할 데가 없습니다. 그러나 이내, 몇달도 못가 '집이 왜 이렇게 작아? 남들 집은 저렇게 큰데…… 요렇게 조그마해서야 답답해서 살 수가 있나' 했습니다. 더 큰 집, 좀더 큰 집이 있어야 자유롭겠다고 몸부림을 치고 애써서 더 큰 집을 장만했습니다. 좀 무리하게 그리하고보았습니다. 이젠 집이 커서 좋다, 했습니다. 그런데 이번에는 또 청소하는 것이 힘들더라고 합니다. 또 집이 크고보니 작은 집 쓰고 사는 친구들 만날 때마다 '돈도 없는 사람이 집만 큰 거 가졌네' 하고 비아냥거리는 것만 같습니다. 마음이 편치 않습니다. 그런가하면 밖에 나갈 때마다 도둑 들까봐, 밤에는 이렇다할 것이 없는데도 집이 크니 강도 들까봐 걱정이 되고, 심지어는 누가 찾아올까봐 교회도 못나갑니다. 집을 비울 수가 없습니다. 자, 자유는 어디로 갔습니까? 차라리 문단속 안해도 될 만큼 살 때가 좋았는데… 그렇게 생각되더라고 합니다. 그렇습니다. 자유란 경제문제도 아니고 정치문제도 아닙니다. 지위와 명예의 문제도 아닙니다. 오직 죄의 문제입니다. 죄를 짓는 자마다 양심의 가책에 매입니다. 또 저주의식에 매입니다. 죄를 짓고 사는 사람은 감기만 걸려도 죄 때문이라고 생각합니다. 사소한 자동차 접촉사고만 나도 하나님이 나를 저주하신다고 생각합니다. 벌벌떨면서 이렇게 살아가야 합니다. 그 어디에 자유가 있는 것입니까. 나아가 죄의 노예가 되었기 때문에 죄를 반복하는 죄를 짓습니다. 죄에 끌려서 또다른 죄, 또다른 죄를 지을 수밖에 없습니다. 비참합니다. 죄의 영향을 받아서 성품도 파괴되고 맙니다. 그래서 거짓되고 변명의 사람이 됩니다. 남을 원망하고 불평하는 사람이 됩니다. 무능한 사람, 무지한 사람이 됩니다. 아무것도 없으면서 속에 쓸데없는 교만만 남습니다. 이러한 인간, 정말 살고 싶지 않은 그런 비참한 인간이 되는 것입니다. 죄의 값은 사망이기 때문입니다. 그러므로 죄 문제를 해결하는 것이 자유함의 근본입니다. 돈벌어 자유하는 것이 아닙니다. 이른바 출세를 해서 자유하는 것이 아닙니다. 오직 죄로부터 자유할 때만 내 영이, 내 인격이 자유하다는 것을 알아야 합니다.

오늘 예수님께서는 또하나의 소중한 진리를 말씀하십니다. 자유케 하는 일에 대해서 말씀하십니다. 어떻게 하여야 자유함을 얻을 수 있느냐입니다. 자상하게 그 비결을 가르쳐주십니다. "너희가 내 말에 거하면"—이것이 비결입니다. 주님의 말씀을 영접하여야 합니다. 주님의 말씀을 받아들여야 합니다. 주님의 말씀을 많이 깨끗한 마음으로 수용하여야 합니다. 그리할 때 나도모르게 어느 사이에 진리를 알게 됩니다. 진리를 알게되면 이제는 진리가 나를 자유케 합니다. 주의 말씀을 받아들여야 합니다. 그런데 바리새인과 서기관들, 예수님께서 그렇게 귀한 말씀을 전하시는데 받아들이지 않습니다. 저들은 예수님의 말씀을 받아들일 수가 없습니다. 너희 마음에 내 말이 거할 곳이 없다, 하십니다. 욕심과 시기 질투로 가득차 있으니 주님의 말씀 들어갈 데가 그들의 마음에는 없습니다. 그래 하시는 말씀입니다. 내 말이 너희 안에 거하면 진리를 알게되고, 진리를 알게되면 너희는 자유케 되리라—말씀이 내 안에 밀려올 때 내가 매여 있던 그 많은 쇠사슬이 다 풀려나가는 것입니다. 깊이 생각하여야 합니다. 지미 카터가 쓴 유명한 책 「The Virtues of Aging」, 여러분도 더러 읽어보신 줄 압니다. 제가 언젠가도 한번 말씀드렸지마는 그 책에 이런 내용이 있습니다. 기자가 그에게 묻습니다. "당신은 대통령도 했고, 세계를 호령하면서 여기저기 큰일도 많이 하고 했으니 참 행복한 날, 즐거웠던 때가 많았을 것입니다. 그중 최고의 때는 언제였습니까?" 카터는 서슴없이 대답합니다. "바로 지금입니다." 다 그만두고 지금 농촌에 은퇴해 있지마는 바로 지금이 가장 행복하다 하였습니다. 가장 자유롭기 때문입니다. 이제 아무 걱정도 없습니다. 아무 미련도 없습니다. 내 영혼이 가장 자유롭기 때문에 지금 이 시간이 가장 행복한 시간입니다. 여러분, 여러분은 지금 어떻게 생각하고 있습니까? 반생을 통하여 그 언제가 최고의 해였습니까? 어떻게 되면 최고의 해가 될 수 있다고 생각하십니까? 가장 위대한 사람의 고백은 이렇습니다. 바로 지금이라고. 지금은 내 영혼이 온전히 자유하고 있으므로 이 시간이 가장 행복한 것이라고 하는 고백이 아쉽습니다. 진리를 알아야 합니다. 아는 문제입니다. 진리를 깨달아야 합니다. 진리를 깨달을 때 그 속에서 내 존재의 가치를 찾고, 삶의 의미를 찾고, 내게 주어진 약속의 땅을 바라볼 수 있기 때문입니다. 그 진리를 알기 위해서는 주님의 말씀을 내가 받아들여야 합니다. 순수한 마음으로 하나님의 말씀을 받아들여야 합니다. "진리가 너희를 자유케 하리라." 내가 스스로 자유할 수 없는 것입니다. 생각해보십시오. 내가 물에 빠져서 떠내려간다고 합시다. 내가 내 머리카락을 내 손으로 당겨올린다고해서 빠져나올 수 있겠습니까.

혼자서는 몸부림쳐보아야 아무 소용 없습니다. 내 노력, 내 수고, 내 의지로써는 불가능한 것입니다. 이제는 주님의 말씀이 나와 함께하는 길 외에 자유케 될 수 있는 길이 없습니다. 특별히 여기에는 중요한 신학적 문제가 있습니다. 예수님 다시 말씀하십니다. "아들이 너희를 자유케 하면 너희가 참으로 자유하리라." 간단한 말씀이요, 우주적인 진리입니다. 예수 그리스도 메시야께서 말씀하십니다. 내가 너희를 자유케 하면 비로소 자유하리라 — 예수께서 우리를 위하여 십자가에 돌아가심으로 우리로 사망과 죄로부터 자유케 하실 것을 말씀하시는 것입니다. 이는 약속입니다.

미국 뉴욕의 브루클린에 '플리머스(The Plymouth)'라고 하는 교회가 있는데 여기에 1928년에 있었던 일입니다. 어떤 할머니가 예배 끝날 즈음에 손을 들고 말합니다. "목사님, 죄송하지만 딱 한번 마지막으로 부탁하는데 저 강단에 나가서 간증 좀 하게 해주세요." 하도 간절해보여 허락을 하였습니다. 할머니는 강단에 올라오더니 조심스럽게 이야기합니다. "지금 제가 이야기하는 것은 68년 전 일입니다." 68년 전 날짜까지 자세하게 기억하고 있었습니다. "1860년 9월 19일, 그날은 주일날이었습니다. 이 교회당 마당에 노예시장이 열렸는데 저도 노예로 팔려가는 시간이었습니다. 이제 경매를 붙이고 있었습니다. 아버지가 딴곳에 노예로 팔려가는 모습을 보면서 나는 눈물을 흘리고 있었습니다. 나는 지금 어디로, 어떤 집으로 팔려가게 되나, 내 운명은 어떻게 되나, 초조히 벌벌떨고 있을 때, 방금 예배를 마치고 이 교회에서 나오시던 목사님이 나를 붙들더니 800불을 치르고 나를 사서 그 당장에 나를 자유하게 해주셨습니다. 듣자하니 그날 예배에서 '우리가 어찌할 수 없지마는 헌금이라도 해서 노예 한 사람이라도 자유케 하여줍시다' 해서 헌금한 돈을 가지고 저를 사서 풀어준 것입니다. 그래서 내가 자유인이 된 것입니다. 저는 그런고로 이 교회를 떠날 수가 없었습니다. 68년 동안 이 교회에 출석하고 이 교회를 위하여 기도함으로 한평생을 살아왔습니다. 그런데 이제 내가 나이많아져서 죽을 때가 가까웠기에 이 간증을 꼭 하고 싶었던 것입니다. 그래 말씀을 드리는 것입니다." 여러분, 노예가 스스로 자유할 수 있습니까. 팔려가는 노예가 자유할 수 있습니까. 정욕과 죄와 시기, 질투, 저주로 지금 완전히 노예된 인간이 스스로 자유할 수 있습니까. 예수 그리스도께서 값을 치르시어 대신 십자가를 지심으로, 그리고 그를 믿음으로해서 비로소 우리는 하나님의 자녀가 되고 하나님의 자녀가 될 때, 오늘 말씀대로 아들에게만 자유함이 있습니다. 노예한테는 자유가 없습니다. 하나님의 자녀가 되는 순간에 자유하게 되는 것입니다. 아이자야 베를린(Isaiah Berlin)이라고 하는 영국학자는 「Four Essays on Liberty」라고 하는 저서에서 자유를 두 가지로 나누어 설명합니다. negative liberty, 소극적인 자유가 있고 positive liberty, 적극적인 자유가 있다, 그런데 소극적인 자유는 어떤 간섭이나 억압으로부터의 자유, 여기서 벗어나는 자유, freedom from something이다, 또하나는 freedom for something, 무엇을 위하여 스스로 자기 자유를 버리는 자유다, 거기에 진정한 자유가 있는 것이다—무엇으로부터 벗어나는 소극적 자유만 가지고는 자유하지 못합니다. 오히려 나 자신이 선한 일에, 의로운 일에, 사랑에 노예될 때 자유할 수 있습니다. 미워하는 사람은 자유인이 아닙니다. 내가 그 사람을 미워하는 한 그 사람에게 내 자유를 빼앗기고 있기 때문입니다. 용서하고 사랑할 때만, 사랑하는 자만이 자유인이 되는 것입니다. 영국의 교육철학자 피터스(R.S. Peters)는 'paradox of freedom'이라고 하는 재미있는 말을 쓰고 있습니다. '자유의 역설성'입니다. 큰 자유를 위해서 작은 자유를 버려야 하기 때문입니다. 작은 자유를 버릴 때 큰 자유를 얻을 수 있다—여기에 자유의 역설성이 있습니다. 내 정욕, 시기, 교만, 우스꽝스러운 자존심, 이 끝없는 욕심, 깨끗이 버립니다. 그리고 주님을 영접할 때에만 비로소 참자유, 큰 자유, 영원한 자유를 얻을 수 있는 것입니다. "진리를 알지니"—십자가의 진리를 알고 비로소 그 지불된 값을 할 때, 나 자신이 하나님의 자녀로, 소중한 존재로 발견됩니다. 나는 진리의 노예가 되고 진리는 나를 자유케 할 것입니다. 그리스도의 종, 영원한 노예, 영원한 사랑의 노예가 될 때 비로소 여러분은 자유인이 될 수 있는 것입니다. 이 자유인만이 건강합니다. 이 자유인만이 행복합니다. 이 자유인에게만 창작적, 창의적 능력이 있는 것입니다. 이 사람만이 21세기를 살아갈 수 있는 능력의 사람이 될 수 있습니다. 내 손에 무엇이 있건 없건 그것은 중요하지 않습니다. 남이 나를 향하여 뭐라고 하든 그것은 중요하지 않습니다. 내 영혼이 자유할 때에만 나는 영원한 자유인이 될 수 있는 것입니다.

† 기 도

하나님 아버지, 얼마나 깊은 수렁에 빠졌고 얼마나 비참하게 쇠사슬에 묶여 있는지, 그것을 의식조차 하지 못하고 사는 저희를 자유케 하신 주님의 은혜를 감사합니다. 얼마나 고귀한 값이 주어졌고 나의 자유의 의미가 얼마나 큰 것임을 알아서 다시는 죄의 노예가 되지 않고 물질의 노예가 되지 않고 세상 그 무엇의 노예 되지 않는 영원한 자유인으로, 그렇게 살아갈 수 있게 하여주시옵소서. 예수님의 이름으로 기도하옵나이다, 아멘.

사랑 안에 거하는 사람

어느 때나 하나님을 본 사람이 없으되 만일 우리가 서로 사랑하면 하나님이 우리 안에 거하시고 그의 사랑이 우리 안에 온전히 이루느니라 그의 성령을 우리에게 주시므로 우리가 그 안에 거하고 그가 우리 안에 거하시는 줄을 아느니라 아버지가 아들을 세상의 구주로 보내신 것을 우리가 보았고 도 증거하노니 누구든지 예수를 하나님의 아들이라 시인하면 하나님이 저 안에 거하시고 저도 하나님 안에 거하느니라 하나님이 우리를 사랑하시는 사랑을 우리가 알고 믿었노니 하나님은 사랑이시라 사랑 안에 거하는 자는 하나님 안에 거하고 하나님도 그 안에 거하시느니라 이로써 사랑이 우리에게 온전히 이룬 것은 우리로 심판 날에 담대함을 가지게 하려 함이니 주의 어떠하심과 같이 우리도 세상에서 그러하니라 사랑 안에 두려움이 없고 온전한 사랑이 두려움을 내어 쫓나니 두려움에는 형벌이 있음이라 두려워하는 자는 사랑 안에서 온전히 이루지 못하였느니라 우리가 사랑함은 그가 먼저 우리를 사랑하셨음이라 누구든지 하나님을 사랑하노라 하고 그 형제를 미워하면 이는 거짓말하는 자니 보는 바 그 형제를 사랑치 아니하는 자가 보지 못하는 바 하나님을 사랑할 수가 없느니라 우리가 이 계명을 주께 받았나니 하나님을 사랑하는 자는 또한 그 형제를 사랑할지니라

(요한일서 4 : 12~21)

사랑 안에 거하는 사람

　세상은 변하고 있습니다. 자고깨면 또다른 세상을 만나는 것같이 그렇게 급변하고 있습니다. 특별히 이 세상이 향방없이 변하고 있습니다. 그래서 많은 미래학자들이 나름대로 열심히 연구하고 미래를 전망합니다마는 미래학자들의 말 치고 맞아들어간 것은 하나도 없습니다. 그래도 우리는 미래를 생각해보려고 합니다. 마치 럭비공이 천방지축 뛰듯이 어느 방향으로 뛸는지 알 수 없고, 어느 방향으로 변화할는지 모르는 그런 세상, 불확실한 세상을 살아갑니다. 그러나 자세히 살피면 변하지 않는 것들이 있습니다. 어쩌면 절대로 변하지 않는 것이 더, 더 확실하게 우리 눈앞에 다가오는 것을 느끼게 됩니다. 여러분, 노래라는 것을 한번 생각해봅시다. 노래라고 하는 것을 옛날에는 노래라고 하지 않고 소리라고 하였습니다. 소리, 가락, 이렇게 말했습니다마는 자꾸 변하는데 트로트, 재즈, 로큰롤, 비틀즈, 트위스트, 랩, 그리고 발라드, 요새와서 테크노—아무리 좋은 마음으로 이해하려고 해도 이게 정말 노래인가 싶은 것들이 넘쳐나고 있습니다. 발악인지 노래인지 알 수 없는 것들입니다. 아무리 해도 좋아지지 않더라고요. 저는 내 나이 탓인가도 했습니다마는, 그러나 한 가지는 분명합니다. 모든 노래가, 어느 나라 노래이든지 통틀어 살펴보면 주제는 '사랑'입니다. 사랑 떠난 노래가 없습니다. 전부가 사랑에 대해서 노래하고 있습니다. 잃어버린 사랑, 기다리는 사랑, 갈구하는 사랑…… 사랑이 주제가 됩니다. 이것은 변함이 없습니다. 사랑은 곧 생명이기 때문입니다. 서로 사랑하면 그 속에 생명이 있습니다. 무서운 맹수들도 한번은 사랑하여야 생명을 생산합니다. 또 사랑 속에서 생명이 자랍니다. 고슴도치가 제 새끼 사랑하는 것을 보니 신기합디다. 그렇게 사랑해서 생명은 태어나고, 키워지고, 자라납니다. 그런고로 생명 안에 우리가 존재한다―생명, 그 것은 바로 사랑입니다. 옛날 책이나, 혹은 목사님들의 설교 중에는 이것을 가마에다 비유한 일이 있습니다. 지금은 그것이 옛날이야기니까 우리는 그저 한번 상상이나 해볼 일입니다. 가마에 색시를 태우고 앞에서 뒤에서 가마꾼들이 메고 갑니다. 이런 경우 앞에서 가는 가마꾼은 앞을 환히 보면서 메고 갑니다마는 뒤에서 따라가는 사람은 아무것도 앞을 못봅니다. 앞에 가마가 꽉 막았으니 앞길을 볼 수가 없습니다. 이래서 옛날어른들은 이를 두고 이렇게 설명합니다. 앞에 있는 가마꾼은 소망이요, 뒤에 딸려가는 가마꾼은 믿음이요, 가운데 있는 색시는 사랑이라고. 신랑집에 가면 이 두 가마꾼은 물러가고 가마는 해체됩니다. 그리고 신부만 신랑 방에 들어갑니다. 그런고로 사랑은 영원한 것이다, 그렇게 옛날어른들은 비유해서 설명했습니다. 사람은 확실히 사랑으로 삽니다. 죽을 사람도 사랑으로 인해서 살아납니다. 어찌생각하면 사랑 없이 되는 일은 다 죽음으로 치닫습니다. 오직 사랑이 있어서 살고, 사랑이 있어서 의미가 있고, 사랑이 있어서 소생하는 힘을 얻는 것이고, 사랑이 있어서 병도 치유되는 것입니다. 그런데 사랑이 있을 때는 심지어는 죽음도 아주 기쁘게 받아들일 수 있고, 참사랑에 감격하면 죽는 문제가 하등 문제가 되지 않습니다. 이것이 사랑의 위력입니다. 베트남전때 있었던 실화입니다. 전세가 불리해서 뒤로 물러섰습니다. 작전이란 후퇴할 때가 제일 어렵습니다. 후퇴하는 사람들 가운데 한 사람이 총에 맞았습니다. 뒤에서 쏘는 총에 맞아서 지금 비틀거리고 있습니다. 후퇴 먼저 한 사람들이 보니 저 뒤에 비틀거리고 쓰러져 있는 사람이 있는데 이를 어찌하면 좋은가—여기서 사랑하는 친구 하나가 총탄이 비오듯하는 가운데를 뚫고 들어가 저 사람 구출하겠다고 나서니까 소대장이 말렸습니다. "이미 총을 맞았고, 피를 많이 흘렸고, 저 사람은 살지 못한다. 너까지 거기 들어가 죽을 것 없지 않느냐. 가지 마라." 그러나 이 청년은 거기서 두손들고 쓰러져 있는 친구를 내버려둔 채 그냥 있을 수가 없어서 기어이 달려가서 친구를 업고 나옵니다. 업힌 친구는 귀에다 대고 자기를 업고 가는 친구에게 말했습니다. "네가 올 줄 알았다. 나는 너같은 친구가 있어서 행복했다. 나는 지금 죽는다해도 여한이 없다." 그리고 숨졌습니다. 그 시체를 업고와서 내려놓을 때 소대장이 말합니다. "거 봐라! 어차피 죽을 사람 살리려고 덤비다가 너까지 죽을 뻔했잖냐." 이 친구는 말했습니다. "아닙니다. 내 친구는 내 등에 업혀서 '네가 올 줄 알았다. 너같은 친구가 있어서 나는 행복하다' 하고 죽었습니다." 여러분, 참사랑, 위대한 사랑에 감격하면 고생이다, 질병이다, 문제가 되지 않고 죽음까지도 넉넉하게 넘어설 수 있는 것입니다. 결국은 사랑입니다. 이 귀한 사랑이 문제입니다. 문제는 사랑이 없어서입니다. 둘째는 사랑이 병들어서 문제입니다. 저마다 사랑을 외치지만 대개가 사랑이 아닙니다. 병들었습니다. 또 거짓된 사랑이 문제입니다. 사랑에 속았습니다. 거짓된 사랑이 우리를 실망시킵니다. 때로는 스스로 속을 때도 있습니다. 사랑에 대한 무지가 문제입니다. 사랑이 없는 것이 아니고 사랑을 모르는 것입니다. 또하나는 사랑의 discommunication입니다. 사랑이 통하지를 않습니다. 분명히 사랑받고 있으면서도 사랑의 의사소통이 되지를 않습니다. 그래서 사랑이 단절됩니다. 내가 믿지 않기 때문입니다. 분명히 사랑하고 있고 사랑받고 있는데 사랑을 믿지 않으면 사랑을 모르게 되고, 사랑을 모르면 감격이 없고, 사랑을 모르면 절망할 수밖에 없는 것입니다.

    오늘 본문에는 사랑의 원초적 속성을 설명하는 귀중한 말씀이 이어집니다. 사랑이 중생하여야 한다는 것입니다. 사랑이 참사랑의 의미로 바꾸어져야 한다는 말입니다. 사랑이 참사랑으로 그 의미를 다시 찾아야 한다는 것입니다. 그런데 사랑의 뿌리는 하나님께 있습니다. 그래 위대한 말씀을 합니다. "하나님은 사랑이시라." "데오스 아가페 에스틴" — 유명한 말씀입니다. 여러분, 하나님은 사랑이시라고 느껴보았습니까? 우리는 간간이 결정적 시간을 맞습니다. 어떤 경우에 '맞아. 하나님은 사랑이시다' 라고 크게 깨달을 때가 있습니다. 그때부터 나에게 세상은 달라집니다. 나에게는 세상의 역사가 바뀝니다. 삼라만상을 새로운 눈으로 보게 됩니다. 완전히 사랑의 세계를 보게 됩니다. 저는 어렸을 때 자라면서 어머니로부터는 한번도 매를 맞은 기억이 없습니다. 그런데 아버지로부터는 매를 많이 맞았습니다. 때로는 이해가 되지마는 어떨 때는 왜 이렇게 자꾸만 때리시나, 좀 불만도 있었습니다. 저는 날짜도 기억합니다. 열일곱 살되던 때, 그때 마지막으로 맞았습니다. 그날은 아무리 생각해도 제 잘못으로가 아니었던 것같습니다. 그러나 제가 무슨 반항을 할 수는 없었습니다. 설명도 하면 안됩니다. 무조건 맞았습니다. 저를 때리실 때 어머니가 말리지 못하십니다. 그저 문밖에서 초조하게 기다리시다가 아버지가 문을 열고 나가실 때 딱 붙들고 한마디 하시는 것을 제가 안에서 들을 수 있었습니다. "당신은 아들을 사랑하는 거요, 안하는 거요? 오늘은 분명히 당신이 잘못했는데 왜 다 큰 애를 말로 타이르지 않고 때리는 거요?" 아버지는 이렇게 조용히 대답하십니다. "자식은 겉으로 사랑하는 게 아니야. 속으로 사랑하는 것이지." 무슨 말을 그렇게 하느냐, 사랑하지 않는다는 것이 무슨 말이냐, 사랑하기 때문에 때리는 것이다—저는 안에서 생각하였습니다. '사랑하시기는 하시는가보다.' 그때부터 생각을 돌리고보니 정말 아버지의 모든것은 나를 사랑하신 나머지였습니다. 과거도 미래도, 아버지는 엄청나게 나를 사랑하십니다. 사랑을 깨닫기 시작합니다. 모든것이 사랑이었습니다. 하나님의 자녀는 하나님께서 하시는 일, 모든 일을 사랑으로 수용합니다. 십자가를 바라볼 때, 거기서 우리는 사랑의 말씀을 듣습니다. 사랑의 계시를 봅니다. 사랑의 영감을 받습니다. 그리고 세상을 보면 어디를 보아도 다 하나님의 사랑입니다. 하나님의 사랑을 깨닫는 것이 사랑의 뿌리요, 사랑의 원초적 생명력입니다. 여기서부터 시작합니다. 그리고 오늘 성경은 우리에게 일러줍니다. 그가 먼저 사랑하셨다고. 우리가 하나님을 사랑한 것이 아니라 하나님께서 먼저 나를 사랑하셨다고. 그렇습니다. 내가 아는 사랑은 다 철난 다음의 사랑입니다. 사람은 아무리 머리가 좋아도 네 살 전 일을 기억하지 못한다고 합니다. 만일 젖먹던 생각이 난다면 그 사람은 다섯 살까지 젖을 먹은 사람입니다. 결국 가장 소중한 사랑은 네 살 전에 있는 것입니다. 그 모든 소중한 사랑은 기억에 없습니다. 그런고로 사랑은 깨달으면서부터 사랑이 되는 것입니다. 우리는 모르고 있습니다. 엄청난 사랑을 받고도 모르고 있습니다. 그래 사랑이 있느니 없느니 합니다. 사랑이 없다면 세상에 당신은 존재하지를 못합니다. 그것을 알아야 합니다. 하나님께서 나를 사랑하십니다. 벌써 오래전부터, 내가 죄인되었을 때, 하나님과 원수되었을 때, 내가 아무것도 모를 때 그는 나를 사랑하셨습니다. 나는 때때로 내 손을 내밀고 '여기다가 내가 원하는 걸 주세요. 그래야 사랑이 아닙니까?'라고 고집을 피우지만, 솔직히 생각해보십시오. 주시지 않는 것이 사랑이십니다. 우리는 자녀들이 뭘 달라고 할 때 부득불 가졌던 것도 빼앗을 때가 있습니다. 때로는 빼앗는 것이 사랑이기 때문입니다. 철난다는 것이 무엇입니까. 철이 나고부터는 빼앗는 것도 사랑이고, 때리는 것도 사랑이고, 잔소리도 사랑이라는 것을 알게 됩니다. 이것이 철난 것입니다. 이제부터 알기 시작합니다. 보상으로서의 사랑을 바라는 것이 아닙니다. 받은 사랑에 만족할 뿐입니다. 「뉴욕 타임즈」지가 베스트셀러 제1위로 꼽은 책 한 권이 있습니다. 「Chicken Soup for the Couple's Soul」이라고 하는 책입니다. 그 책의 내용에 이런 말이 있습니다. 수전 앤더슨이라고 하는 서른네 살의 직장여성이 의사의 오진으로 실명하게 됩니다. 장님이 되었습니다. 참 마음이 괴로웠지마는 1년 동안 치료받은 다음에, 그냥 집에만 있을 수가 없어서, 마침 직장에서 잘 받아주어서 다시 직장에 나가게 됩니다. 버스를 타고 직장에 나갈 때 남편이 동행해주었습니다. 참 공교롭게도 남편의 직장과 자기 직장은 집을 기준으로 하여 정반대편에 있습니다. 그 남편은 일찍 나서서 아내를 데려다주고 다시 자기 직장으로 길을 거슬러갑니다. 얼마동안을 이렇게 하였는데 언젠가는 남편이 이렇게 말합니다. 남편은 군인이었습니다. "여보, 내가 늘 이렇게만 할 수가 없구만. 시간이 너무 많이 들어. 어차피 당신은 언젠가라도 혼자 다녀야 되겠는데 오늘부터는 혼자 직장에 나가면 어떻겠소?" 아내는 이때 몹시 마음이 서운했습니다. '나를 데려다주기가 귀찮은 모양이지?' 지켜우냐고, 내가 살아 있는 것이 이렇게 불편하냐고 짜증을 내었습니다. 남편은 할말이 없었습니다. 그러면 계속 도와주마, 했는데도 이 아내는 화가 나버렸습니다. 나 혼자 간다고 오기를 부렸습니다. 그리고 버스를 타고 직장에 나갔습니다. 하루 나가고, 이틀 나가고, 보름 동안을 나갔습니다. 어느날 버스운전기사가 이렇게 말합니다. "아주머니, 참 복이 많으시네요. 부럽습니다." 아니, 내가 이렇게 시각장애자인데 뭐가 그렇게 부럽느냐, 했더니 운전기사는 "아닙니다. 아주머니가 여기 버스에서 내려서 저 사무실에 들어갈 때, 그때까지 저 밖에서 잘 생긴 군인남자가 당신을 매일같이 지켜보고 있습니다. 그리고 당신이 들어갈 때 손을 흔들었습니다." 부인은 깜짝놀랐습니다. 내 남편이 나를 이렇게 혼자 보내놓고 뒤따라와서 나를 지켜보고 있었구나, 알고 얼마나 많이 울었는지 모릅니다.

여러분, 사랑이 없는 것이 아닙니다. 내가 사랑을 받아들이지 않고 있는 것일 뿐입니다. 이미 내 주변은 사랑으로 충만해 있습니다. 문제는 깨달음이 없는 것입니다. 내 마음이 완악해서, 내 마음에 사랑의 기본요소가 없어서 사랑을 받아들이지 못하고 있는 것입니다. "네가 나를 대하듯 나도 그렇게 너를 대하겠다." 이렇게 나오면 이것은 율법이지 사랑이 아닙니다. "네가 어떻게 하든 관계없이 나는 너를 사랑한다." 이것은 독선입니다. "네가 나를 사랑할 때까지 나는 너를 사랑할 것이다." 이것은 집착입니다. 참사랑은 이런 것들이 아닙니다. "나는 그리스도께서 나를 사랑하신 것같이 너를 사랑한다" — 이것입니다. 여러분, 자녀를 사랑하십니까? 자녀 사랑해서 효도받고 싶습니까? 자녀 사랑하면서 실망하십니까? 사랑을 다시한번 점검하십시오. 재진단해보십시오. 그것은 사랑이 아닙니다. 자식을 대할 때마다 부모님이 나를 사랑하신 것을 생각하십시오. 그 고달픈 세상을 살면서 나를 사랑하시던 어머니의 사랑을 똑바로 생각하면 내가 지금 나에게 주어진 이 여건에서 자식 사랑하는 것은 아무것도 아닙니다. 그리스도께서 나를 사랑하신 사랑을 알고 감격할 때, 이제 누구를 사랑하지 못한다는말입니까? 그래서 성경은 말씀합니다. 이것은 마땅한 것이라고. 하나님을 사랑하는 사람이 형제를 사랑하는 것은 당연한 일입니다. 이것은 공로도 아닙니다. 자랑거리도 아닙니다. 보상을 바랄 것 아무것도 없습니다. 당연히 사랑해야 합니다. 여기에는 보상적 의미가 전혀 없습니다. 하나님을 사랑하는 자마다 하나님을 안다고 말씀합니다. 사랑의 채널을 통해서만 하나님을 압니다. 사랑이 없는 사람은 부모도 모르고 형제도 모르고, 하나님도 모릅니다. 이것을 알아야 합니다. 그래서 하나님의 사랑을 알고, 내가 나를 알고, 이웃을 아는 것입니다. 여러분, 부모의 사랑을 고루고루 받은 사람은 그 성정이 아주 부드럽고 좋습니다. 어렸을 때 사랑을 바로 받지 못한 사람이 삐뚤어져놓으면 구제불능이 됩니다. 불쌍하기 짝이 없습니다. 사랑이 궁핍해서, 사랑이 모자라서이기 때문입니다. 이런 심리학적 결론이 있습니다. 할아버지 할머니의 사랑을 받고 자란 사람은 절대로 자살을 하는 법이 없다고 합니다. 할아버지 할머니의 사랑은 좀 다르거든요. 내 자식은 내가 때리는데 손자는 못때리거든요. 좀 맹목적이기도 합니다. 그러나 이 사랑을 받고 자란 자녀는 절대로 절망하는 법이 없습니다. 이것이 생명의 힘이요, 현대를 사는 생명력입니다.

또한 오늘 본문은 말씀합니다. 두려움이 없다고. 사랑 안에 두려움이 없습니다. 하나님을 대하여도 두려움이 없고, 이웃을 대하여도 두려움이 없습니다. 세상만사 아무리 바뀌어도 그 환경과 아무 관계 없습니다. 나는 사랑에 취해서 살아가고 있기 때문에 아무 두려움이 없습니다. 요샛말로 자신감이 넘치는 것입니다. 유명한 주석가 벵겔은 4단계로 설명을 합니다. 사랑도 두려움도 없다면 무지함이요, 사랑 없이 두려움만 있다면 율법이요, 사랑도 두려움도 다 있다면 갈등이요, 두려움이 없는 사랑 그것이 믿음이라고요. 참사랑, 그 안에는 평화와 용기와 창의력이 있습니다. 사랑은 억지로 갈취할 수 있는 것이 아닙니다. 아무 보상도 바라지 말고 하나님께서 벌써 나를 사랑하시고 십자가 안에 계시하신 그 무궁무진한 사랑의 진리를 항상 새롭게 깨달아가면서 하나님을 사랑하게될 때, 우리는 나 자신도 사랑하게 되고 모든 사람을 사랑하게 되고, 마침내 하나님은 사랑이시라는 이것을 간증하면서 항상 자유하게 승리하는 그런 생을 살아갈 수 있을 것입니다.

†기 도

하나님 아버지, 많은 사랑을 받고 삽니다마는 어느 사이에 우리 마음에 사랑이 없어서 사랑을 깨닫지도 못하고 받아들이지도 못하고 스스로 절망하는 미련한 저희들을 불쌍히 여기시옵소서. 십자가로 보증하시고 오늘도 확증해주시는 그 귀한 사랑, 성령으로 확증하시는 사랑을 바로 깨닫고 하나님은 사랑이시라고, 모든 일이 사랑으로부터 온다고, 그렇게 간증하며 오늘도 승리생활 하게 하여주시옵소서. 예수님의 이름으로 기도하옵나이다, 아멘.

온전히 충성된 사람

사람이 마땅히 우리를 그리스도의 일군이요 하나님의 비밀을 맡은 자로 여길지어다 그리고 맡은 자들에게 구할 것은 충성이니라 너희에게나 다른 사람에게나 판단받는 것이 내게는 매우 작은 일이라 나도 나를 판단치 아니하노니 내가 자책할 아무것도 깨닫지 못하나 그러나 이를 인하여 의롭다 함을 얻지 못하노라 다만 나를 판단하실 이는 주시니라 그러므로 때가 이르기 전 곧 주께서 오시기까지 아무것도 판단치 말라 그가 어두움에 감추인 것들을 드러내고 마음의 뜻을 나타내시리니 그 때에 각 사람에게 하나님께로부터 칭찬이 있으리라

(고린도전서 4 : 1~5)

온전히 충성된 사람

　이전에 소개했던「Jesus, CEO(Chief Executive Officer)」라고 하는 책은 지금도 비소설계에서 세계적으로 베스트셀러에 올라 있습니다. 특히 무엇을 경영하시는 분들에게 한번 읽도록 꼭 권하고 싶은 책입니다. 책제목이 우리말로는「최고경영자 예수」가 되겠습니다. 저자 로리 벤스 존스 여사는 광고대행 마케팅 비즈니스 개발회사인 존스 그룹의 창업자이자 신앙이 아주 좋은 사역자입니다. 이분은 자기 스스로 경험하고 간증하기를 '인류역사상 예수 만큼 완벽한 리더십을 보여준 사람은 없다' 라고 전제합니다. 예수님이 모든 분 가운데 가장 위대한 지도력을 발휘한 분이다—이렇게 전제하고, 그러므로 우리는 그리스도로부터 지도력을 배워야 한다고 역설합니다. 예수로부터 배울 수 있는 리더십 기법의 가장 기본적인 것이 있습니다. 이 책의 내용을 다 말씀드릴 수 없습니다마는 이 점에서 깊이 생각하여야 합니다. 제가 이 책을 읽으면서 제일 감동되었던 부분이 바로 이 점입니다. 예수님 자신이 일을 시작하시기 전에 40일 동안 광야에 나가시어 기도하십니다. 금식하십니다. 그리고 하나님과의 관계에서 모든 문제를 해결해놓고 비로소 사역을 시작하십니다. 바로 그 점이 위대하다는 것입니다. 또 이 존스 여사 자신도 사업을 위해서 먼저 하나님 앞에 나아가 긴 기도의 시간을 가진 다음에 일을 시작합니다. 이렇게 먼저 하나님과의 관계, 하나님 앞에 깊은 명상과 기도의 시간을 가지고 생각하고 세워야 될 것이 있습니다. 첫째가 자신의 정체성 파악입니다. 내가 누구냐입니다. 자신이 무엇이냐입니다. 나의 존재의 정체성이 확실해지고 이것이 크게 느껴지면 그 다음에 하는 사업이라는 것은 그리 중요한 것이 아닙니다. 이것이 시원치 않기 때문에 별로 크지도 못한 사업을 하면서 휘청거립니다. 사느니 죽느니 하고, 조금 뭐가 됐다고해서 교만했다가 좀 안된다고해서 자살한다고 야단이고. 정체성이 없기 때문입니다. 하나님 앞에서 '내가 누구냐' 하는 것이 아직도 확실치 않기 때문입니다. 이것이 먼저입니다. 두 번째는 자신의 위치 파악입니다. 내가 어느 위치에 있느냐입니다. 하나님 앞에, 사람 앞에, 이웃 앞에, 모든 관계 속에서 내 위치가 어디냐입니다. 이것을 바로 기도 중에 깨달아야 하는 것입니다. 세 번째는 사명파악입니다. 내게 맡겨진 사명이 뭐냐입니다. 하나님께서 왜 나를 세상에 내셨으며 내 일생을 통해서 무엇을 이루고자 하시는가—사명, 이 절대적 사명, 그러면서도 특별히 개인적인 사명, 이것을 알고 여기에 내 충성을 다하되 생명을 바칠만한, 목숨을 바쳐도 아깝지 않은 그런 확실한 사명의식을 가지고 출발하여야 한다는 것입니다. 여러분, 행복한 사람이 어떤 사람입니까. 저는 세 가지를 늘 생각합니다. 첫째는 하고 싶은 일을 하는 사람입니다. 이제는 좀 나이가 드니까 가는 곳마다 종종 이런 질문을 받습니다. "목사님, 대단히 건강하시네요. 비결이 무엇입니까? 또 보니 여러 가지 일을 행하시는데 그걸 다 감당해낼 수 있는 능력의 비결이 무엇입니까?" 그때마다 저는 준비된 대답을 합니다. 즐거운 마음으로 하라, 무슨 일이든지 기쁜 마음으로 하라, 억지로 하는 일은 피곤해서 못쓴다, 모든 능력을 다 소진시킨다, 자기능력을 극대화할 수 있는 길은 기쁨으로, 감사한 마음으로 하는 것이다, 감사와 기쁨, 그것이 건강과 능력의 근본이다, 라고 늘 말합니다. 두 번째는 해야 할 일을 하는 사람이 행복한 사람입니다. 해서는 아니될 일을 즐겨서는 안됨니다. 해야 할 일을 즐기는 것입니다. 내가 마땅히 하여야 할 일, 당연히 하여야 할 일을 하고 있습니다. 그러할 때 후회가 없습니다. 피곤도 없습니다. 유명한 이마누엘 칸트의 말을 저는 늘 생각합니다. "You can do it because you should do it." 너는 그것을 할 수 있다, 왜냐하면 마땅히 하여야 할 일이기 때문이다—마땅히 하여야 할 일을 하게되면 할 수 있게 됩니다. 그것을 알아야 합니다. 또 한 가지는 마지막일을 하는 자가 행복합니다. 준비하는 것도 많고, 이제 앞으로 무슨 일을 하게될지 잘 모르겠지요. 그러나 이제는 확실히 정해졌습니다. 이 일을 위해서 일하다가 여기서 끝낼 것입니다. 이 마지막일, 이 종말론적인 일을 하면서 이제 마지막길을 밀어붙이는 바로 그 일을 하면 절대로 피곤하지 않습니다. 그가 행복합니다. 이제 후회가 없으니까요. 여기까지 달려왔습니다. 이제 마지막 코스를 뛰고 있습니다. 그가 행복한 것입니다. 마라톤선수가 뛰다가 맨마지막이 저만큼 가까웠을 때, 골인지점이 저만치 보일 때, 마지막으로 열심히 뛰지 않습니까. 그때 그 시간만은 아무 피곤도 없는 것입니다. 인생을 그렇게 살아가는 사람이 행복한 것이다, 라고 늘 생각합니다. 사도 바울은 그의 편지 서두에서 늘 자신을 이렇게 소개하고 있습니다. 파울로스 아포스톨로스 둘로스 예수 크리스투—헬라말입니다. 바울, 사도, 종, 예수 그리스도—무엇입니까. 사도란 높은 이름입니다. 종, 낮은 이름입니다. 사도는 영광된 이름입니다. 노예란 비참한 이름입니다. 이 두 이미지를 그대로 한몸에 지니고 삽니다. 사도인 동시에 노예요, 노예인 동시에 사도라는 말씀입니다. 이것이 그의 정체성입니다. 여기에 이방인의 사도 된 사명이 있습니다. 주님의 뜻만을 전적으로 순종하는 노예됨이 있습니다. 이것이 바울입니다.

오늘 본문에서 사도 바울은 자기의 정체에 대하여 두 가지 비사를 써서 설명하고 있습니다. "그리스도의 일군이요 하나님의 비밀을 맡은 자로 여길지어다." 이것이 정체성입니다. 이제 일군이라는 말, 좀 생각해보겠습니다. 마침 이 말은 특별한 의미를 가진 말입니다. 헬라말로 '휘페레타스' 라고 하는 이 말의 뜻은 '노를 젓는 자' 라는 뜻입니다. 그것도 밑에서 노를 젓는 자라는 뜻입니다. 거북선을 생각해보면 짐작되겠습니다. 그리고 영화에도 나오는 것같은 2천여 년전의 큰 배를 보면 2층 3층으로 내려가면서 노젓는 부분이 있습니다. 긴 노들이 있어서 이것들을 젓게되고 노 하나에 젓는 사람이 하나입니다. 선장이 명할 때 노들을 젓습니다. 일제히 젓습니다. 빨리 저으라면 빨리 젓고 멎으라면 멎습니다. 노젓는, 그 밑에서 노젓는 사람들은 배가 어디로 가는지를 모릅니다. 알 바도 없습니다. 다만 선장이 저어라 하면 젓고 빨리 저어라 하면 빨리 젓고 멎어라 하면 멎습니다. 여기에 질문은 없습니다. 물론 이 노를 저어서 주어지는 보상은 무엇인지도 물을 권리가 없습니다. 이것이 노를 젓는 사람입니다. 상상해보십시오. 이 배가 어디로 가는지도 모르면서 노를 젓습니다. 이것이 일군입니다. 현대적인 말로 말하면 three totality, total acceptance입니다. 모든 지식과 판단을 다 바쳐버립니다. 그가 하는 말은 다 옳습니다. 그가 하는 것은 의롭습니다. 그대로 수용합니다. 전적인 수용입니다. total discipline, 그가 어디로 인도하든지 순종합니다. 그 속에 깊은 경륜과 뜻이 있는 줄 알기에 무슨 커리큘럼으로 가르치든지, 어떤 시련을 주든지 아무 군소리가 없습니다. 믿고 그대로 순종합니다. total commitment, 전적으로 위탁합니다. 생명도, 운명도, 명예도 다 그에게 위탁해버립니다. 이것이 three totality입니다. 노를 젓는 일군, 이렇게 충성하는 것입니다. 또 "비밀을 맡은 자"라 하는 말씀은 헬라말로 '오이코노모스'인데 '오이코스'란 '집'이라는 말이고 '오이코노모스'는 집을 맡은 사람, 옛날의 우리말로 말하면 집사입니다. 이제 여기서 생각하게 됩니다. 일군이라고 하게 되면 타율적 충성을 필요로 하는 사람입니다. 자기의견은 전혀 고려되지 않습니다. 무조건, 아무것도 모르고 그저 무조건 복종하여야 합니다. 그것이 일군입니다. 또 집사라고 하게되면 자율적 복종을 하는 사람입니다. 자율적 충성을 합니다. 그에게 권리도 있고, 능력도 주어지고, 상당한 권한이 있습니다. 다른 사람들에게 일을 시키기도 합니다. 자기가 일을 만들면서 합니다. 자발적으로, 자율적으로. 그러나 주인은 주인입니다. 오직 주인을 위하여 일할 것입니다. 주인이 주장하시는대로, 주인의 뜻을 알아가면서 그 뜻을 받들어 충성을 다합니다. 이것이 집사의 할 일입니다. 항상 잊지 말 것은 나는 어디까지나 주인을 위하여 일하는 사람이라는 것입니다. 충성은 기본입니다. "맡은 자들에게 구할 것은 충성이니라"합니다. 기본자세입니다. 깊이 생각하여야 하겠습니다. 아프리카의 어느 병원, 입원한 아주머니가 어느날 창밖을 내다보다가 보리밭에서 보리를 열심히 밟고 있는 노인을 보았습니다. 그래 누군가하고 자세히 보았더니, 그 노인은 바로 그 병원 원장이었습니다. 슈바이처 박사 그분입니다. 철학자요 신학자요 음악가요 목사요 의사인 이런 어른이 아침부터 계속 보리를 밟고 있는 것입니다. 누가 물었습니다. "왜 이런 궂은 일을 하십니까?" 그는 대답합니다. "내게 맡겨진 일이니까, 얼마든지 할 수 있는 일이니까, 또 해야 할 일이니까 하고 있을 뿐입니다." 다른 사람이 물었습니다. "선생님은 왜 이 아프리카에 오셔서,

이렇게 어려운 곳에 오셔서 이 고생을 하십니까?" 그는 아주 쉽게 대답합니다. "말로는 감동할 수가 없기 때문에, 말로는 누구도 감동시킬 수가 없기 때문에 행동으로 그리스도의 사랑을 드러내고 있는 것이오." 이것이 충성입니다. 충성은 지식이 아니요, 말이 아닙니다. 행동이요, 생명자체라는 것을 잊지 말아야 합니다.

    충성을 평가하는 척도가 있습니다. 오늘 본문에 보면 세 방면으로 평가를 하고 있습니다. 먼저는 다른 사람에게 판단받는 것이라고 말씀합니다. 평판, 남들이 나에게 뭐라고 하나, 그런 것입니다. 사람들이 신경 많이 씁니다. 그래서 보면 내가 불행해서가 아니라 다른 사람이 잘살아서 내가 불행한 것입니다. 이렇게 다른 사람에 대해서 많은 신경을 쓰는 타율적인, 타인주도적 체질이 많습니다. 참으로 유감스러운 일입니다. 보아하니 요새 여론조사라는 것이 유행입디다. 저는 그것 좀 못마땅합니다. 여론이라는 것은 오히려 만들어가는 것입니다. 현실의 말대로 말하면 2년 후에, 저만치 가서 평가를 받아야지, 오늘 당장 일도 하기 전에 "어떻게 할까요?" 백성에게 물어가면서 할 것입니까. 나는 이런 지도자를 싫어합니다. 지도자가 당당한 철학과 주견을 가지고, 원칙을 가지고 밀고나가면서 백성더러 따라오라고 그래야지 다리 놓을까요 말까요, 일일이 물어가면서 한다면 되겠습니까. 여론이, 사람들의 평판이 중요합니다. 여론이 중요하고 평가가 중요하지마는 여기에 신경을 쓰면 기회주의자가 됩니다. 자기상실을 보게 됩니다. 마지막에는 위선자가 됩니다. 남의 눈치나 보는 사람이 됩니다. 원칙이 없는 정치, 원칙이 없는 행정, 원칙이 없는 삶이란 언제나 이렇게 남들의 여론에 휘둘리는 것입니다. 문제가 아닐 수 없습니다. 옛날에 초등학교 교과서에도 나왔던

한 가지 이야기를 기억하십니까? 아버지와 아들이 나귀를 타고 가는데 아버지가 타고 아들이 고삐를 잡고 가니까 동네사람들이 흉을 봅니다. "아이고, 저것 봐. 어린아이에게 고삐를 잡히고 자기는 떡 타고 가다니……" 그래 이번에는 아들을 나귀에 태우고 아버지가 고삐를 잡았습니다. 그랬더니 남들이 또 흉을 봅니다. "저런 불효자가 있나. 제가 타고 아버지에게 고삐를 잡히다니……" 할수없이 둘 다 나귀를 탔더니 이번에는 또 이런 흉을 봅니다. "저런 나쁜 자들이 있나. 저 어린 나귀를 두 사람이 타고 가다니……" 할수없이 결국은 나귀를 둘러메고 갔다 하지 않습니까. 남의 입방아에 놀면 이 꼴이 되는 것입니다. 다른 사람의 평판 중요하지마는 내게는 그리 중요하지 않다—바울은 이렇게 말씀합니다. 그는 또 말씀합니다. 내가 나를 판단한다, 그러나 자책할 아무것도 깨닫지 못하노라—대단한 사람입니다. '내가 가진 기준이 있다, 나는 여기에 가책이 없다, 최선을 다하고 있기 때문이다' 합니다. 내가 나를 판단합니다. 자기충실을 힘쓰고 있습니다마는 그러나 나도 나를 판단하지 아니한다, 합니다. 왜입니까? 내 판단, 내 고집, 내 주견에 빠지는 순간 독선에 빠지거든요. 내 판단이 옳은 것이 아니니까요. 여러분, 최선을 다했다고해서 의가 된다고 생각하지 마십시오. 최선은 내 마음일 뿐입니다. '나의 최선'의 성격은 하나님께서 분석하실 것입니다. 그래서 하는 말씀입니다. "다만 나를 판단하실 이는 주시니라." 하나님께서 판단하시는대로가, 그것만이 옳다, 거기에 기준을 두고 충성을 다한다, 라고 말씀하고 있습니다. 마태복음 20장에 보면 포도원 비유가 있습니다. 포도원에 품군들이 일하러 가는데 새벽에 가는 사람, 아홉 시에 가는 사람, 열두 시에 가는 사람, 세 시에 가는 사람, 다섯 시에 가는 사람이 있습니다. 한 사람마다 한 데나리온을 주겠다고 약속을 합니다. 이제 저녁이 되어 삯을 줄 때 다 한 데나리온씩 주는데, 맨마지막에 와서 한 시간밖에 일하지 않은 사람에게도 한 데나리온을 주었습니다. 아침에 온 사람들은 아마 내 차례가 오면 좀더 주겠지, 했는데 역시 한 데나리온입니다. 그래서 불평이 있습니다. "하루종일 일했는데 우리에게도 왜 한 데나리온을 주는 겁니까?" 이때 주인의 대답이 아주 냉정합니다. "너는 네것이나 가지고 가라. 너와 약속한 게 한 데나리온이 아니더냐. 다른 사람 더 주든 덜 주든 네가 왜 신경을 쓰느냐." 여러분, 여기에서 충성을 생각하여야 합니다. 부인이 혹 남편에게 이런 남편 저런 남편 돼달라고 부탁합니까? 그럴 것 없습니다. 당신만 좋은 아내가 되면 됩니다. 남편이 아내더러 이래라저래라 합니까? 지금 나이가 얼마인데 고치게 되었습니까? 그냥 두십시오. 당신이나 좋은 남편이 되십시오. 자녀교육 문제 삼습니까? 문제될 것 아무것도 없습니다. 똑똑한 부모들이나 되십시오. 바른 신앙생활 하십시오. 아이들은 저절로 따라갈 것입니다. 남의 일에 이래라저래라, 마음에 든다 안든다, 하지 마십시오. 나만, 하나님과 나 사이에 내가 해야 할 일만 내가 하는 것입니다. 그것이 충성입니다. 요한복음 21장에 보면 똑같은 맥락의 말씀이 있습니다. 아시는대로 베드로가 예수님 재판받으실 때 저 문밖에서 예수를 세 번이나 부인했습니다. 그런데 요한은 재판정 앞에 가 있었거든요. 예수님 십자가 지실 때도 베드로는 어디에 있었는지 성경에 말씀이 없습니다. 어디 멀리로 도망갔는지. 그러나 요한은 십자가 밑에 딱 서서 예수님 돌아가시는 모습을 지켜봅니다. 이제 예수님께서 부활하신 다음에 저들을 만나실 때 "네가 나를 사랑하느냐" 하고 베드로에게 물으시고 '내 양을 먹이라, 너는 나를 위해서 앞으로 큰 고생을 많이 하여야겠다" 미리 말씀하십니다. 이때 베드로가 궁금해합니다. '나는 예수를 모른다고 했으니까 고생을 좀 해야 되는 것같고, 저 요한은 어떨까?' 인간의 심사가 여기 나타납니다. "이 사람은 어떻게 되겠삽니이까(요 21:21)"—베드로는 기어이 여쭈어봅니다. 베드로가 이렇게 질문할 때 예수님 또한번 냉정하십니다. "내가 올 때까지 그를 머물게 하고자 할지라도 네게 무슨 상관이냐." 대단한 말씀입니다. "너는 나를 따르라"하십니다. 그런 것 상관말고 따르는 것, 다른 사람에게 많은 상이 주어지든 벌이 주어지든, 다른 사람이 어떻게 되든 알 바 없습니다. 당신만 하나님과의 관계에서 충성을 다할 것입니다. 이것은 직선적인 것입니다. 오직 주님 앞에입니다. 「탈무드」에 이런 말이 있습니다. '복은 검소함에서 생기고, 덕은 겸양함에서 생기고, 지혜는 고요한 생각에서 생기고, 근심은 애욕에서 생기고, 재앙은 물욕에서 생기고, 허물은 경망한 행동에서 생기고, 죄는 참지 못함에서 생기고, 절망은 불신앙에서 생긴다.' 옳은 말씀입니다. 미국의 유명한 실업가이자 자선사업가였던 록펠러가 어느날 시골에 가서 작은 호텔에 들어 며칠을 유하게 되었습니다. 이런 큰 재벌이 호텔에 온다 하니까 호텔에 비상이 걸렸습니다. 친절을 다하여야 되겠고, 깨끗하게 하여야 되겠고, 불편 없이 해드려야 되겠다 하고 법석을 떱니다. 아주 잘생긴 청년을 택하여 특별히 그 시중을 들게 하였습니다. 이 청년이 시간시간 불편 없게 록펠러에게 봉사를 하였습니다. 이제 며칠이 지난 다음에 호텔에서 나갈 때 체크아웃하면서 정식으로 지불해야 될 돈을 지불하고 또 미국사람들이 흔히 하는 정규적인 팁, 지불액의 10~15% 정도되는 팁을 또 주었습니다, 수고한 사람에게. 그리고 돌아섰더니 이 청년이 그만, 그분이 멀리 가지도 못했는데 뒤에서 불평을 했습니다. "아니, 세계적인 재벌이 쩨쩨하게 요게 뭐람." 팁이 적다고 불평을 했습니다. 록펠러가 이것을 들었습니다. 다시 돌아와 청년의 어깨를 두드리면서 하는 말이 "이 사람아, 자네가 정당한 팁을 받으면 자네는 당당한 호텔직원이야. 그러나 내가 자네한테 팁을 더 많이 주면 자네는 구제받는 거지가 되고 마는 거야. 나는 자네를 거지로 대할 수 없었다네" 하였습니다. 그리고 한마디 더 해주었습니다. "자네가 하도 정직하고 진실해서 내가 우리 회사에 특채해서 데려올까 했는데 그만둬야겠네." 충성이라는 것은 아무것도 바라는 마음이 없어야 충성입니다. 교부 이그나시우스의 유명한 기도입니다. '영원한 말씀이신 독생자 예수님이시여, 참 관대와 고결을 가르쳐주시옵소서. 당신에게 합당하게 당신을 섬기도록 가르쳐주시옵소서. 계산 없이 주는 것을 가르쳐주시옵소서. 상처입는 일에 구애됨이 없이 싸우는 것을 가르쳐주시옵소서. 휴식을 구하지 않고 일하는 것을 가르쳐주시옵소서. 대가를 구하지 않고 희생하는 것을 가르쳐주시옵소서. 그리하여 충성하는 자에게 주시는 큰 기쁨을 알게 하여주시옵소서.' 여러분, 다시 묻습니다. 충성이 무엇입니까? 곧 믿음입니다. 헬라말로 같은 말 '피스티스' 입니다. 내가 하나님을 믿을 때 구원에 이르고, 하나님께서 나를 믿으실 때, 나의 충성을 믿으실 수 있을 때 나에게 복을 주시는 것입니다. 작은 일에 충성하였을 때 큰 일을 맡기십니다. 순수한 마음으로, 진실한 마음으로 온전한 충성을 다할 때 충성함에서 오는 큰 기쁨을 누리게 될 것입니다.

† 기 도

하나님 아버지, 저희들을 부르사 오늘이 있게 하심을 감사합니다. 부족하지마는 저희들의 충성을 미쁘게 보시고 오늘도 여러 가지 일을 맡겨주시는 것을 감사합니다. 원하오니 우리의 충성을 다시 점검하고 진정으로 주님만 사랑하며 주님께만 충성을 다해서 이로써 주시는 모든 은사와 축복을 다함께 누리도록 은혜 베풀어주시옵소서. 예수님의 이름으로 기도하옵나이다, 아멘.

최후승리의 사람

저희가 이 말을 듣고 마음에 찔려 저를 향하여 이를 갈거늘 스데반이 성령이 충만하여 하늘을 우러러 주목하여 하나님의 영광과 및 예수께서 하나님 우편에 서신 것을 보고 말하되 보라 하늘이 열리고 인자가 하나님 우편에 서신 것을 보노라 한대 저희가 큰 소리를 지르며 귀를 막고 일심으로 그에게 달려들어 성밖에 내치고 돌로 칠새 증인들이 옷을 벗어 사울이라 하는 청년의 발 앞에 두니라 저희가 돌로 스데반을 치니 스데반이 부르짖어 가로되 주 예수여 내 영혼을 받으시옵소서 하고 무릎을 꿇고 크게 불러 가로되 주여 이 죄를 저들에게 돌리지 마옵소서 이 말을 하고 자니라 사울이 그의 죽임 당함을 마땅히 여기더라

(사도행전 7 : 54~60)

최후승리의 사람

　　미국 시카고대학 심리학교수인 칙센트 미하일리 박사가 「Finding Flow」라고 하는 책을 썼습니다. 「몰입의 즐거움」—많은 사람에게 큰 감명을 주고 있는 책인데 그 내용의 핵심은 아주 간단합니다. 아무리 하잘것없는 일을 하고 있다해도 자기목적성(autotelic)을 분명히 하면, 그리고 일에 몰두할 수 있으면 삶의 질이 달라진다는 것입니다. 몰입이라고 하게되면 지식과 느낌이라고 하는 감정과 의지가 다 합해서 이루어지는 것입니다. 흔히들 느낌은 동쪽에 있고 지식은 서쪽에 가 있을 때가 있습니다. 내가 좋아하는 것은 불합리적인 것입니다. 합리적인 것에는 내 마음이 끌리지를 않습니다. 이렇게되면 갈등이 일어납니다. 내가 옳게 여기는 것과 내가 느끼는 것이 하나가 되어서 아주 몰입될 때, 그리고 거기에 자기목적성이 합쳐질 때, 거기서 엄청난 힘이 나타나게 된다는 것입니다. 의미부여라고 하는 말이 있습니다. 어떤 일이 있을 때 거기 의미를 부여해서 일하는 것과 의미를 생각지 않고 일하는 것은 전혀 틀립니다. 요새는 의미창조라는 말도 있습니다. 미처 생각하지 못하는 의미를 나 나름대로 거기서 창조해가는 것입니다. 그럴 때 엄청난 힘이 솟아오릅니다. 그래서 목적을 발견하거나 목적적 의미, 자기목적성을 거기서 창조해나갈 수 있을 때 거기에 몰입이라고 하는 힘이 생기게 된다는 것입니다. 그런데 현대인은 몰입하기 힘든 상황 속에 살고 있다는 것입니다. 우리가 하는 일이 다 고역스럽고 힘들게 느껴지는 상황에 있기 때문이라는 것입니다. 첫째로 하나마나한 일을 하는 것같은 불만이 있습니다. 여러분은 내가 하고 있는 일이 작은 일이든 큰 일이든 꼭 하여야 할 일입니까? 거기에 의미가 있다고 생각합니까? 대체로는 별의미를 느끼지 못하는 것같습니다. 불만스러운 것입니다. 그도그럴것이 우리는 전체를 만들고 있지 못합니다. 우리가 하는 모든 일이 거의 부품생산입니다. 가령 비행기를 만드는 사람을 보십시오. 내가 비행기를 만들었다 하게된다면 그 굉장한 일이지요. 내가 만든 비행기를 다른 사람이 타고 날아간다, 생각하면 나로서는 굉장한 일이겠습니다. 그러나 아무리 생각해도 내가 비행기를 만드는 것이 아닙니다. 나는 한쪽에 앉아서 조그마한 비행기 부속을 만들고 있는 것입니다. 조그마한 나사못 하나를 만드는데 이것이 비행기에 부속되어서 비행기가 날게되기는 하지만 도대체 이 일을 비행기제작이라고 보기에는 너무 거리가 멉니다. 이렇듯 우리는 다 '부속품' 생산에 종사하기 때문에 어떤 것을 창조하는 기쁨을 잃어버리고 산다는 것입니다. 바로 거기에 문제가 있습니다. 또하나는, 이렇듯이 지겨운 일을 밥먹듯이 되풀이하고 반복하여야 한다는 의무감입니다. 아니하면 밥굶으니 아니할 수도 없습니다. 하고 싶지 않은 일을 아니할 수 없다는 말씀입니다. 이것이 사람을 피곤하게 만듭니다. 좀더 나아가 이렇기 때문에 참신한 마음이 없습니다. 새로운 마음이라는 것이 없습니다. 따분합니다. 또하나는, 엄청난 스트레스에 눌리고 있습니다. 상사의 과도한 요구, 실적에 따른 평가, 만들어내어라 실적을 올려라, 어느 날 몇 시까지 문제를 끝내어라…… 이러고 압력을 가하지마는 그것이 그대로 됩니까. 이래서 사람이 지치고, 마지막에는 절망을 합니다. 자살도 합니다. 아직은 살아 있는 것같으나 정신적으로는 이미 자살한 것이나 같습니다. 어떤 사람에게 누가 담배는 절대적으로 몸에 해로운 것인데 그걸 왜 피우느냐, 물었더니 "해로

우니까 피운다"하더랍니다. 죽을 테면 죽어라, 그것입니다. 살고 싶지 않은 세상이니까 말입니다. 이렇듯 만성자살의 상태에 살아갑니다. 보십시오. 그때문에 현대인들은 얼굴이 다 누렇게 떴습니다. 깊이 생각할 일입니다. 만일에 우리가 어떤 일에 정말로 목적을 느끼며 몰입할 수만 있다면 운동선수가 말하듯이 몰아일체의 상태에 들어간다고 합니다. 운동선수도 어느 경지에 도달하면 몰입상태가 됩니다. 신비주의자가 말하는 무아경에 들어갈 수도 있고, 예술가가 말하는 미적 황홀경에 들어갈 수도 있는 것입니다. 여러분, 여러분은 하루하루의 생을 이렇게 몰입하고 살아갈 수 있습니까?

오늘 본문에 나타난 스데반이라는 사람은 바로 몰입상태에 들어간 사람이라 하겠습니다. 가장 행복했던 사람이요, 가장 위대한 힘을 가지고 산 사람이요, 가장 영광된 생을 살고 마친 사람이라 하겠습니다. 그는 그리스도께 초점을 맞추었습니다. 사도행전 7장 전 장에 걸쳐서 그는 예수 그리스도께 대하여 구약성경의 역사를 들어가면서 도도히 증거하는 것을 볼 수 있습니다. 그는 구약성서를 기초로 한 성서적 이해가 분명한 사람입니다. 예수 그리스도께 대한 신학적, 성서적인 이해, 확실한 합리적 이해를 그는 가지고 있습니다. 거기에다 예수 그리스도의 부활사건, 이것을 보면서 부활신앙을 추가하였습니다. 성서적 이해 플러스 부활신앙, 여기에 그는 몰입하였습니다. 그리하게될 때 어떻게 됩니까. 오늘 본문에 보는대로 땅에는 지금 원수가 있습니다. 스데반을 향하여 이를 갈고, 귀를 막고, 돌을 던집니다. 깊이 살펴보면 그들은 헬라파 유대인들입니다. 바로 엊그제까지만해도 친구들이었습니다. 스데반은 지식이 높은 사람입니다. 그런 그를 엊그제까지도 동지요 친구였던 사람들이 돌로 칩니다. 예수믿었다고해서 돌을 던집니다. 이를 갈고, 귀를 막고 그런 일을 벌입니다. 그러나 스데반은 이것을 이겨내었습니다. 첫째 그는 위를 보았습니다. 이것이 이긴 것입니다. 나를 미워하는 자를 보지 않았습니다. 나에게 돌을 던지는 이세상을 보지 않았습니다. 고개를 들어 위를, 하늘을 우러러보았습니다. 이것이 첫번째 승리입니다. 우리는 어떤 경우에든지 땅을 보지 않아야 합니다. 땅을 딛고 살되 땅을 보지 않아야 합니다. 위를 보는 그 여유, 그 마음이 곧 신앙입니다. 그것이 첫번째 승리라고 하는 것을 알아야 합니다. 스데반이 돌에 맞아 죽으면서 위를, 영광을 보는 그 순간을 지켜보았던 사도 바울—뒷날 그는 골로새서 3장 1절로 2절에서 이렇게 말씀하고 있습니다. "위엣것을 찾으라 거기는 그리스도께서 하나님 우편에 앉아 계시느니라 위엣것을 생각하고 땅엣것을 생각지 말라." 스데반의 그 때 그 모습을 떠올리고 있는 것입니다. 위를 보는 것, 이것이 승리입니다. 위를 볼 때 그는 하늘이 열리는 것을 봅니다. 하늘이 열리면서 인자를 보게됩니다. 예수 그리스도를 '인자'로 고백하고 있습니다. '인자(人子)'라는 말은 대단히 중요한 신학적 용어입니다. '사람의 아들'이라고 글자풀이를 해서는 안됩니다. 히브리사람들의 신학에서 인자라는 것은 역사의 종말에 하나님께서 친히 나타나시는 모습을 가리키는 대단히 중요한 용어입니다. 예수님 세상에 계실 때도 제자들은 예수님을 향하여 언제나 주, 그리스도, 메시야라고 불렀습니다마는 예수님께서는 당신 자신을 가리키어 "인자가" "인자가" 하고 말씀하십니다. 그러나 유감스럽게도 예수님 아닌 그 어느 누구의 입에서도 "인자여"라고 고백한 사람은 아무도 없습니다. 예수님께서 근 90차례나 '인자'라는 말씀을 하셨는데 제자들은 예수님의 인자된 그 의미를 이해하지 못하였습니다. 예수님께서 재판받으실 때 빌라도는 묻습니다. "그대가 유대인의 왕인가?" 가야바도 집요하게 묻습니다. "그대가 메시야인가?" 예수님께서는 초연히 대답하십니다. "인자가 구름을 타고 오는 것을 보리라." 나는 메시야의 수준이 아니라 '인자'다, 말씀하실 때 저들은 참람하도다, 죽이자, 합니다. 보십시오. '인자'란 그렇듯 높은 의미를 가지고 있는 것입니다. 그런데 스데반이 제자의 입으로는 처음으로 인자를 우러러보면서 고백합니다. "인자가 하나님 우편에 서신 것을 보노라." '인자'—굉장한 신앙고백입니다. 인자께 기도하고, 인자께 생명을 맡깁니다. 내 생명, 내 미래, 내 영혼을 위탁합니다. 전적으로 위탁해버립니다. 살든지 죽든지, 어떤 결과가 오든지 개의치 않습니다. 온전히 그에게 맡겨버립니다. 이것이 두 번째 승리입니다. 우리는 흔히들 하나님께 맡겼다고 말하면서 실은 맡기지 않습니다. 어떤 분은 '부름받아 나선 이 몸' 하는 그 찬송을 부르다가 딱 한 절 '이름없이 빛도 없이' 하는 대목은 마음에 안들어서 안부르고 지나간다고 합니다. 여러분은 찬송 '내 주여 뜻대로'를 어디까지 부르십니까? '살든지 죽든지' 하는 대목을 또 넘어갑니까? totally commitment, 전적으로 commit하였을 때, 하나님께 위탁하였을 때 그야말로 살든지 죽든지 '내 주여 뜻대로'요, 이름없이 빛도 없이 감사하며 섬기게 될 것입니다. 자식의 문제도, 가정의 문제도, 사업의 문제도 다 하나님께 맡겨버릴 것입니다. 완전히 맡겨버리는 것, 이것이 두 번째 승리입니다. 그리고 오늘 성경에 보면 성령이 충만합니다. 초대교회 제자들의 특징이 성령충만인데, 성령충만이란 두려움이 없는 상태입니다. 성령충만, 기쁨으로 충만합니다. 성령충만은 용기가 있고, 담력이 있습니다. 그리고 담력과 용기의 여유, 그 여유에 의해서 원수를 사랑합니다. 이것이 세 번째 승리입니다. 그에게는 원수가 없습니다. 오늘 성경을 자세히 파악하여야 합니다. 원수를 용서해서 하늘이 열린 것이 아닙니다. 하늘이 열리는 것을 보았기에 원수를 용서하게 되는 것입니다. 이 점을 분명히 알아야 합니다. 내가 용서하고 화해하고 내가 선한 일 하고, 의롭고 진실하게 함으로 하늘이 열리는 체험을 하게된다는 신비주의적 계산이 아닙니다. 먼저 그는 하늘이 열리는 것을 보았습니다. 그리스도를 뵈었습니다. 인자를 뵈었습니다. 그리고 충만하게 될 때 원수가 없습니다. 돌을 던지는 사람들 밉지 않습니다. 나를 미워하는 사람은 있어도 내가 미워할 사람은 없습니다. 저들은 나를 용서하지 않아도 나는 이미 저들을 다 용서해버렸습니다. 그리고 원수를 위하여 하나님 앞에 기도합니다. 원수를 다 용서하고 있는 순간 그의 마음에는 고통이 없습니다. 그리고 오늘 성경에 보는대로 천사의 얼굴을 하게 됩니다. 놀라운 말씀입니다. 천사의 얼굴—자, 저쪽에서 이를 갈고 돌을 던지는데 내 얼굴이 이렇게 어찌 밝을 수 있다는 것입니까. 이것은 행복의 극치요 능력의 극치요 권세의 극치입니다. 천사의 얼굴, 그리고 바로 이 순간 그 앞에 있던 사도 바울이, 사울이라는 사람이 깊은 인상을 받고 뒷날 마침내는 예수님의 제자가 됩니다. 놀라운 이야기 아닙니까.

역사학자 아놀드 토인비는 12권이나 되는 유명한 저서 「A Study of History」 곧 「역사의 연구」에서 역사의 맥락을 '도전과 응전'이라고 말합니다. 계속적으로 도전이 있고 이에 어떻게 응전하느냐에 따라서 승패가 좌우된다, 합니다. 이렇게 역사의 흐름을 설명하는 중에 아주 달관한 역사의식을 보여줍니다. 신비로운 진리입니다.

creative minority와 dominant minority에 의해서 역사는 움직인다, 라고 그는 말합니다. 결국은 minority입니다. 소수입니다. 우리가 대중이니 민중이니 시민이니 하지마는 역사는 전체에 의해서 움직여지는 것이 아니고 언제나 소수에 의해서 움직여진다는 것입니다. 미친 사람 몇 사람 때문에 세계가 고생을 한다고 말하는 사람들도 있습니다. 사실이 그렇습니다. 지배계급에 있는 고 몇 사람 때문에 온국민, 온세계가 고생을 합니다. 히틀러며 스탈린이며 칼 마르크스며 레닌이며…… 역사를 지배했던 이런 인물들, 아주 소수입니다. 그런데 이 소수의 지배에 두 가지 유형이 있습니다. 하나는 힘으로 지배하는 자입니다. 다시말하면 권력으로 지배하는 소수의 지배층이 있는데 이것이 화려해보입니다. 그래서 사람마다 뭐, 대통령도 되려 하고 국회의원도 되려 하고, 권력을 얻어보려고 몸부림을 치지 않습니까. 생각해보면 사실은 별것도 아닌 것을…… 그래서 권력이 세상을 지배하는가 싶은데 그러나 깊은 곳을 보면 결코 그렇지 않습니다. creative minority, 보이지 않는 창조적 소수가 있습니다. 그에 의해서 역사는 움직여집니다. 보십시오. 예술가가 있고 도덕군자가 있고 철학자가 있고 종교인이 있습니다. 신앙인이 있습니다. 스데반은 조용히 죽어갑니다. 그러나 그는 창조적 소수에 속합니다. 그를 통해서 이제 저 사도 바울이 나타납니다. 바울이 온세계에 복음을 전합니다. 역사는 로마황제가 지배한 것이 아니고 사도 바울이 지배한 것입니다. 십자가에 죽으신 예수님, 그리고 그 제자들이 역사를 지배한 것입니다. creative minority — 대단히 중요한 것입니다. 꼭 생각하여야 될 것이 있습니다. 사람이란 돈을 벌든지 명예를 벌든지 둘 중의 하나 벌어야 됩니다. 그런데 이에 혼란이 있으면 안됩니다. 둘 다

가지려고들면 안됩니다. 교수는 명예만 벌고 돈은 안벌어야 됩니다. 교수가 돈밝히면 망조입니다. 의사가 돈벌겠다고 덤벼도 큰일납니다. 그런가하면 돈버는 사람이 명예까지 가지겠다고, 국회의원 하겠다고 뛰어들어도 안되는 것입니다. 어쨌든 돈과 명예, 둘 중의 하나는 벌어야 성공이라고 합니다마는 둘 다 벌어도 별것 아닙니다. 문제는 예수를 얻어야 한다는 것입니다. 내가 그리스도를 알고, 그리스도를 얻고, 그리스도 안에서 발견되려 한다, 라고 사도 바울은 빌립보서 3장 8절에서 말씀합니다. 그리스도가 소중합니다. 돈도 못벌고 명예도 못얻었습니다. 그래도 예수를 얻었으면 그는 이긴 사람입니다. 이것저것 다 얻은 것같으나 예수를 얻지 못했으면 그는 다 잃어버린 사람입니다. 여기에 최후승리가 있습니다. 스데반은 예수 그리스도를 얻었기에 얼굴이 천사의 얼굴로 바꾸어지게 됩니다. 나를 이기고, 죄를 이기고, 원수를 이기고, 증오를 이기고, 좌절과 사망을 이기게될 때 그의 얼굴은 이렇게 밝은 모습으로, 천사의 얼굴로 나타나게 됩니다. 이것이 최후승리입니다.

　　유명한 이야기가 있습니다. 「유토피아」를 쓴 토마스 모어가 교수형을 당하게 되었을 때 형집행인을 보고 그가 마지막으로 남긴 말은 너무나도 유명한 말입니다. "스데반은 죽을 때 찬송하고 기도하면서 죽었습니다. 그런데 그것을 지켜보던 사도 바울은 뒤늦게 예수를 믿고 스데반 대신 한평생 전도하고 끝에는 순교합니다. 하늘나라에서 두 사람이 만나 영원한 친구가 되었습니다. 당신이 나를 죽이고 있지마는 내가 믿기는 당신도 속히 예수를 믿고 회개하고 복음을 전하다가 하늘나라에서 다시 만나 영원한 친구가 될 것을 믿습니다." 모어는 이렇게 말하고 죽습니다. 여러분, 여러분은 어떻게 태어나고 싶습니까? 어떻게 살아가고 싶습니까? 어떻게 죽고 싶습니까? 그리스도인의 가장 큰 영광은 순교입니다. 그리스도인의 행복의 극치는 순교입니다. 승리의 최고의 상징이 순교입니다. 순교는 그리스도인의 눈으로 볼 때는 최고의 승리입니다. 세상사람들이 볼 때는 가장 비참한 종말입니다. 여기에 역설적 진리가 있습니다. 가장 비참한 모습이 가장 영광된 죽음이요, 승리라는 말씀입니다. 최후승리는 바로 여기에 있습니다. 그 순교적 신앙으로 순교적 오늘을 살아가는 것이 그리스도인의 승리생활입니다.

† 기 도

하나님 아버지, 오늘 우리에게 은혜 주셔서 주님의 사람 되게 하시고 불러주시고 인도하심을 감사합니다. 우리가 위로 부르심받았지마는 항상 땅의 것을 보고 땅의 것을 생각하는 데서 헤어나지 못하는 것을 불쌍히 여겨주시옵소서. 저 스데반같이 위를 바라보고 주님을 뵙고 그리고 충만함이 있어서 모든 사람을 사랑하고 모든 사람을 용서하고, 그리고 저 앞에 있는 영광을 바라보면서 천사의 얼굴을 하고…… 그렇게 늘 승리의 생활, 승리에 충만한 생을 살아가게 하여주시옵소서. 예수님의 이름으로 기도하옵나이다, 아멘.

하나님의 얼굴을 본 사람

    야곱이 눈을 들어 보니 에서가 사백 인을 거느리고 오는지라 그 자식들을 나누어 레아와 라헬과 두 여종에게 맡기고 여종과 그 자식들을 앞에 두고 레아와 그 자식들은 다음에 두고 라헬과 요셉은 뒤에 두고 자기는 그들 앞에서 나아가되 몸을 일곱 번 땅에 굽히며 그 형 에서에게 가까이 하니 에서가 달려와서 그를 맞아서 안고 목을 어긋맞기고 그와 입맞추고 피차 우니라 에서가 눈을 들어 여인과 자식들을 보고 묻되 너와 함께 한 이들은 누구냐 야곱이 가로되 하나님이 주의 종에게 은혜로 주신 자식이니이다 때에 여종들이 그 자식으로 더불어 나아와 절하고 레아도 그 자식으로 더불어 나아와 절하고 그 후에 요셉이 라헬로 더불어 나아와 절하니 에서가 또 가로되 나의 만난바 이 모든 떼는 무슨 까닭이냐 야곱이 가로되 내 주께 은혜를 입으려 함이니이다 에서가 가로되 내 동생아 내게 있는 것이 족하니 네 소유는 네게 두라 야곱이 가로되 그렇지 아니하니이다 형님께 은혜를 얻었사오면 청컨대 내 손에서 이 예물을 받으소서 내가 형님의 얼굴을 뵈온즉 하나님의 얼굴을 본 것 같사오며 형님도 나를 기뻐하심이니이다 하나님이 내게 은혜를 베푸셨고 나의 소유도 족하오니 청컨대 내가 형님께 드리는 예물을 받으소서 하고 그에게 강권하매 받으니라 에서가 가로되 우리가 떠나가자 내가 너의 앞잡이가 되리라

              (창세기 33 : 1~12)

하나님의 얼굴을 본 사람

한 세기 동안을 많은 사람들의 우상처럼 되었던 사상가 칼 마르크스에게 큰 실수가 있었습니다. 그는 역사를 생존경쟁으로 보았습니다. 흔히 말하는대로 변증법적 유물사관, 바로 여기에 문제가 있었습니다. 모든것은 물질이다, 산다는 것은 싸움이다, 약육강식이다, 강한 자가 약한 자를 먹어치우는 그러한 세상이다, 라고 생각하면서 그는 이러한 세상에서 어떻게하면 평화를 얻을 수 있을까, 가난의 문제의 해결이란 혁명을 통한 공정한 분배에 있는 것이다, 라고 생각을 합니다. 생산을 통해서, 보다 많은 번영을 통해서 가난의 문제를 해결하려들지 않고 공정한 분배, 그것도 힘을, 혁명을 통하여 세상을 평등하게 만들어보겠다고 하였습니다. 이 사상에 많은 사람들이 미혹되어서 흔히 말하는 공산주의자가 된 것입니다. 또 한 가지는, 경제문제의 해결이 모든 문제의 근본이다, 경제문제만 해결되면 모두는 평안할 것이라고 생각하였습니다. 그러면 화평이 오고, 살기좋은 세상이 될 것이라고 내다보았습니다. 여기에 문제가 있었습니다. 동물의 세계는 그렇습니다. 제가 탄자니아라고 하는 곳에 가서 국립공원에 갔다가 깜짝놀란 일이 있습니다. 사자 떼거리가, 무려 30마리나 되는 사자가족들이 모여 있는데 바로 그 앞에 토끼나 인팔라라고 하는 노루같이 약한 것들이 모여서 천연스럽게 놀고 있는 것입니다. 나는 에덴동산에 온 줄로 착각하였습니다. 세상에, 아니, 사자하고 노루하고 어떻게 같이 노느냐, 어떻게 토끼같은 것들이 사자들 앞에서 이렇게 평화로이 지낼 수 있단 말인가, 하도 궁금해서 안내자에게 물어보았더니 지금은 사자가 식사할 시간이 아니라는 것입니다. 이 맹수는 배만 부르면 절대로 아무도 해하지 않습니다. 배고플 때만 사냥을 합니다. 또 저축도 하지 않습니다. 동물의 세계는 정말 배만 부르면 No problem! 아무 문제가 없습니다. 그런데 사람은 어디 그렇습디까? 사람은 안그렇습니다. 배부른 다음부터가 오히려 문제라니까요. 여기서 마르크스가 실수한 것입니다. 칼 융 연구소장이었던 존 레비가 썼던 특별한 단어에 affluenza(애플루엔자)라고 하는 말이 있습니다. '부자병'이라는 뜻입니다. 부자라고 하는 것은 의욕이 상실되고, 의기소침하고, 특별히 더 재미있는 것은 부할수록 더 욕심이 많아진다는 것입니다. 가지고도 더 가지고 싶은 마음에 마음의 평안이 없습니다. 그래서 만족감은 부와 반비례한다고 합니다. 많이 가질수록 만족을 모릅니다. 오직 가난한 사람이 그저 자전거 하나만 생겨도 고맙고, 월세 살다가 전세로만 들어가도 만족하는 것입니다. 이런 순간이 있습니다마는 여러분, 집 좋은 것 가진 사람이 '이만하면 됐다'고 하는 것 보았습니까. 우리가 그 자리에 못가보아서 모르지 그 사람들에게는 평안이 없습니다. 만족이 없다는 여기에 문제가 있는 것입니다. 더 큰 욕망에 노예가 되고 있는 것입니다. 또한 부자는 지루하게 살면서 신나는 일이 없습니다. 행복감이 없는 생을 사는 것입니다. 그리고 이보다 더욱 무서운 것이 뭐냐하면 불신입니다. 부자의 병은 불신입니다. 아무도 안 믿습니다. 아내도 남편도 자식도 안믿습니다. 여기서 분열이 일어납니다. 가난한 집 형제들에게 화평이 있지 부잣집 자녀들에게 화평 없습니다. 죽이려고듭니다. 무서운 일입니다. 부라고 하는 것이 사람을 이렇게 분열주의자로 만드는 것입니다. 극단적 이기주의자로 만듭니다. 화평이 없습니다. 화목함이 없습니다. 때로는 땀을 흘리지 않고 번 데 대한 자책감 때문에 열등의식까지 있습니다. 넉넉하니까 마음도 평안하고 여유가 있어야 될 것인데 그렇지 못한 것입니다. 버럭버럭 화를 내고…… 끝도 없습니다. 이것이 부자병이라고 하는 것입니다. 철학자 마틴 부버의 「Ich und Du」라고 하는 유명한 책이 있습니다. 고전입니다마는 영어로 「I and Thou」라고 하는 책입니다. 여기 보면, 이 세상은 아주 깨어진 세상이고 계속 깨어져나가고 있다, 분열이 극심해지고 있다, 핵분열하듯 분열하여 모두가 모래알처럼 따로따로 놀고 있다, 그래서 인간은 불행한데, 이러한 위기상황은 인간이 자기손으로 만들어낸 세계를 더는 지배할 수 없는 데서 비롯되는 것이다, 지금 물질문명으로 인해서 인간성이 파괴되면서 전부가 이렇게 분열되고 있는데 이 어디까지 가야 하나, 스스로 지배할 수 없는 한계를 넘어가고 있다, 합니다. 사실로 그러한 것 같습니다. 인간은 한평생 공부하며 산다고 생각합니다. 그래서 젊었을 때 몰랐던 것 나이들면서 깨닫습니다. 경험하기 전에 몰랐던 것 경험하면서 깨닫습니다. 조금씩조금씩 깨닫고, 배우고, 느끼고, 그렇게 성숙해갑니다마는 그 과정에 가장 큰 괴로움이 있습니다. 그것이 바로 후회라고 하는 것입니다. 깨닫고보니 잘못됐거든요. 오늘 깨닫고보니 또 잘못됐습니다. 오늘 새롭게 알고보니 또 지난날에 잘못하였습니다. 그때는 잘못한 줄 몰랐는데 이제보니 다 잘못한 것입니다. 잘못살아가고 있는 것입니다, 지금. 그 후회가 있습니다. 우리 인간이 가지는 인간적 고통 중 가장 큰 고통이 후회라고 하는 고통입니다. 돌이킬 수가 없기 때문입니다.

　　오늘 본문에 보면 야곱이라는 사람이 한평생을 두고 깨닫고, 깨닫고, 뉘우치고, 하면서 살아가는 것같습니다. 행복이 무엇인지 이제 비로소 알 것같습니다. 그 길을 몰랐는데 이제서 알 것같습니다. 더 중요한 것은 행복은 나 하나만의 것이 아니구나, 생각하게 되었다는 점입니다. 오늘 야곱이 이제야 소중한 시점에 왔습니다. 그는 정열의 사람입니다. 복에 대한 집념이 아주 강한 사람입니다. 또 신앙도 있습니다. 복은 하나님께로부터 오는 것이다, 그래 하나님의 복을 받아야 된다, 라고 생각하는 사람입니다. 주어지는 복이 아니라면 복을 빼앗기라고 하여야 된다, 강탈하기라도 하여야 된다고 생각하였습니다. 편법을 써서라도, 수단과 방법을 가리지 않고 어쨌든 복을 받아야 된다―그렇게 생각한 대표적 인물이 바로 야곱입니다. 그는 처음 물질을 복이라고 생각한 것같습니다. 뭐니뭐니해도 그저 돈이 많아야지, 재산이 있어야지―이렇게 생각하였습니다. 그는 머슴살이를 하면서 재산을 모았습니다. 어쨌든 물질, 넉넉한 물질은 있어야 됩니다. 돈이 있어야 나이많아서도 손자들이 반가워한다며요? 돈없는 할머니 반가워하지 않는다고 합니다. 끝까지 내가 줄 수 있는 돈이 있어야지 내가 손을 내밀게되면 안되는 것입니다. 넉넉히 돈을 쥐고 있어야 일 년에 한 번이라도 아이들이 찾아오지, 그렇지 않으면 효도받기가 어렵다고들 합니다. 돈이 그만큼 소중한 것같습니다. 그래서 그저 목숨을 걸고 돈 모으려고들 애를 쓰는데, 이것이 첫째이고, 두 번째는 가정입니다. 좋은 가정을 가져야겠다, 합니다. 옛날로 말하면 자녀가 많아야 합니다. 넉넉한 자녀. 그래서 야곱은 두 번째로 가진 것이 가정입니다. 열두 아들, 12지파의 족장이 됩니다. 그만큼 그는 큰 가정을 세우는 데 주력하였습니다. 아주 로맨틱하게도 그는 화끈한 연애도 한번 해보았습니다. 그리고 사랑하는 사람을 아내로 맞습니다. 여러분, 도대체 이런 이야기 들어보았습니까? 열렬히 사랑하는 그 한 사람을 얻기 위해서 14년 동안 머슴살이를 하다—아마 이런 역사는 없을 것입니다. 14년, 하면 청춘 다 가는데, 좌우간 라헬이라고 하는 그 여자를 얼마나 사랑했던지 그를 얻기 위해서 머슴살이를 하는데 "7년을 하루같이" 여겼다 합니다. 이만큼 화끈한 연애가 어디 있습니까. 그렇게 애써서 사랑하는 사람을 얻었습니다. 어찌생각하면 이제 이만하면 가질 것 다 가졌습니다. 물질도 가졌고 자녀도 가졌고 사랑도 가졌고…… 다 가진 것같은데 평안이 없습니다. 두려운 마음이고 쫓기는 마음입니다. 항상 불안하고 평안함이 없습니다. 그랬다가 나이많아서 바로 왕 앞에 섰을 때, 창세기 47장에 보면 이런 고백을 합니다. "내 나그네의 세월이 일백삼십 년이니이다 나의 연세가 얼마 못되니 우리 조상의 나그네길의 세월에 미치지 못하나 험악한 세월을 보내었나이다(창 47:9)." 이렇게 모으느라고, 이렇게 버느라고, 이렇게 잘살아보느라고 험악한 세월을 살았습니다. 자, 그 이유는 어디에 있습니까? 화평이 없었기 때문이요, 화목이 없었기 때문입니다. 더불어 살아야 되는데 나 혼자만 잘살려고 하였습니다. 그것 때문에 불행했던 것입니다. 군웅이 할거하던 일본천하를 통일하여 에도(江戶)막부를 확립했던 도쿠가와 이에야스가, 「인간 경영」이라고 하는 책에 보면, 이런 말을 합니다. '싸움에서 이긴다는 것은 참으로 통쾌한 일이다. 그러나 진 사람의 고통 만큼 그림자가 남는 것이다.' 내가 이겼습니다. 이겼기 때문에 진 사람이 있습니다. 진 사람이 지금 쓰라린 아픔을 가지고 있습니다. 그만큼 그림자가 남는 것이다, 그런고로 참으로 큰 승리라고 하는 것은 싸우지 않고 이기는 것이다, 더 나아가서는 화목하면서 이기는 것이다, 그게 진짜 이기는 것이지, 싸워서 빼앗고 얻는다고 하는 것은 결코 행복이 될 수 없다, 하는 것입니다. 여러분, 요새도 보면 이런 일이 많습니다. 내가 어느 때, 땅을 샀는데, 그래놓고보니 갑자기 땅값이 올라갔습니다. 돈을 많이 벌었습니다. 하도 좋아서 "아이구! 하나님의 은혜다" 하였습니다. 그런데 저쪽의 땅을 판 사람은 어떻겠습니까. 조금만 더 있다 팔았으면 좋았을 걸…… 얼마나 가슴이 아프겠습니까. 내가 돈벌었다고 기뻐할 때 한쪽에서 가슴을 치는 사람을 생각해보았습니까? 내가 증권투자 해서 큰돈을 벌었다고 축제를 벌일 때 한쪽에서는 가슴을 치고 자살하는 사람이 있다는 것을 생각해보았습니까? 이 생각을 못하고 이루어지는 축제이기 때문에 그것은 오래갈 수가 없습니다. 이것을 알아야 합니다. 문제는 화목에 있습니다. 더불어 행복하고, 더불어 번영하고, 더불어 잘살아야 그게 진짜로 행복한 것이지 나 혼자만, 나 하나만, 우리 가족만, 우리 식구만…… 안될 소리입니다. 더구나 이 지구촌시대에는 세계에서 '우리만, 우리 민족만'이란 있을 수 없습니다. 다함께 행복하기 전에는 절대로 행복할 수가 없다는 것을 알아야 합니다.

오늘 본문에는 특별히 신학적 사건이 있습니다. 야곱이 형님에서와 만나는 순간에 그는 고백합니다. "형님의 얼굴을 뵈온즉 하나님의 얼굴을 본 것 같사오며"라고. 형님하고 만나는데 하나님의 얼굴을 본다고, 그는 절정의 감격을 그렇게 표현하고 있습니다. 예수님 말씀이 "예물을 제단에 드리다가 거기서 네 형제에게 원망들을만한 일이 있는 줄 생각나거든 예물을 제단 앞에 두고 먼저 가서 형제와 화목하고 그 후에 와서 예물을 드리라"하십니다(마 5:23,24). 누가 나를 원망하고 있는 동안 드리는 제사는 하나님 앞에 상달될 수 없기 때문입니다. 또 히브리서 12장에 보면 "모든 사람으로 더불어 화평함과 거룩함을 좇으라. 이것이 없이는 아무도 주를 보지 못하리라"라고 말씀합니다. 아무도 주를 보지 못하리라—아무리 기도하여도 응답이 없습니다. 아무리 복을 달라고 빌어도 하늘이 복을 내릴 수가 없다는 말씀입니다. 화평함이 없이는, 원망과 불평의 사람들에게는 하나님께서 복을 내리지 않으십니다. 야곱쪽으로 볼 때는 사실 변명할 말이 많은 사람입니다. 그러나 이 변명은 통하지 않습니다. 존 그레이라고 하는 유명한 인간관계 상담가가 쓴 책에「화성남자 금성여자의 사랑 잠언록」이라는 것이 있습니다. 인간관계에서 상처 받는 이유, 우리가 서로 상처받는 이유는 90%가 과거에 연유한다는 것입니다. 지난일 때문입니다. 과거에 매이는 사람들은 항상 부러워 할 수밖에 없습니다. 과거의 일을 깨끗이 잊고 오직 미래만을 생각할 때 하나가 될 수 있고 화평할 수가 있습니다. 옛날일을 되씹고, 되씹고, 되씹고, 아무리 되씹어보아도 이로써 화해되는 법은 없습니다. 90%가 과거문제로 상처를 입는다는 것입니다. 오직 10%만이 실제이유가 된다고 합니다. 사랑하는 사이에는 네 가지의 말하자면 화학작용이 이루어집니다. 물리작용이 아니고 화학작용입니다. 육체적 화학작용이 욕망을 만들고 감정적 화학작용이 애정을 만들고, 정신적 화학작용이 관심을 만들고, 영적 화학작용이 사람을 만든다고 설명하고 있습니다. 야곱이 지금 화평을 잃어버렸습니다. 그런고로 평안이 없습니다. 이제 나름대로 할말은 있습니다. 잘 아시는대로 그는 에서와 쌍둥이 사이입니다. 어느날 에서가 사냥에서 돌아오는데 몹시 시장한 터이라 죽을 쑤고 있는 야곱을 보고 "거, 나 죽 좀 빨리 한 그릇 줬으면 좋겠는데……"하니까 야곱은 "이거 한 그릇 줄

터이니 형님의 그 장자권을 내게 파세요"합니다. 여기서 에서는 "아, 내가 지금 죽게됐는데 그까짓 장자권이 대순가!"하고 맙니다. "그래 너 가져라! 장자권 너 가져라"하고는 죽 한 그릇 얻어먹었습니다. 야곱쪽에서 볼 때는 거래가 끝났습니다. 이제 야곱이 장자입니다. 그러니까 야곱이 아버지를 속인 것은 잘못이지만 형이 화가 나서 야곱을 죽이겠다고 하는 것은 형의 잘못입니다. 따지자면 그런 할말이 있는 것입니다. 남의 약점을 이용한 간사함이 있지마는 야곱은 야곱대로 할말이 없지 않습니다. 그러나 이것은 양심을 속이는 일입니다. 세상사람 앞에는 내가 옳습니다. 불화의 원인은 내게 있는 것이 아니라 저기에 있습니다. 그러나 그것이 통하지를 않습니다. 야곱 자신은 그 원인을 하나님과의 관계에서, 그리고 형님과의 관계에서 해결하여야 했던 것입니다. 형님의 책임이라고 밀어붙일 수가 없습니다. 책임을 전가할 수가 없습니다. 아무리 설명을 해도 내 마음은 여전히 평안할 수가 없었기 때문입니다. 화해라고 하는 것은 절대적인 것입니다. 절대 필요한 것입니다. 인간적 방법도 다 써보았습니다. 오늘 본문에 보면, 일단 도망을 가기도 했고, 또 오늘와서는 예물을 보내고, 만일에 형님이 쳐들어온다면 이렇게저렇게 도망가겠다는 계획까지 세웠습니다. 그래도 특별히 야곱으로서 좀 급해진 것이 형님이 400명을 거느리고 온다는 것입니다. 400명을 거느리고 와서 나를 죽일 것인지 살릴 것인지를 알 수가 없습니다. 답답하고 괴롭습니다. 그래서 그는 얍복강변에서 철야기도를 드립니다. 하나님 앞에 홀로 남아서 간절히 기도합니다. 전에는 기도제목이 많았을 것입니다. 건강 주세요, 물질 주세요, 자녀 주세요, 하였겠지만 오늘은 그것이 아닙니다. 오직 한 가지, 화목을 주세요, 입니다. 형님과 화평하게 해주세요, 입니다. 어쨌든지 형님과 화해하게 해주세요—오로지 화평, 그 하나만을 위해서 밤새 기도합니다. 그리고 하나님의 응답을 받고 이 강을 건너서 형님을 만나게 됩니다. 마지막에는 단독으로 만납니다. 무방비상태로 만납니다. 형님이 그대로 칼을 휘두르는지 알 수 없는 처지입니다. 그러나 하나님의 은혜를 믿고, 기도 응답을 믿고 가서 만납니다. 형님이 달려와서 끌어안고 입을 맞춥니다. 너무나도 감격해서 야곱은 이렇게 말하는 것입니다. "형님의 낯을 뵈니 내가 하나님을 뵙는 것같습니다." 20년 동안 막혔던 담이 무너질 때 이같은 감격을 느끼게 되었습니다. 하늘이 열리는 것을 경험하였습니다. 그옛날 고향에서 피난의 길을 떠났을 때, 벧엘에서 하늘이 열리는 꿈을 꾸었습니다. 사다리가 놓이고 천사가 오르락내리락하고 하나님의 음성이 들려지는 그런 경험이 있었습니다마는 오늘은 좀더 실제적입니다. 원수되었던 형님과 끌어안고 입을 맞추는 순간 하늘이 열리는 기쁨을 느낍니다.

 이기적인 복은 없습니다. 이기적인 기도도 없습니다. 이기적인 행복도 없다는 것을 잊지 말아야 합니다. 「벤허」라고 하는 영화의 마지막 장면에 이런 말이 나옵니다. 십자가 위에서 예수님께서 "저들의 죄를 용서하옵소서 저들이 하는 것을 모르기 때문입니다"하고 말씀하시는 것을 듣는 순간 내 손에서 칼을 빼앗아가는 것을 느꼈다, 라고 벤허는 고백합니다. 주님께서 우리를 용서하시는 그 장면을 보는 때 내 손에서 칼이 떠나버렸다—그 후로 벤허는 칼 없이 싸우고 칼 없이 용감한 사람으로 승리합니다. 칼 없이 승리합니다. 이것이 「벤허」의 주제입니다. 여러분, 불화의 이유, 누구에게 묻겠습니까? 아무도 탓하지 마십시오. 그러나 반드시 화목을 하여야 됩니다. 어떤 희생을 지불하고도 화평이 없이는 하나님의 얼굴을 뵐 수 없기 때문입니다. 오직 화평케 하는 자는 하나님의 자녀라 일컬음을 받게 될 것입니다.

† 기 도

하나님 아버지, 주의 귀한 자녀들 잘살아보려고도 하고 부하게 살아보려고도 하고 때로는 살아남으려고 몸부림을 쳤습니다마는 이렇게 애쓰는 가운데 소중한 화평을 잃어버린 것을 용서하여주시옵소서. 내가 행복하기 위해서 남을 불행하게도 하고 내가 얻기 위해서 남에게 손해끼친 때도 많았습니다. 화평이 없기에 어디서나 기쁨이 없고 성취하였으나 아무 보람도 없었습니다. 주여, 원하오니 참으로 화목케 하시고 화목의 능력, 화목의 지혜, 화목의 용기를 주셔서 화평한 가운데서 하나님의 얼굴을 뵙는 것같은 놀라운 감격으로 남은 해를 살아가게 하여주시옵소서. 예수님의 이름으로 기도하옵나이다, 아멘.

사로잡힌 것을 보는 사람

우리가 율법은 신령한 줄 알거니와 나는 육신에 속하여 죄 아래 팔렸도다 나의 행하는 것을 내가 알지 못하노니 곧 원하는 이것은 행하지 아니하고 도리어 미워하는 그것을 함이라 만일 내가 원치 아니하는 그것을 하면 내가 이로 율법의 선한 것을 시인하노니 이제는 이것을 행하는 자가 내가 아니요 내 속에 거하는 죄니라 내 속 곧 내 육신에 선한 것이 거하지 아니하는 줄을 아노니 원함은 내게 있으나 선을 행하는 것은 없노라 내가 원하는 바 선은 하지 아니하고 도리어 원치 아니하는 바 악은 행하는도다 만일 내가 원치 아니하는 그것을 하면 이를 행하는 자가 내가 아니요 내 속에 거하는 죄니라 그러므로 내가 한 법을 깨달았노니 곧 선을 행하기 원하는 나에게 악이 함께 있는 것이로다 내 속사람으로는 하나님의 법을 즐거워하되 내 지체 속에서 한 다른 법이 내 마음의 법과 싸워 내 지체 속에 있는 죄의 법 아래로 나를 사로잡아 오는 것을 보는도다 오호라 나는 곤고한 사람이로다 이 사망의 몸에서 누가 나를 건져 내랴 우리 주 예수 그리스도로 말미암아 하나님께 감사하리로다 그런즉 내 자신이 마음으로는 하나님의 법을, 육신으로는 죄의 법을 섬기노라

(로마서 7 : 14~25)

사로잡힌 것을 보는 사람

　철학자 키에르케고르의「죽음에 이르는 병」이라고 하는 책은 이제는 고전입니다. 아마도 대학시절에 거의가 한번쯤은 읽었으리라고 생각합니다. 이 책에 자기자신을 인식하지 못하는 혼란스러운 인간상을 지적하는 이야기, 재미있는 설화가 있습니다. 한 농부가 이른 아침에 맨발로, 양말도 신발도 신지 못한 채 도시로 뛰어들어갔습니다. 그리고 하루종일 궂은일을 해서 그날따라 돈을 많이 벌었습니다. 한 켤레의 양말을 사서 신고 또 구두를 사서 신었습니다. 그러고도 돈이 꽤 많이 남았습니다. 이것을 가지고 그는 술을 마셨습니다. 만취상태가 되어 비틀비틀 자기집을 향하여 시골로 돌아오다가 취기를 이기지 못하여 길 한가운데 드러누워버렸습니다. 아예 큰댓자로 벌렁 누워서 잠이 들었는데 때마침 마차 한대가 지나가다가 이 꼴을 보고 멈추었습니다. 마부가 이 사람을 보고 소리를 질렀습니다. "길 비키지 못해?" 이 소리에 농부는 눈을 떴습니다. "비키지 않으면 네 발을 그대로 밟고 지나가버릴 거야!" 마부가 다시 소리치자 농부는 그제야 정신을 좀 차리고 대꾸합니다. "지나가거나말거나. 이것들은 내 발이 아니니까." 취중이라서 양말신고 신발신은 자기 발이 제 발 같지 않아서인지 이렇게 대꾸하고는 그대로 코를 골기 시작합니다. 우습게 들리겠지만 바로 인간의 혼란스러운 모습이 이러하다는 것입니다. 그래 소크라테스가 유명한 말을 하지 않았습니까. '키노시 아우톤스' 곧 'Know thyself' — '너 자신을 알라.' 우리가 가지는 슬픔, 우리가 가지는 인간적 괴로움이란 전부 후회스러운 일들입니다. 그 후회스러움의 근본은 내가 나 자신에게 속았다는 것입니다. 무엇인가 좀 아는 줄 알았는데 이제보니 아무것도 모릅니다. 뭘 열심히 번 줄 알았는데 정산을 해보니 적자투성이, 아무것도 번 것이 없습니다. 나는 무엇인가 할 수 있다고 생각했는데 이제보니 아주 무능합니다. 아무리 적어도 남보다 좀은 낫겠지 하고 제잘난맛에 살았는데 이제보니 다른 사람은 다 훌륭하고 나는 형편없습니다. 이렇게 깨닫게 되니 비참한 노릇입니다. 내가 나에게 속은 것입니다. 여기서 자기상실의 아픔을 느낍니다. 때로는 절망합니다. 왜 자기를 잃어버리게 됩니까. 그 근본은 동일시하는 착각 때문입니다. 여러분, 돈을 벌었다고해서 그 돈과 내가 하나가 되는 것은 아닙니다. 나는 나입니다. 돈을 벌어서 좀 부자가 되었다고하여 내가 커지는 것이 아닙니다. 나라는 인격은 그대로 있는 것입니다. 그런데 돈이 있을 때면 내가 커진 줄로 자신을 부풀려 생각하고 돈이 없을 때면 자기인생도 다 망가진 양 착각을 하는데, 그럴 것이 아닙니다. 나라는 존재와 돈은 별개입니다. 또 지식이 있을 때, 남보다 뭘 좀 더 안다, 똑똑하다 싶으면 아주 기고만장, 자기존재가 굉장한 줄 알고, 남을 무시하고…… 그러나 알고보십시오. 별것이 아닙니다. 안다는 것 그것이 아무것도 아닙니다. 안다는 것과 나 자신과는 그 또한 별개입니다. 그런데 지식과 나를 하나로 생각하는 데서부터 문제가 생기는 것입니다. 때로는 남이 나를 두고 하는 평판이 있어 남들이 나를 두고 "그 사람 잘났다" "많이 안다" "천재다" 하지마는 남이 나더러 아무리 천재라고 해도 나는 천재 아니거든요. 나를 두고 아무리 훌륭하다고 해도 내가 훌륭하지 못한 것은 나 자신이 잘 압니다. 자기페이스를, 자기진실을 절대로 잃어버리면 안되는데 남의 평판에 따라 오락가락하는 이 시원치 않은 존재, 이 인격, 이것이 문제인 것입니다.

남이 평판해주는 자기와 자기자신과를 동일시하는 거기에 허점이 있는 것입니다. 때로는 과거가 문제입니다. 나를 따라다니는 아픈 과거, 그러나 그것은 어디까지나 지나간 것입니다. 오늘의 나는 어디까지나 오늘의 나 자신일 뿐인데 지난날에 의해서 오늘을 생각하는 사람이 있습니다. 물론 다른 사람들은 그렇게 보겠지요. 그러나 나는 그렇지 않습니다. 나는 과거와 관련을 끊은 사람입니다. 바로 이런 인식을 가지지 못하고 여전히 지난날의 실패한 나, 지난날의 방탕했던 나, 지난날의 그런 결점이 있는 나…… 이 전과자같은 느낌에 계속 매여 있으면 나라고 하는 소중한 존재가 증발해버리고 맙니다. 이 또한 불쌍한 사람입니다. 또 어떤 사람은 미래에 대한 꿈에 삽니다. 그 꿈과 자기를 동일시하는 사람이 있습니다. 마치 뭐와 같은고하니, 돈을 번 것이 아니라 벌기로 계획하고, 이렇게저렇게 벌겠다 생각하고 미리 돈을 꾸어서 다 써버리는 사람과 같습니다. 벌 셈치고 쓰는 정신나간 사람입니다. 이렇게 허황한 꿈을 꾸고 뜬구름 쫓아가는 사람이 있습니다. 지레 마음이 부풀어 있습니다. 이게 정신병자 아니겠습니까. 이런 사람이 바로 자기상실증에 빠지는 것입니다. 사람들은 대체로 현장에서는 자기를 잃어버리기 쉽습니다. 또 자기를 객관화하지 못할 때 자기를 잃어버립니다. 장기나 바둑을 둘 때 보면 마주앉아 대결해서 두는 사람들은 정신이 없습니다. 그러나 옆에서 구경하는 사람들, 훈수하는 사람은 수를 잘 봅니다. 객관화할 수 있기 때문입니다. 그래서 요렇게 하면 된다, 요렇게 하면 된다, 하는데 막상 "네가 앉아 해봐" 하면 잘 못합니다. 뭘 말하는고하니 인식의 객관화라는 것입니다. 현장에 처하면 아주 몽롱해집니다. 남의 일에 대해서는 잘 알 수가 있는데 자기문제로 부딪히면 아주 무능해지고마는 것입니다. 그런고로 인식의 객관화가 필요합니다.

오늘 성경말씀 가운데서 우리는 자기자신에 대해서 정직해야 한다는 것을 깨닫습니다. 정직하기 위해서는 용기가 있어야 됩니다. 「우리는 사소한 일에 목숨을 건다(Don't Sweat the Small Stuff with Your Family)」라고 하는 책이 있습니다. 우리가 사소한 일에, 하찮은 일에 너무 마음을 쏜다는 것입니다. 그래서 불행해진다는 것입니다. 리차드 칼슨(Richard Carlson)이라는 사람이 저자이며, 일반적으로 많이 읽히는 책입니다. 이 책이 말하는 것, 저는 이렇게 생각합니다. 모든 문제는 밖에 있는 것이 아니고 나 자신에게 있다는 것입니다. 별로 중요하지 않은 것을 너무 중요하게 생각합니다. 그래서 결국은 자기를 잃어버리는 것입니다. 모든 불행과 근심, 심지어 스트레스라고 하는 것도 자기내부에 연유하는 것입니다. 그런고로 자기자신에 대한 문제, 자기진실에 대한 것을 바로 찾으라, 그러면 당신이 그렇게 걱정하는 큰 문제가 아무것도 아닌 문제로 풀릴 수가 있을 것이다, 하는 것입니다. 문제의 해결이 밖에 있는 것이 아니라 내 안에 있는 것이므로 자기자신에 대하여 진실하여야 합니다. 자기자신을 똑바로 알아야 됩니다. 더욱 중요한 것은 바르게 인정하여야 한다는 것입니다. 알지요. 알면서도 인정하지를 않습니다. 거기에 문제가 있는 것입니다. 허상에 매여 삽니다. 거품을 붙들어보려고 합니다. 거짓에서 벗어나지를 못합니다. 오늘 본문의 이 말씀은 로마서 한가운데 있는 중요한 메시지입니다. 저는 언제든지 사도 바울의 위대함을 알고 있습니다마는 이 로마서 7장을 읽을 때면 더욱 위대한 것을 느끼고 부러워하고 존경하게 됩니다. 아주 감동하면서, 때로는 눈물로 이 성경을 읽습니다. 왜요? 바울은 너무나 정직한 것입니다.

너무나도 위대합니다. 정직함에 있어서 위대합니다. 그의 마음은 단순합니다. simplicity, 아주 단순합니다. 보십시오. 로마교회는 사도 바울이 세운 교회가 아닙니다. 사도 바울로해서 예수믿는 사람들이 로마로 돌아가 거기서 교회를 세운 것입니다. 그러니까 로마교회에 모인 교인들은 사도 바울에 대해서 높은 존경심을 품고 있습니다. 바울의 얼굴은 못보았지만 바울로해서 예수믿는 사람들이 여기서 전해주었기 때문입니다. 그분들이 사도 바울은 위대한 사도라고 높이 높이 존경하고 있거든요. 바울은 바로 자기얼굴을 보지 못한 바로 이 사람들에게 지금 편지를 쓰고 있습니다. 기독교 교리와 복음에 대해서 전반적인 메시지를 보내면서 어찌 이렇게 정직할 수 있는 것입니까. 자기에게 장점도 있고 단점도 있겠지요. 밝은 면도 있고 어두운 면도 있겠지요마는 자기자신의 그 깊은 어두운 면을 그대로 말씀하고 있습니다. 다 드러내고 있습니다. 옷을 활짝 벗듯이. 솔직하기 이를데없습니다. 그것이 위대한 것입니다. 이렇게 진실하고 이렇게 정직하고, 이것을 바탕으로 복음을 전하고 있는 것입니다.

"나는 육신에 속하여"라고 말씀합니다. 위대한 말씀입니다. 지식의 부조리를 말씀하고 있습니다. 내가 안다고 하나 아는대로 살지 못합니다. 내가 느끼는 것, 원하는 것이 있지마는 원하는대로 행하지를 못합니다. 이 비참한 자기모습을 그대로 말씀합니다. "육신에 속하여" — 엄청난 말씀입니다. 당연히 영에 속한 사람이어야 하고, 당연히 육신에 대한 것은 싹 없어야 되지요. 그러나 그렇지 않습니다. 바울은 말씀합니다. 나는 육신에 속한 사람이다, 라고. 마르틴 루터는 인간을 이렇게 비유하였습니다. '마치 기수에게 끌려가는 말과 같다.' 좋은 말이 펄펄뛰면서 소리를 지르고 있지마는 자기가 뛰는 것이 아닙니다. 그 위에 타고 있는 기수가 고삐를 잡은 채 명령하는 그대로 움직이는 것입니다. 오늘 사도 바울은 말씀합니다. "나는 육신에 속하여"—그뿐입니까. "죄 아래 팔렸도다"라고도 말씀합니다. 아주 팔렸다, 그래서 나는 알지 못한다—무의식중에 죄를 짓고 있습니다. 의식 이전에, 의식보다 더 깊은 곳에, 잠재의식 속에 죄가 아직도 있습니다. 그래 죄에 끌려가는 존재다, 내게는 자유가 없다, 라고 고백하는 것입니다. 개그맨 전유성씨 아시지요? 개그맨 중에 공부를 제일 많이 하고 책을 많이 보는 분으로 알려져 있지 않습니까. 이 전유성씨가 쓴 책의 제목이 퍽 재미있습니다.「하지 말라는 것은 다 재미있다」—어떻습니까? 개그맨다운 표현이지마는 굉장한 메시지를 내포하고 있습니다. 먹지 말라는 것은 다 맛이 있다, 보지 말라는 것은 다 매력이 있다—이 소리입니다. 왜 그렇습니까? 그것이 바로 우리 인간 속에 있는 악이거든요. 보십시오. 하라고 하는 일이 재미있어야지요. 당연히 해야 할 일이 즐거워야지요. 그런데 마땅히 해야 할 일은 즐겁지 않고 하지 말아야 할 일만 재미가 있는 것입니다. 먹지 말아야 하는 음식만 맛이 있는 것입니다. 그게 바로 병자입니다. 내 몸에 좋은 것만 먹고 싶고 맛이 있게 느끼는 사람이 건강한 사람입니다. 그런데 먹어서는 안될 것만 맛이 있는 것입니다. 무엇을 말하는 것입니까? 내 속에 악이 있습니다. 내가 어디엔가 팔려 있습니다. 묶여 있습니다. 끌려가고 있습니다. 사도 바울은 특별히 말씀합니다. "선을 행하기 원하는 나에게 악이 함께 있는 것이로다." 참으로 진실합니다. 여러분, 내가 어떤 때 선한 일을 합니다. 순수한 마음으로 선한 일을 하였습니다. 그러면 끝까지 순수하여야 합니다. 그런데 왜 칭찬받으려는 마음이 있습니까. 사람들이 알아주기 바라는 마음이 있습니까. 그러면 누구를 위하여 종을 울린 것입니까. 도대체 누구를 위하여 선한 일을 한 것입니까. 그래 오른손이 하는 것 왼손이 모르게 하라고 예수님 말씀하십니다. 얼마나 중요한 말씀입니까. 내가 교회 봉사한다, 좋은 일을 한다, 친절하게 한다, 반갑게 악수를 한다…… 좋은 일 하기는 하는 것같은데 속에 딴생각이 있거든요. 중요한 것은 내 속에 악이 있다는 것을, 내가 선한 일을 하는 속에 악이 함께하고 있다는 것을 내가 모르고 있다는 사실입니다. 다른 사람들은 다 아는데 본인만 모르고 있습니다. 여기서 엄청난 모순에 빠지는 것입니다. 여기서 사도 바울의 위대한 점을 알게 됩니다. 많은 사람들은 이렇게 악과 위선과 거짓에 젖어 살아가면서 어디까지가 의인지, 어디까지가 선인지 모르고 그냥 흘러갑니다. 그러나 바울은 그렇지 않습니다. "…… 사로잡아 오는 것을 보는도다"합니다(23절). 자기를 객관시하는 객관화능력이 있습니다. 자기가 자기를 볼 수 있는 눈이 있다는 것, 그것이 다릅니다. 사로잡아 오는 것을 보는도다―포로된 상태, 비참한 자기모습, 이 형편없는 인간을 저 멀리서 바라봅니다. 내가 나를 볼 줄 압니다. 이것이 중요한 것입니다. 제가 신학대학에 다닐 때 나름대로 경건하게 살려고도 하고 공부도 열심히 해보려고 하고, 앞으로 목사가 되고, 거룩한 목사로 살아보겠다고 노력은 해보는데 뜻대로 잘됩니까, 어디. 그래 제가 공부하고 있는 기숙사 방 벽에 커다랗게 써붙여놓았습니다. 헬라어로 써붙였습니다. '탈라이포로스 에고 안드로포스'―이렇게 써붙였더니 친구들이 무슨 뜻이냐고 묻습니다. "알 거 없어. 나만 알면 돼!" 오호라 나는 곤고한 사람이로다!―이 말씀입니다. 나는 왜 이렇게 모순투성이란 말인가, 아는대로도 못하겠고 행하고 싶은대로도 못하겠고, 모처럼 선한 일 한다고해도 그 속에 악이 있고…… 오호라 이 불쌍한 사람아, 이 가련한 사람아, 라는 뜻입니다. 바울은 자기가 자기를 가련하게 볼 수 있습니다. 그러므로 위대합니다. 자신의 전적인 타락, 전적인 무능을 그는 알았습니다. 그런고로 내가 어디까지 왔든지 이대로가 은혜입니다, 이대로가.

가끔 어떤 분들은 "아 그 장로님 그거…… 장로라는 사람이 왜 그 모양인고?"하는 사람이 있습니다. 그런 생각 하지 마십시오. 예수믿으니까 그만하지, 그 사람이 안믿었더라면 어떻게 될 뻔했습니까. 그렇게 생각할 것입니다. 여러분 스스로도 자기자신이 못마땅합니다. 내 어쩌다 이 모양인고—이렇게 심판하지 마십시오. 예수믿어서 그만한 것입니다. 은혜 안에라 그만한 것입니다. 사도 바울은 그래서 말씀합니다. "오직 은혜 안에서……" 나의 나됨은 오직 은혜로 된 것이다, 합니다. 그 은혜가 헛되지 아니하여 오늘 내가 있다, 합니다. 은혜 안에 있는 자기정체를 확인하고 감사하는 것입니다. 재미있는 이야기가 있습니다. 아주 부인한테 꽉 쥐여사는, 철저하게 쥐여사는 남편이 있는데 자녀가 여섯입니다. 어느날 부인이 시장에 갔다오면서 예쁜 장난감 인형을 하나 사왔습니다. 아이가 여섯이니 여섯 개면 좋겠는데 하나 딱 사가지고 와서 하는 말이 "가장 말 잘듣고 얌전하고 말대꾸하지 않고 전적으로 나에게 순종하는 사람에게 요것 주겠다"하였습니다. 그 순간 여섯 아이가 한 목소리로 일제히 소리를 지르는데 "그러면 아빠잖아!"하는 것입니다. 여러분, 전적으로 순종하고 사십시오. 그래야 행복합니다. 오직 은혜로 내가 있음을 알고 은혜로 미래가 있음을 알아야 합니다. 은혜의 말씀에 100% 순종합니다. 그러면 후회란 없습니다. 감사와 찬송만이 있을 뿐입니다. 사도 바울은 말씀합니다. "이 사망의 몸에서 누가 나를 건져내랴 우리 주 예수 그리스도로 말미암아 하나님께 감사하리로다." 오직 그리스도로 말미암아 감사하고, 그 속에 내가 있습니다.

†기 도

하나님 아버지, 나 자신이 무엇이며 내 존재가 어디 있는지 몰라서 스스로 실망할 때가 많습니다. 세상을 원망할 것 없고, 나 자신의 무능한 것을 탓할 수밖에 없고, 나 자신이 이렇게 초라하고 비참한 존재인 것에 대하여 스스로 실망할 때가 많은 저희들입니다. 주여, 불쌍히 여겨주시옵소서. 모든 교만과 모든 위선, 거짓을 다 벗어버리고 하나님 앞에 진실하고 사람 앞에 정직하게 하시고, 무엇보다도 자기자신에 대하여 정직하게 하여주시옵소서. 그리하여 오직 은혜 안에 있는 나를 발견하면서 그 은혜에 감사하며 오늘과 내일도 늘 은혜 충만한, 감사와 찬송으로 넘치는 그런 생을 살게 하여주시옵소서. 예수님의 이름으로 기도하옵나이다, 아멘.

성령충만한 사람

　이튿날에 관원과 장로와 서기관들이 예루살렘에 모였는데 대제사장 안나스와 가야바와 요한과 알렉산더와 및 대제사장의 문중이 다 참예하여 사도들을 가운데 세우고 묻되 너희가 무슨 권세와 뉘 이름으로 이 일을 행하였느냐 이에 베드로가 성령이 충만하여 가로되 백성의 관원과 장로들아 만일 병인에게 행한 착한 일에 대하여 이 사람이 어떻게 구원을 얻었느냐고 오늘 우리에게 질문하면 너희와 모든 이스라엘 백성들은 알라 너희가 십자가에 못박고 하나님이 죽은 자 가운데서 살리신 나사렛 예수 그리스도의 이름으로 이 사람이 건강하게 되어 너희 앞에 섰느니라 이 예수는 너희 건축자들의 버린 돌로서 집 모퉁이의 머릿돌이 되었느니라 다른 이로서는 구원을 얻을 수 없나니 천하 인간에 구원을 얻을만한 다른 이름을 우리에게 주신 일이 없음이니라 하였더라
　　　　　　　(사도행전 4 : 5~12)

성령충만한 사람

「USA Today」라고 하는 잡지가 하버드대학의 하비 콕스(Harvey Cox) 사회신학교수에 대하여 평한 기사를 실었습니다. 이 기사는 이런 말로 시작됩니다. '사람들이 하버드대학은 몰라도 하비 콕스는 알고 있다.' 격찬을 하고 있는 것입니다. 그 유명한 하버드대학이지마는 하비 콕스는 더 유명하다는 것입니다. 지나친 말로 들리지마는 그만큼 하비 콕스가 오늘 이 세대에 많은 사람들에게 큰 감동을 주고 있는 중요한 사람이라는 뜻입니다. 그는 30년 전에 「The Secular City(세속의 도시)」라고 하는 유명한 책을 썼습니다. 우리말로도 번역된 바 있고, 저도 젊었을 때 이 책을 읽고 큰 감명을 받았었습니다. 이 책이 나온 당시에 세계적으로 유행하는 잘못된 신학이 있었습니다. 그 신학의 주제는 '신의 죽음'입니다. 하나님은 죽었다. 아니, 이미 죽었고 또 죽을 것같다, 하는 이야기입니다. 이 과학세상, 날로 과학이 발달하니까 과학주의가 우상으로 올라서면서 일반적인 신의 잘못된 개념, 신을 의지하는 마음, 이런 것은 다 사라진다, 또 곧 사라질 것이다, 이렇게들 생각하게 된 것입니다. 그래서 우상 앞에 가서 빌고, 어디 가서 복을 달라고 빌고 하는 이런 것이 이제는 갔다, 이러한 종교심성은 이제 다 사라질 것이다, 그래서 신의 죽음을 말하게 됩니다마는 이에 반대해서 하비 콕스는 말합니다. 세속도시 속에 하나님께서 살아계시다고 그는 갈파합니다. 그 당시에 유행했던 말이 있습니다. 농촌은 하나님이 만드셨고, 도시는 마귀가 만들었다, 라는 말입니다. 갖가지 죄악이 여기에 다 있고, 여기서 움트고 여기서 작용하고 있다, 그래 도시 속에는 하나님이 없고, 또 뿐만 아니라 점점 세계가 도시화하여가니까 하나님의 신비를 느낄만한 영역이 점점 줄어들고 있는 것 아니냐, 이렇게 말하는데 하비 콕스는 생각이 그렇지 않습니다. 오히려 도시 한가운데, 그 세속도시 속에 하나님께서 살아계신 역사가 있다—이렇게 역설해서 많은 사람에게 감명을 주었었는데, 30년이 지난 오늘에 와서는 또다시 「Fire from Heaven(하늘로부터 오는 불길)」이라고 하는 문제의 책을 씁니다. 오늘 21세기를 향한 많은 과학문명으로 인해서, 컴퓨터를 비롯한 인터넷, 전자공학, 이런 것이 발전함으로 많은 사람이 점점 쉬는 시간이 많아지면서 교회가 어려워집니다. 우리도 뭐 5일근무제를 한다고 하는데 토요일날까지 놀게되면 또 교인들이 아예 금요일날 저녁에 놀러갔다가 주일날 교회에 못나오는 일이 생긴다는 말이지요. 이렇게 이렇게 가다보면 교회가 점점 침체될 것 아니냐, 교회의 종말이 올 것같다—이런 걱정들을 합니다. 그러나 하비 콕스는 말합니다. '애시당초 교회는 성령운동으로 시작된 것이다. 이것은 사회학적이거나 정치학적이거나 무슨 세계변화와 관계가 있는 것이 아니다.' 역설적으로 주장합니다. '성령의 역사, 성령의 은혜, 이로 인해서 교회가 존재하고 또 교회는 부흥하는 것이다' 라고 그는 말합니다. 그는 성령충만이라는 것을 신학자적인 차원에서 두 가지로 설명합니다. 하나는 '성령체험' 입니다. 이것은 지식의 문제도 아니고 의지의 문제도 아니고 감정의 문제가 아니고, 과학의 문제도 물론 아니다, 이것은 성령의 충만함과 함께 오는 종말론적 의식이다, 성령을 받는 것, 내일의 문제가 아니라 영혼의 문제이다, 이 지구의 종말을 생각하고 나 자신의 종말에 대한 의식이 확실해지는 것이다, 그래서 이것은 원초적 성령 곧 primer spirituality다, 라고 말합니다. 그래서 기도하는 가운데서 우리는 원초적 신앙을 가지게 된다, 합니다. 이 원초적 신앙을 두고 과학자들이 흔히 유치하게 생각하지만 당치 않습니다. '기도하면 병이 낫는다' 하는 단순한 믿음, 이것은 원초적 신앙입니다. 기도하면 낫고, 하나님 뜻이면 병을 이길 수 있다, 합니다. 또 사실 이기기도 합니다. 이런 기초적이고 원초적인 신앙, 성령의 역사로 이루어지는 것입니다. 모든것이 절망이라고 하지만 믿는 사람에게는 그렇지 않습니다. 원초적 소망이 있습니다. 교회가 가진 소망이란 이 세상 것이 아닙니다. 그런고로 성경이 말씀하는 원초적 소망을 가지게 됩니다. 이것이 원초적 영성입니다. 두 번째는 성령체험과 함께 해방의식을 가지게 된다, 합니다. 그래서 근본주의적 제재나, 율법이나, 혹은 자기자신이나, 욕망이나, 두려움이나, 세상의 복잡한 문제에 대한 그런 절망의식으로부터 온전히 자유하게 된다, 합니다. 성령받았다는 것은 무엇인가, 그의 영혼이 자유한 것을 말하는 것이다, 합니다. 사실입니다. 예수 잘믿는다는 것은 그 영이 자유한 것이고 그래서 행복하다는 것입니다. 그래서 용기의 사람이 되고, 소망의 사람이 됩니다. 이것이 성령의 역사다, 합니다. 세상이 몇번 바뀌어도 이것은 여전한 것이다, 이 원초적 영성이라는 것은 여전히 교회의 생명으로 또 생명력으로 작용하기 때문에 교회는 영원하다, 라고 말합니다.

    오늘 본문에 보면 '성령충만' 이라는 말씀이 나옵니다. 베드로가 공회 앞에 섰습니다. 이 공회는 그옛날 예수님을 재판한 곳입니다. 그리고 빌라도법정으로 넘겨져서 형식적으로 빌라도의 재판에 의해서 돌아가신 것처럼 되어 있지마는 내막적으로는 바로 이 산헤드린 공회, 바로 이 자리에서 예수를 십자가에 못박기로 결정을 하게 된 것입니다. 바로 그 자리에 베드로가 섰습니다. 예수를 십자가에 못박은 사람들 앞에서 "당신들이 죽인 예수를 하나님께서 부활시키셨소"하는데 이렇게 증거하고 살아남을 수 있는 상황이 아닙니다. 그러나 베드로는 담대하게 그 자리에 섰습니다. 그 서 있는 모습을 두고 성령충만이라고 말씀하였습니다. 여러분 잘 아시는대로 스데반이 돌에 맞아 죽습니다. 이런 엄청난 사건 앞에서, 자기를 죽이려고 하는 살기등등한 사람들 앞에서 그 무서운, 피맺힌, 그 시선을 의식하면서도 스데반의 마음은 평안합니다. 죽음 직전에 그는 평안합니다. 누구도 미워하지 않습니다. 소망과 믿음으로 충만합니다. 사랑으로 충만합니다. 마침내 그 얼굴은 천사의 얼굴과 같았다, 합니다. 바로 이 장면 이것이 바로 성령충만입니다. "성령이 충만하여"—헬라말로 '프레스데이스 프뉴마토스 아기오'라는 말인데 중요한 의미가 있습니다. 이것은 신학적으로 깊이 말씀을 드리면 복음서의 저자 중에 있는 누가의 전용 용어입니다. 누가만이 사용한 용어입니다. 누가가 기록한 누가복음과 누가가 기록한 사도행전에서 쓰는 용어입니다. 충만, 프레스데이스는 물리적인 용어입니다. 그릇에 물이 가득차서 철철 넘치는 것, 이것이 프레스데이스입니다. 이것이 충만입니다. 그런데 이것을 이해하기 위해서 우리는 먼저 일반적 은혜와 성령의 은사를 대조해서 생각하여야 할 것입니다. 성령의 일반적 은혜, 이것은 세 가지로 요약됩니다. 먼저는 의에 대한 수용적 신앙을 가지게 됩니다. justification, 이것이 기독교 교리의 핵심입니다. 내가 의롭게 되는 것이 아니고 내가 도덕적으로 선해지는 것이 아니라, 주께서 내 죄 대신에 십자가에 죽으시고 그렇게 죽으심으로해서 나를 의롭다 하신 것입니다. 그런고로 십자가를 쳐다볼 때마다 '저분이 나를 위해서 대신 죽으셨다' 하는 감격을 얻게되고 그 믿음을 가지게 됩니다. 이것이 성령의 역사입니다. 여러분, 믿지 아니하면 아무 소용 없습니다. 믿는 것 중에 가장 중요한 것이 사랑을 믿는 믿음입니다. 저분이 아무리 나를 사랑하셔도 사랑하신다는 그것을 내가 믿지 않는 한 저분은 나와 아무 상관도 없습니다. 사랑에 대한 믿음, 내 마음대로 못하는 것입니다. 또, 우리가 여러 가지 믿음을 가져야겠습니다마는 하나님께서 살아계시고, 하나님께서 심판하시고, 하나님께서 복주시고, 하나님께서 주관하신다는 그 모든 믿음이 다 중요하고 그 내용들이 다 중요하지마는 결정적인 믿음은 딱 한 가지입니다. "네 죄를 사하였느니라"하시는 말씀에 대한 믿음입니다. 그것을 내가 수용하여야 됩니다. 그것을 내가 받아들여야 됩니다. 그렇지 않으면 의미가 없는 일입니다. 예수님께서 어느날 가버나움에 가셨을 때 사람들이 지붕을 뚫고 환자를 침상째 달아내렸다는 기록이 있습니다. 이렇게 달아내려서 예수님 앞에 놓여 있는 환자를 보시고 예수님 말씀하십니다. "네 죄 사함받았느니라." 문제는 이 사람이 이것을 믿느냐입니다. 바리새인의 비판처럼 "당신이 누군데 내 죄를 사하는 거요? 당신이 내 죄를 사할 권세가 있는 거요?"하고 반문하였다면 이야기는 달라집니다. "왜 남의 죄는 들추는 거요? 병이나 고치지." 그것도 아닙니다. 문제는 "네 죄 사함받았느니라"하시는 말씀을 그가 믿는 것입니다. 믿는 순간 그는 병에서 자유하게 됩니다. 이 믿음은 하나님께서 주시는 선물입니다. 이것을 잊지 말아야 합니다. 우리 어린아이들도 뭘 잘못하든가하면 나무라기도 하고 때로는 때리기도 합니다. 아이가 잘못했다고 하면 용서하게 됩니다. 용서하면 "감사합니다"하고 밝은 얼굴로 돌아서야지 용서한다고 했는데도 "우리 아버지 어머니 용서는 믿을 수가 없어. 용서했다지만 며칠 지나면 또 들출 거지, 이제. 나는 아무리 생각해도 구제불능이야. 부모님이 낳아놓긴 했지마는 뭔가 잘못된 것같다. 나는 체질적으로 의로울 수가 없는 것같다." 용서했다고 하는 말을 영 믿지 않고 받아주지 않는다면 그는 항상 우울증에 걸려 있을 수밖에 없습니다. "내가 너를 용서하였다"—이에 대한 믿음, 아주 중요한 것입니다. 이것이 결정적 신앙입니다. 주께서 우리를 위하여 십자가에 돌아가시고 "내가 네 죄를 다 담당하였다. 네 죄 대신 내가 죽었다. 네 죄 사함받았다"하시는 이것을 믿어야 합니다. 의롭다 하심을 믿고 그 의를 내가 수용하여야 되는 것입니다. 이것은 성령이 주는 것입니다. 오로지 성령이 우리에게 이 믿음을 줍니다. 그래서 죄사함받은 기쁨을 가지고, 그 의로움을 가지고 살게 되어 있는 것이 아닙니까. 이것이 기초적인 것입니다.

또하나는, 로마서 8장에서 강조하고 있습니다마는 성령은 우리가 하나님의 자녀 됨을 증거해줍니다. adoption이라는 것입니다. 우리는 하나님의 양자 되었습니다. 자녀답지 못하지만 이제 양자를 삼으셨습니다. 너는 나의 자녀다—이것도 믿어져야 되는 것입니다. 나같은 죄인이 어떻게 하나님의 자녀란말입니까? 어떻게 하나님의 사랑을 받는 자녀란말입니까? 여러분, 그 믿음 아주 중요한 것입니다. 이 믿음을 가지고 보면 이제는 실패해도 사랑 때문이요 병들어도 사랑 때문이요 역경이 다가와도 하나님께서 내게 주시는 사랑의 매요 사랑의 시련입니다. 모든것을 하나님의 자녀라고 하는 정체의식 속에서 이해하게 됩니다. 하나님은 사랑이십니다. 사랑하시기 때문에 내게 이것이 있는 것입니다. 이것이 성령받은 사람의 자아의식입니다.

　세 번째로, 성령은 우리를 성화합니다. 거룩하게 합니다. 우리는 성령받으면서 아주 magically, 아주 마술적으로 변화되기를 바랍니다. 예수믿자마자 싹 달라지기를 바랍니다. 전기스위치 올리면 불이 확 켜지는 것처럼. 인격적인 것은 그렇지 않습니다. 성령과 함께 나도모르게 의식 이전에 조금씩조금씩 인격적으로 변화합니다. 우리 교회에 이런 분들이 있었습니다. 독일 유학갔다가 서로 친해져서 결혼을 했습니다. 자식도 낳았는데, 이제 한국에 와서 살아보니 환경이 좀 다르니까 조화가 잘 되지 않습니다. 저마다 개성이 강해서 남자가 이혼하자고 말했더니 여자가 "그래!" 하였습니다. "장군" "멍군"한 것입니다. 그래 이혼하기로 하고 도장을 다 찍어놓았습니다. 이제 구청에 가서 제출만 하면 끝나는데 바로 그 시간 회사에서 이 남자 출장을 보냈습니다. 6개월 동안의 출장길 나서면서 남자가 "이혼하는 거 그리 바쁜 것 아니니까 갔다와서 하자"하였습니다. 그리고 출장을 갔습니다. 남편 출장가 있는 사이에 이 여자가(이혼하겠다고 큰소리는 쳤지만) 살길이 막막합니다. 아무튼 속상한 가운데서 교회를 나왔습니다. 답답하니까 새벽에도 나오고 저녁에도 나오고 또 나오고…… 6개월 동안 그리하였습니다. 남편 돌아온다는 날 차를 가지고 비행장에 나갔습니다. 아직까지는 남편이니까. 돌아온 남편을 차에 태웠습니다. 이제 이혼할 사람들이 무슨 인사를 할 것도 없습니다. "타." 남편이 탔습니다. 집에 돌아오는 길에 남편이 이 아내보고 "야, 너 이뻐졌다. 얼굴이 달라졌다"합니다. 아내는 "남의 여자 보고 쓸데없는 소리하는 거 아니야"하고 대꾸합니다. "아무래도 달라진 것같다. 무슨 일이 있었느냐?" "하도 속상해서 교회 좀 나갔지 뭐." "그래? 예수가 누군지는 모르겠지만 너 얼굴 달라진 거 보니 뭔가 있는 것같다. 나도 교회 좀 나가보고 이혼하자." 그래 둘은 갈라서지 않은 채 교회 잘 나옵니다. 여러분, 생각해보십시오. 나도모르게, 나도모르게 벌써 얼굴이 달라졌습니다. 마음이 달라지고, 인격이 달라졌습니다. 이것이 예수믿는 것입니다. 이것이 성령의 역사입니다. sanctification, 성화(聖化)의 역사가 나타나는 것입니다.

그러면 오늘 본문에 나타난 '충만'이라는 것은 무엇입니까. 이것은 보다 높은 차원의 역사입니다. 성령이 그를 포로하여서 당신의 역사를 이루시는 것입니다. 아시는대로 베드로라는 이 사람, 갈릴리 어부입니다. 성경에 보면 이 사람을 가리켜 '아그람마타'라고 하였습니다. 글도 모르는 불학무식한 사람이라고 하였습니다. 이런 사람인데 예수님의 제자가 되었고 다혈질이라서 늘 앞서기를 좋아합니다. 그러나 예수님 십자가에 돌아가실 때, 그는 예수를 세 번이나 모른다고 하는 아주 초라한 인간이 됩니다. 어찌 이럴 수가 있습니까. 삼중부인(三重否認)입니다. threefold deny, 예수를 세 번이나 모른다고 잡아떼고, 맹세하고, 저주하고—아주 형편없이 되었습니다. 그런데 그가 성령을 받게 됩니다. 자기의 부끄러운 과거 다 잊어버리고 삼천 명 앞에서 전도를 합니다. 오늘도 공회 앞에서 당당하게 예수의 부활을 증거하고 있습니다. 어찌 이렇게까지 변할 수 있습니까. 이것이 바로 '성령충만'이라는 것입니다. 우선 얼굴이 달라졌습니다. 스데반의 얼굴, 천사의 얼굴입니다. 여러분, 얼굴은 마음의 창문입니다. 성령받고 못받고는 얼굴 보면 알 수 있습니다. 밝은 얼굴, 이것이 중요한 것입니다. 소망과 기쁨으로 충만한 얼굴, 아무도 미워하지 않는 얼굴, 모든 사람을 사랑하는 얼굴입니다. 두려워하지 않는 얼굴입니다. 또한 그의 마음 속에 예수님께서 함께하십니다. 성전 미문이라는 곳, 거기에 앉아 있는 앉은뱅이를 베드로는 언제나처럼 보았습니다. 전에도 많이 본 사람입니다. 그러나 오늘은 이전과 다릅니다. 성령충만한 사람은 딱 보는 순간 예수님의 마음이 작용합니다. 아시는대로 예수님께서는 환자를 보고 지나치지 못하시는 분입니다. 환자를 보시면 다 고치셨습니다. 문둥병환자건 정신병자건. 심지어 예수님 앞에는 시체도 누워 있을 수가 없습니다. "일어나라" 하시기 때문입니다. 이것이 예수님입니다. 그 예수님, 그 하나님의 나라, 그 마음이 그 속에서 작용할 때, 늘 보던 앉은뱅이지만 오늘은 다르게 보입니다. 딱 보는 순간 베드로는 "나사렛 예수 그리스도의 이름으로 걸으라!" 소리칩니다(행 3:6). 앉은뱅이를 벌떡 일으켰습니다. 예수님의 마음, 예수님의 생명력이 작용할 때 기적이 나타난 것입니다. 여기에는 아무 두려움이 없습니다. 낙심함도 없습니다. 미워하는 사람도 없습니다. 담력과 용기로 충만합니다. 그리스도의 마음으로 충만할 때, 그 생명력이 작용합니다. 제가 어느 공장을 한번 견학갔었습니다. 아주 최신식 기계를 잘 갖추어놓은 새 공장이었습니다. 공장은 조용했습니다. "이제 한번 시동을 시켜보십시오." 그래 전기스위치를 딱 넣자마자 전력이 들어가니까 기계가 활기차게 돌아갑니다. 전기가 들어가기 전에는 그저 한낱 물질일 뿐인데 전기라고 하는 생명력이 들어가는 순간 살아 있는 물건이 된 것입니다. 사람이라는 인격, 지식, 물질, 재주, 아무것도 아닙니다. 사람이라고 하는 하나의 물질에 불과합니다. 그러나 여기에 그리스도의 생명력이 작용할 때 확 피어오릅니다. 여기가 바로 성령충만입니다. 성령이 인격을 변화시키고, 내적 존재를 변화시키고, 믿음과 소망과 사랑의 사람, 용기의 사람이 되게 합니다. 내가 예수를 믿는 것이 아니라, 그가 나를 붙들고 당신의 세계로 인도하십니다. 그리스도께서 내 앞에 보입니다. 확실하게 보입니다. 영원한 세계가 눈앞에 전개됩니다. 거기에서 충만한 생활을 하게 되는 것입니다.

유명한 이야기가 있습니다. 알렉산드리아에 글레멘드라고 하는 교부가 있었습니다. 주후 150년에서 215년까지 살았던 분입니다. 그분이 써놓은 기록에 이런 이야기가 있습니다. 베드로는 자기와 같은 시간에 사형장으로 끌려가는 아내를 목격했습니다. 아내도 천국에 함께 들어갈 것을 마음으로 기뻐하면서 베드로는 아내를 격려합니다. "여보, 주님을 기억합시다." 이렇게 베드로는 자기 아내와 함께 순교합니다. 이와 같이 함께 순교해서 함께 하늘나라 간다는 것은 너무도 기쁜 일입니다. 성령충만하다는 것은 바로 이것입니다. 예수님 말씀하십니다. "나를 인하여 총독들과 임금들 앞에 끌려가리니…… 너희를 넘겨줄 때에 어떻게 또는 무엇을 말할까 염려치 말라 그 때에 무슨 말할 것을 주시리니(마 10:18,19)"—여러분, 우리 예수믿는 사람들, 다 성령을 체험하고 있습니다. 보통 은혜, 특별한 은혜 다 체험을 하였습니다. 내게 말씀하실 때에 순종하여야 됩니다. 내가 성령을 거역하면 성령이 근심합니다. 성령이 떠납니다. 성령에 순종하십시오. 그대로그대로 순종해들어가면 충만함에 이릅니다. 마침내 그리스도의 영이 나를 온전히 지배하고 그의 기쁨과 그의 능력, 그의 용기로 충만한 그런 생을 살아가게 되는 것입니다.

†기 도

하나님 아버지, 오늘도 은혜주시사 주의 손에 이끌리어 주님 앞에 있게 하심을 감사드립니다. 원초적 신앙을 가지고, 원초적 소망을 가지고 이 자리에 모였습니다. 주님께서 역사해주셔서 이제 우리의 마음을 사로잡아주시고 충만, 충만케 하여주시옵소서. 강하게 역사하사 이 세상에 살면서 영원한 세계를 바라보고, 물질적인 세상에 얽매여 있지마는 항상 신령한 마음으로 주님의 얼굴을 뵈오며 그 그리스도의 영에 충만한 아름답고 귀한 생을 살아가게 하여주시옵소서. 예수님의 이름으로 기도하옵나이다, 아멘.